高等教育城市轨道交通系列教材

北京市科学技术委员会科技计划项目资助

城市轨道交通客运管理（修订版）

主　编　张秀媛
副主编　王　英　蒋玉琨　董叶青
主　审　刘　军

北京交通大学出版社
·北京·

内 容 简 介

随着我国城市轨道交通网络化建设和发展，轨道交通系统运营管理形成了新的特点和客流特征。为适应城市轨道交通运营发展和轨道交通专业人才培养的需要，编写本教材。

本书内容主要包括城市轨道交通运营概述、轨道交通客运系统、轨道交通客运需求管理、车站客运组织、轨道交通网络化与运营管理、轨道客运交通信息服务与管理、轨道客运安全管理、轨道客运管理法律法规，以及城市轨道交通系统运营经济效果分析等。

本书可作为轨道交通专业人员培训教材、高等院校相关专业的教材或教学参考书，也可以作为从事城市轨道交通规划、设计和运营管理的专业技术人员阅读与参考用书。

图书在版编目(CIP)数据

城市轨道交通客运管理/张秀媛主编.—北京:北京交通大学出版社,2011.12(2020.7 重印)
(高等教育城市轨道交通系列教材)
ISBN 978-7-5121-0850-9

Ⅰ.①城… Ⅱ.①张… Ⅲ.①城市铁路-轨道交通-客运管理-高等学校-教材
Ⅳ.①U239.5

中国版本图书馆 CIP 数据核字（2011）第 269812 号

责任编辑:陈跃琴
出版发行:北京交通大学出版社　　电话:010-51686414
　　　　　北京市海淀区高梁桥斜街 44 号　　邮编:100044
印 刷 者:北京时代华都印刷有限公司
经　　销:全国新华书店
开　　本:185×260　印张:16　字数:410 千字
版 印 次:2019 年 1 月第 1 次修订　2020 年 7 月第 12 次印刷
印　　数:40 001～42 000 册　定价:45.00 元

本书如有质量问题，请向北京交通大学出版社质监组反映。对您的意见和批评，我们表示欢迎和感谢。
投诉电话：010-51686043，51686008；传真：010-62225406；E-mail：press@bjtu.edu.cn。

《高等教育城市轨道交通系列教材》

编 委 会

出版说明

为促进城市轨道交通专业教材体系的建设，满足目前城市轨道交通专业人才培养的需要，北京交通大学交通运输学院、远程与继续教育学院和北京交通大学出版社组织以北京交通大学从事轨道交通研究教学的一线老师为主体、联合其他交通院校教师，并在北京地铁公司、广州市地下铁道总公司、南京地下铁道有限责任公司、北京市轨道交通建设管理有限公司、香港地铁公司等单位有关领导和专家的大力支持下，编写了本套"高等教育城市轨道交通系列教材"。

教材编写突出实用性，文字简洁明了。本着理论部分通俗易懂，实操部分图文并茂原则，侧重实际工作岗位操作技能的培养。为方便读者，本系列教材采用"立体化"教学资源建设方式，配套有教学课件、习题库、自学指导书，并将陆续配备教学光盘。本系列教材可供相关专业的全日制或在职学习的本专科学生使用，也可供从事相关工作的工程技术人员参考。

本系列教材的出版受到施仲衡院士的关注和首肯，多年从事城市轨道交通研究的毛保华教授和朱晓宁教授对本系列教材的编写给予具体指导，《都市快轨交通》杂志社主办和协办单位专家也给予本教材多方面的帮助和支持。在此一并致谢。

本系列教材在2011年8月陆续推出，首批包括《城市轨道交通设备》、《列车运行计算与设计》、《城市轨道交通系统运营管理》、《城市规划》、《轨道交通需求分析》、《交通政策法规》、《城市轨道交通规划与设计》、《企业发展战略》、《城市轨道交通土建工程》、《城市轨道交通车辆概论》、《城市轨道交通牵引电气化概论》、《城市轨道交通信号与通信概论》、《城市轨道交通列车运行控制》、《城市轨道交通信息技术》、《城市轨道运营统计分析》、《城市轨道交通安全管理》、《城市轨道交通运营统计分析》、《城市轨道交通客流分析》、《城市轨道交通服务质量管理》、《城市轨道交通客运管理》。

希望该套教材的出版对城市轨道交通的发展、对城市轨道交通专业人才的培养有所贡献。

教材编写委员会
2011年6月

总　序

近年来，中国经济飞速发展，城市化进程逐步加快。在大城市中，地面建筑越来越密集，人口越来越多，交通量越来越大，交通拥堵对社会效益和经济效益都带来了很大影响。据统计，国内每年由于交通拥堵造成的损失将近一千多亿元。

解决交通拥堵，有各种各样的方法，其中城市轨道交通由于其在土地利用、能源消耗、空气质量、景观质量、客运质量等方面具有一定优势，正逐步成为许多大城市交通发展战略中的骨干，并形成以地铁、城市快速铁路、高架轻轨等为主的多元化发展趋势。

我国城市轨道交通从20世纪50年代开始筹划。1965年7月，北京市开始兴建中国第一条地下铁道。经过近50年，特别是近十年的发展，截至2010年底，我国已有13个城市拥有49条运营线路，总里程达1 425.5 km。另有16个城市，总计96条、2 000余km的线路正在建设中。目前已发展和规划发展城市轨道交通的城市总数已经接近50个，全部规划线路超过300条，总里程超过10 000 km。

随着城市轨道交通在全国范围的迅猛发展，各地区均急需轨道交通建设、运营管理的大批技术人员和应用型人才。目前全国有近百所高等院校和高等职业院校已开设或准备开设城市轨道交通及相关专业。全国几十家相关企业也都设立自己的培训中心或培训部门。

从目前的情况看，在今后几年，城市轨道交通人才的培养应该处于大专院校的学历教育与企业、社会的能力培训相结合的状态。但现实情况是相关的教材，特别是培养应用型人才的优质教材、教学指导书的建设和出版严重不足，落后于城市轨道交通发展的需要。

2011年年初，北京交通大学远程与继续教育学院、交通运输学院、北京交通大学出版社共同筹划出版了"高等教育城市轨道交通系列教材"。这套教材的出版，恰逢其时。首先，这套教材由国内该领域学术界和企业界的知名专家执笔。他们的参与，既保证了对中国轨道交通探索与实践的传承，同时也突出了本套教材的实用性。其次，丰富、实用的内容和多样性的课程设置，为行业内"城市轨道交通"各类人才的培养，提供了专业的、实用的教材。

祝愿中国轨道交通事业蓬勃发展，也祝愿北京交通大学出版社这套"高等教育城市轨道交通系列教材"能够为促进我国城市轨道交通又好又快地发展提供支撑！

中国工程院院士 施仲衡

2011年5月

前言

随着我国城市化、机动化进程加快,我国大城市道路交通拥堵、交通事故和交通车辆带来的环境污染越来越严重。结合国际上发达国家城市交通发展的经验和教训,我国大城市开始注重交通结构优化,加强交通需求管理,合理引导公共交通出行。近年来,许多大城市开展网络化轨道交通的规划建设。北京、上海等城市的轨道交通线路网络化水平不断提高,轨道交通运营管理也在发生着很大的变化,客流产生、吸引和诱增特点日益突出,如何合理地分析轨道交通成网后的居民公共交通出行需求、轨道交通和其他交通方式的接续客流等内容是高等院校城市轨道交通专业方向开设城市轨道客运管理课程要面对的问题。

教学应服务于交通运营实践。为适应我国城市轨道交通的快速发展需求、轨道交通设计与运营管理的协调性研究以及专业方向课程体系建设的需要,在我国城市轨道交通专业相关领域的专家、学者和领导的关心指导下,依托2010年北京交通大学审批的系列教改项目,我们编写了《城市轨道交通客运管理》一书作为城市轨道交通专业的骨干课程的教学用书。

本书是作者多年来对城市轨道交通接驳换乘理论和示范工程、居民出行需求及北京市交通结构优化等相关科研课题成果的积累基础上完成的,同时也汇集了轨道交通相关的管理部门、专家学者的宝贵经验。作者所承担的北京市科技计划项目的研究工作,以北京市既有地铁线路的运营组织特点和站点的空间分布为研究对象,设计了公交接驳换乘运输组织优化方案,对地铁的终端站、一般中间站、换乘站进行客流特征调研分析,认识客流时段特点及不同地区地铁站的公交接运组织的设计。

本书也参考了国内外大量相关文献和国内外城市轨道交通系统建设、运营的实际资料,以及香港地铁运营管理的经验及录像等资料,结合近年来的北京市轨道交通客流空间和时间分布特点和多模式接运优化设计和客流统计数据,完成了本书的编写和著述工作。

本书可以作为相关专业的本科生和研究生教材或教学参考资料,其中未加“*”的章节可作为本科生授课内容。同时,本书对城市轨道交通系统相关决策与管理人员、交通工程规划设计与咨询人员、企业运营管理人员都有很好的参考价值。

本书的编著结合了城市轨道交通专业方向课程体系的要求,立足于对城市客运管理过程所涉及的相关机理分析、规律总结与实践经验介绍。作者希望通过本教材的学习,使学生掌握城市轨道交通客运体系的宏观与微观知识,为将来进一步从事城市轨道交通客运领域的宏观管理与决策、工程设计与规划、日常运营管理等方面研究奠定基础。

全书共分为10章,各章的执笔分工为:第1章张秀媛,董叶青,王远回;第2章张秀媛,李媛;第3章张秀媛,梁云,魏静;第4章王英,胡雅岚;第5章张秀媛,付宇;第6章张秀媛,胡雅岚,刘剑锋,孔婷月;第7章王英,孙壮志,孔婷月;第8章王英,孙浩,王静;第9章张秀媛,孙壮志,孙祖妮;第10章张秀媛,董叶青,孙祖妮。参与本书编写工作的还有张平、赵建丽同志,全书由张秀媛、蒋玉琨老师统稿,刘军主审。

相关研究工作得到了北京市科学技术委员会科学基金项目及北京交通发展研究中心相关项目资助,北京市地铁研究所、香港港铁集团、世界轨道交通杂志、中国城市规划院、北京交通大学中国综合交通研究中心、北京交通大学远程学院等单位的支持与帮助。在编著过程中,得到了刘军、毛保华、孙壮志、王英、刘剑锋、王静、朱晓宁、苗彦英、陈赓、蒋玉琨等专家的帮助和大力支持。北京交通大学交通运输学院城市轨道交通课题组的教师提出了不少宝贵意见,研究生孔婷月、胡雅岚、孙浩、朱亚男、魏静、付宇等同学参与了部分章节资料整理和图表绘制工作。在本书的出版过程中还得到了北京交通大学出版社的大力支持,责任编辑在成书过程中提供了许多具体、细致的帮助,作者们在此一并表示衷心感谢。同时还要感谢本书编著中引用的所有参考文献的作者。

本书还要特别感谢香港地铁公司黄成熙、苏冠良等同仁的大力支持和帮助,并提供香港地铁宝贵经验和资料。同时要感谢北京市科委对相关科研项目的资助,感谢远程教育学院乔青、徐健两位老师的帮助和指点。

作者2012年1月于北京

目 录

第1章 绪论

1.1 城市客运管理 …… 2
1.2 城市客运交通体系 …… 3
1.3 城市公共交通客运管理 …… 5
1.4 城市居民出行方式构成 …… 7
1.4.1 城市居民出行方式构成的分类 …… 7
1.4.2 城市居民出行方式选择的影响因素 …… 7
1.5 城市客运系统模式的选择 …… 8

第2章 城市轨道交通运营概述

2.1 城市轨道交通系统的发展及其社会功能 …… 13
2.2 城市轨道交通系统的分类及技术经济特性 …… 17
2.2.1 城市轨道交通系统的分类 …… 17
2.2.2 城市轨道交通系统的技术经济特性 …… 22
2.3 城市轨道交通系统的运营特性及问题 …… 30
2.3.1 城市轨道交通的运营特性 …… 30
2.3.2 城市轨道交通运营管理面临的问题 …… 33
2.4 城市轨道交通运营的内涵、功能与案例分析 …… 35
2.4.1 城市轨道交通运营的内涵 …… 35
2.4.2 城市轨道交通运营的功能 …… 37
2.4.3 国内外轨道交通运营案例分析 …… 38

第3章 轨道交通客运系统

3.1 轨道客运管理设施设备(车、站、线) …… 42
3.1.1 车辆与地铁车辆内部结构及限界 …… 42
3.1.2 车站及其分类 …… 43
3.1.3 车站设备 …… 47
3.1.4 线路 …… 60
3.2 换乘站衔接规划原则及类型 …… 61
3.2.1 换乘站衔接规划的原则 …… 62
3.2.2 轨道换乘站类型 …… 65
3.3 客流行为构成分析 …… 68
3.3.1 地铁客流行为特点 …… 68
3.3.2 地铁换乘的客流特点 …… 69
3.3.3 地铁换乘站存在的问题 …… 70
*3.4 车站站务管理 …… 70
3.4.1 车站各岗位工作职责及内容 …… 71
3.4.2 车站各岗位的工作流程 …… 72
3.4.3 车站开站、关站程序 …… 76

第4章 轨道交通客运需求管理

4.1 轨道交通的功能、层次、系统模式和服务指标 …… 79
4.2 轨道交通需求管理主要内容 …… 79
4.2.1 城市轨道交通需求管理策略 …… 81
4.2.2 轨道交通布设原则 …… 82
*4.3 轨道交通客流补充和引导机制 …… 83
4.3.1 预测客流和实际客流差异的成因分析 …… 83
4.3.2 城市轨道交通的客流补偿引导措施 …… 84
4.4 轨道交通需求管理应用案例——新加坡快速交通系统 …… 87

第5章 车站客运组织

5.1 车站客运组织设备 …… 90

5.1.1 车站安全检查 …… 90
5.1.2 轨道交通票务系统 …… 90
5.1.3 轨道交通自动售检票系统 …… 92
5.1.4 自动售检票系统运营模式 …… 94
5.2 车站行车管理 …… 95
5.2.1 站台作业 …… 96
5.2.2 车站自动售检票设备操作 …… 101
5.3 车站客运组织 …… 105
5.3.1 车站日常客运组织 …… 105
5.3.2 车站安全-故障条件下行车组织 …… 107
5.3.3 车站客运组织方法 …… 110
5.4 站务人员 …… 111
5.4.1 站务人员构成及主要任务 …… 111
5.4.2 车站管理制度 …… 112
5.4.3 岗位技能 …… 114
*5.5 列车运行计划和能力 …… 121
5.5.1 列车运行计划 …… 121
5.5.2 列车运输能力及影响因素 …… 125
5.5.3 日常调度和提高运输能力的措施 …… 126

第6章 轨道交通网络化与运营管理

6.1 轨道客运组织一体化管理 …… 134
6.1.1 轨道客运一体化产生的背景 …… 134
6.1.2 客运一体化的内涵与基本特征 …… 134
6.1.3 客运一体化的实现途径 …… 137
6.2 轨道客运站点换乘衔接组织优化 …… 142
6.2.1 换乘衔接的组织优化原则和措施 …… 142
6.2.2 衔接组织一体化实例分析 …… 147
6.2.3 铁路客运专线中心站的交通衔接组织模式 …… 149
6.2.4 城市公共交通信息一体化建设 …… 153

第7章 轨道客运交通信息服务与管理

7.1 基于GIS的轨道客运交通基础信息系统 …… 159
7.2 乘客出行信息系统 …… 160
7.2.1 出行者信息系统的发展历程及目标 …… 160
7.2.2 出行者信息系统的作用及特点 …… 161
7.2.3 乘客信息服务内容分析 …… 163
7.2.4 出行者信息系统的实现架构 …… 165
7.3 轨道交通PIS系统 …… 166
7.3.1 PIS系统的发展历程及方向 …… 166
7.3.3 乘客信息系统 …… 169
7.3.4 城市轨道交通网络化信息管理 …… 170
*7.3.5 轨道交通PIS的主要功能 …… 171
7.3.6 售检票系统(AFC) …… 173

第8章 轨道客运安全管理

8.1 轨道客运安全概述 …… 177
8.1.1 基本概念 …… 177
8.1.2 轨道客运安全管理的基本职能 …… 178
8.1.3 轨道客运安全管理制度 …… 180
8.2 轨道客运事故的预防 …… 181
8.2.1 轨道客运事故成因分析 …… 181
8.2.2 轨道客运设备的安全管理 …… 182
8.3 轨道客运的应急救援技术 …… 184
8.3.1 轨道客运火灾应急救援 …… 184
8.3.2 轨道客运应急救援预案 …… 187
8.3.3 轨道客运应急救援体系建设 …… 189
8.4 突发客流组织与调整 …… 192
8.4.1 车站地区客流接续与疏散方法 …… 193
8.4.2 旅客服务系统与应急系统 …… 194

*第9章 轨道客运管理法律法规

9.1 轨道客运管理法规体系 …… 206
9.2 轨道客运管理法律法规的主要规范内容 …… 208
9.2.1 法律法规对政府管理部门的主要要求 …… 209
9.2.2 法律法规对运营单位的主要要求 …… 210
9.2.3 法律法规对运营人员的

主要要求 ································ 210
9.2.4　法律法规对出行者的
主要要求 ································ 211

*第 10 章　城市轨道交通系统运营经济效果分析

10.1　运营指标体系································ 214
10.2　运营成本分析 ································ 216
10.3　地铁票价理论 ································ 219
10.4　国内外城市轨道交通系统运营管理案例分析································ 228
10.4.1　轨道交通运营模式分析 ········· 228
10.4.2　轨道交通运营服务案例分析 ··· 232

附录 A　城市轨道交通客运管理模拟试题

A1　模拟试题 1 ································ 237
A2　模拟试题 2 ································ 238

参考文献 ································ 241

1 第1章 绪论

本章概述

本章主要讲述了城市轨道交通客运管理、客运交通体系的基本情况，并且对城市公共交通客运管理的运营进行了分析；在对城市居民出行方式的构成及选择分析的基础上对居民出行构成进行了详细概述；简单概括了城市轨道交通客运系统模式及其选择。

本章的难点是居民出行方式的构成及选择，城市居民出行方式的构成是多种要素对居民出行方式选择的影响，城市客运结构的形成不在此列，而是这些因素综合、长期作用的结果，城市客运结构与客运系统模式对于城市的客运管理方法具有重要的影响。本章结合城市居民出行构成的分类及出行方式选择的影响因素两个方面对居民出行方式构成进行分析。

本章学习重点

了解城市轨道交通客运管理及客运交通体系等方面的主要知识点；简单了解城市公共交通客运管理的运营状况；理解城市居民出行方式的构成，重点掌握居民出行方式的构成因素及其选择；掌握城市客运系统的模式，并能够选择合理的客运系统模式。

1.1 城市客运管理

近年来，我国城市经济快速、持续地增长，城市化水平接近50%，对比改革开放初期有了很大提高。截止到2007年我国城市市辖区人口（不包括市辖县）200万以上的城市已达到36个，100万～200万人口的城市已达到83个。与此同时，一些发达地区的城市群也得到了迅速发展，典型的有上海、南京、杭州、苏州等城市组成的"长江三角洲"城市群；北京、天津、石家庄、唐山、秦皇岛等城市组成的"京津唐"城市群；广州、珠海、深圳等城市组成的"珠江三角洲"城市群等。经济的迅速发展使这些城市群之间的旅客运输增长加大，同时其他短距离的大城市间旅客运输也在快速发展，这使得客运需求特性和供给特性的矛盾日渐突出，因此市域和城际交通，尤其是轨道交通规划建设需要不断完善。

在城市的形成和发展过程中，社会经济发展、人口增加、用地面积扩大，人们的出行次数和出行距离也随之增长，城市客运交通工具逐步从低速向高速、从低运量向高运量、从欠舒适向舒适方向发展。

小汽车交通在速度和舒适度方面占有优势，而以轨道交通为主体的公共交通在准时和运输能力上具有优势。世界各国城市中，集约化公共运输在城市交通运输结构中的主骨架地位应不断加强，如新加坡政府通过控制轿车拥有量、道路收费、将市中心区划为轿车行驶限制区等措施限制小汽车的使用，使公交市场份额保持了较高比例；我国中国香港地区以公共交通为主体的客运运行结构中地铁经营管理模式非常值得借鉴。

首先，出行者对服务质量的要求越来越高。随着人民生活水平日益提高，旅客对运输服务质量的要求从过去"走得了"的低层次需求向"走得好"的高层次需求转变。私家车、小汽车的出行比例明显增加，以地铁和快速公交为支撑的公共交通的舒适度、便捷性向高层次需求方向发展，对出行安全、速度、舒适度、便捷性、服务质量的要求越来越高，旅客的出行心理也发生了较大变化，具有更大的波动性和不确定性。

其次，工作及节假日客运需求的时间与空间规律呈现多元化的特点。

再次，出行方式结构开始发生根本性变化。随着城市地区经济的发展，人均收入有了明显增长，私人小汽车在城市地区得到率先发展，不少大城市私人小汽车交通在客运交通结构中已经占到相当比重，但是交通需求管理、停车收费差异、拥堵收费等因素极大地影响了城市居民的出行结构。由于道路拥堵成本增加和对快速公交系统的需求发生了显著变化，以轨道交通为骨干的公共交通开始成为城市地区旅客出行的一种选择。

最后，由于人口的高度聚集给城市地区的环境、土地等资源带来了一系列问题，除了拥堵之外，安全（包括应急安全）与环境问题已经成为城市地区与交通相关的重要课题。

1.2 城市客运交通体系

城市客运交通体系是指为满足城市出行需求提供的全部方式和途径。不同城市由于其经济、地理条件的差异具有不同的客运交通体系。图 1-1 为一般城市客运交通体系的框架。

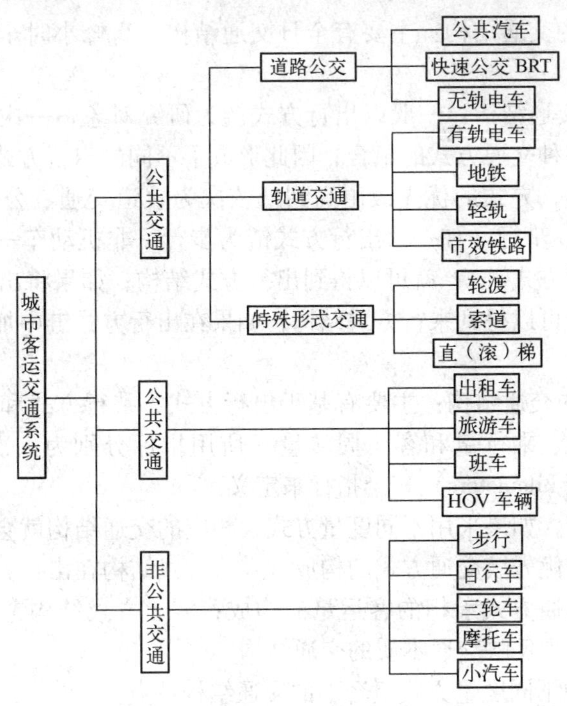

图 1-1　城市客运交通体系的框架

城市客运交通发展模式主要有四种，分别是以小汽车为主的发展模式、以轨道交通为主的发展模式、轨道交通和地面常规公交并重的发展模式以及以非机动车交通方式为主多种交通方式并存的发展模式。

我国的城市客运体系发展历程可以分为五个阶段。第一阶段是出行率不高的非机动交通主导阶段，这一阶段的交通以自行车和步行为主，二者占整个出行总量比重的 60% 以上，改革开放前，多数城市基本上处于这个阶段。第二阶段是公交主导发展的阶段，其基本特征是随着城市经济的发展，公共交通得到了较快发展，这一时期基本上属于改革开放初期，城市经济总体上仍然处于较低水平。第三阶段是城市机动化前期，其基本特征是城市居民收入有了明显增长，经济水平提高，步行与自行车出行开始明显减少，工薪阶层开始拥有私人小汽车（但仍属少数），这一时期的多数城市是以出租车（替代机动化手段之一）的增长为标志的。第四阶段是城市机动化阶段。该阶段中，城市居民收入水平进一步提高，私家车进入家庭速度加快，道路拥挤、环境污染等问题突出，典型例子是 20 世纪 90 年代中期到 21 世纪初以北京为代表的我国部分特大城市。第五阶段是城市交通结构优化阶段，其基本特征是结合治理道路交通拥堵来优化居民出行方式的构成，主要途径是发展公共交通，包括轨道交通。

城市地区交通结构具有更大的灵活性，因此不同场合下的城市交通结构一般具有不同含义，主要包括以下五类。

① 基于区域范围的交通结构：主要有对外交通结构、市域交通结构、市区交通结构、特定通道交通结构。

② 基于出行目的的交通结构：主要有全目的交通结构、通勤出行交通结构、特定出行目的的交通结构。

③ 基于出行时段的交通结构：主要有全日交通结构、高峰小时全日的交通结构、高峰小时通勤交通结构。

④ 基于出行链的交通结构：一般以出行方式链为研究对象，一次完整的从出发地到目的地的出行包括分段多种交通方式的组合，因此形成了不同的出行方式的组合。如果将出行方式链进行优先级归类，方式的优先级由高到低依次为轨道交通、公共汽（电）车、小汽车/出租车、非机动车、步行（如一次出行方式链为步行—非机动车—轨道交通—步行，那么则归为轨道交通出行方式链），就可以得到出行方式结构；如果将出行方式链按不同交通方式进行分段归类，就可以得到乘行方式结构；如果在出行方式链中加入距离因素，就可以得到客运方式结构。

⑤ 基于度量方式的交通结构：主要有基于出行方式、乘行方式和客运方式三类交通结构。另外，可从出行量、乘行量和客运周转量（所用指标分别为人次/Trips、乘次/Boardings、人公里/Passenger kilometers）三个指标来定义。

在一定前提范围下，如果采用不同度量方式，相应的交通结构就会有较大差异。出行方式结构一般基于出行中优先级交通方式的构成；乘行方式结构在出行方式结构的基础上考虑了换乘因素，是各种交通方式承担的客运量的构成；客运方式结构考虑换乘次数和出行距离，一般认为是最能客观反映交通本质的交通结构。

表 1-1 给出了三种不同度量方式组合下的交通结构特点。

表 1-1　三种不同度量方式下的交通结构特点

交通结构类型	度量指标（单位）	说　明	优　点	缺　点
出行方式结构	出行量/(人次)	若一次出行包括多种方式，出行量按优先级别计入最主要的交通方式（如其他方式换乘轨道交通时，出行量按轨道交通方式计算）	反映全方式出行优先级交通方式的构成情况	只能通过交通调查得到，同时模糊了次要级别交通模式的比重
乘行方式结构	乘行量/(乘次)	在实际应用中为便于统计，非机动车（自行车和助动车）和步行等慢行交通方式采用出行方式数值	反映各种交通方式承担客运量的构成情况，通过统计资料方便获得	未考虑运距因素，与事实有一定偏差
客运方式结构	客运周转量/(人公里)		考虑各种方式客运量和运距的客运周转量构成，客观反映交通结构	对交通统计资料的要求较高

不同城市的经济发展水平不一，所处的交通发展阶段也不尽相同。我国部分城市不同出行方式的结构如表 1-2 所示。

表 1-2　我国部分城市客运交通结构

城市	私人交通/%	公共交通/%	自行车/%	出租车/%	其他/%	合计/%	年份
北京	34.0	38.9	18.1	7.1	1.9	100	2009
上海	24.9	25.1	41.0	9.0	—	100	2004
广州	38.4	40.9	9.2	11.5	—	100	2008
天津	6.2	20.3	65.7	3.3	4.5	100	2006
重庆	16.4	70.7	—	10.3	2.6	100	2007
苏州	10.4	8.9	75.2	0.9	4.6	100	2000
杭州	2.1	30.7	59.1	2.1	6.0	100	2000
南京	9.1	29.8	54.2	1.7	5.2	100	2005

注：按全市全日运送人次统计。

由表 1-2 可以看出，我国城市公共交通发展的总体水平较低。今后在城市发展规划建设中应该不断加强一体化城市交通系统建设。

近年来，我国城市交通系统一体化规划建设思想已经深入到城市规划建设各个层面。首先，建设城市与城市间的一体化出行体系，具体来说，就是我国轨道交通系统旅客运输日益受到各方面的重视，高速铁路、客运专线、城际铁路、城市铁路等相关规划工作正在开展；其次，以大城市为核心的都市群发展体系已经出现，城市交通按我国各种类型旅客在不同出行目的下的出行特征和需求相互衔接，努力构筑城市交通与城市间交通的一体化系统，有效地满足旅客运输的需求。

未来我国大城市在城市化进程中，在保持城市高密度开发和强大中心的同时，在城市形态结构上的演变将集中表现为向外扩展和内部重组。向外扩展即城市将通过用地和空间的扩展来增加城市容量，扩大城市规模；内部重组主要是对计划经济下形成的城市内部不合理的用地结构进行调整。对于城市中心区而言，它虽然仍是商务、商业、行政管理和居住多种职能共存，但在地价和改善居住条件等因素的综合作用下，中心区的人口密度将逐步下降；第三产业的就业岗位迅速上升，其职能不断强化；城市居住人口将向中间地带和外围转移；在城市中心区的工业、仓库等以较快的速度向着比居住区更外围的地区迁移。在整体空间形态上表现为由单中心圈层式蔓延向多中心组团式或分散集团式转变。这些变化在客运交通需求特征上将主要表现为出行量增加、出行距离的增大，以及在早高峰存在着大运量的向心客流，晚高峰又存在着明显的离心客流等。这就迫切需要一种机动化、快速、大运量的交通方式结构来满足城市客运交通需求。

1.3 城市公共交通客运管理

城市公共交通客运管理是指为安全、高效、可持续地开展城市地区旅客运输服务工作所需要进行的各类行政、行业和技术管理的总和。城市公共交通客运管理的主要内容可以用图1-2来描述。

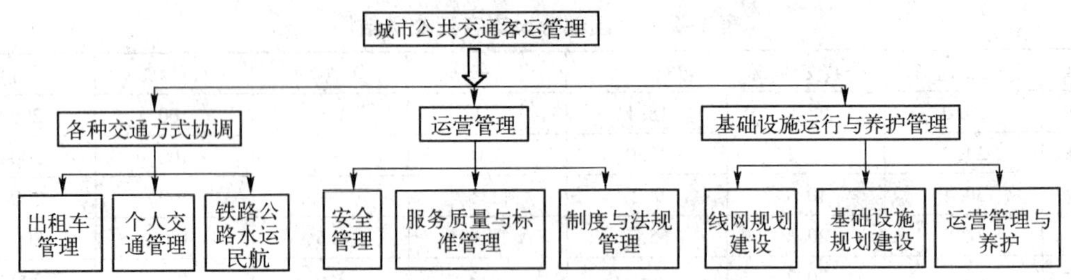

图1-2 城市公共交通客运管理的主要内容

从图1-2可以看出，从服务实体来看，公共交通（包括地面巴士与轨道交通等）与出租车交通、个人交通（包括机动交通与非机动交通等）协调是整个客运管理的重要对象。

城市公共交通客运管理目的是：监督管理，优化公共交通线网布局、营运线路和站点的设置，完善公共交通行业营运服务标准，从而迅速扩大公共交通的吸引力。

① 抓紧落实公交路权优先措施，加大在拥堵路段设置公交专用道的比例，研究路口优先技术，提高公交车辆运行速度。

例如，2006年以来以北京市为代表的部分城市已经采取了一系列措施发展公共交通，包括降低地面公交与地铁票价，增加公交车辆，开辟公交专用道及修建BRT专线等。

通过公交信号优先等手段，实现公交车辆在信号交叉口比小汽车具有更高的通过权，减少公交的等待时间，提高公交车辆运行效率。由于一次公共交通出行常常涉及不同的交通方式，因此，如何解决方式之间的换乘、构筑高效的出行体系是当前发展公共交通的关键。

② 优化地面公共交通线路网络，注重轨道交通线网的换乘设计。

以北京地铁13号线为例，2006年全线完成45万人次/日的运量中，其中17万人次集中在西直门、知春路、东直门等5个换乘站。北京市轨道交通系统一方面从设计和运营角度研究轨道交通线路间换乘方式，交通流线组织及同站台换乘等以提高旅客换乘速度；另一方面，城市轨道交通成网后，不可避免地会面临与对外交通（如市郊铁路、城际铁路）以及地面公交的衔接问题，研究轨道交通与这些不同类型方式之间的一体化运营问题是亟待解决的重要问题。

③ 重建“非机动化交通”与“公共交通”之间的桥梁。具体对策是在公交枢纽（包括轨道交通车站地区与大型地面公交枢纽）以及主要换乘站点建立与其他交通方式的衔接设施，包括在所有公交枢纽建立与自行车的衔接设施（B+R），在外围枢纽建立机动车的衔接设施（P+R）。重建“非机动化交通”与“公共交通”之间桥梁的必要性与可能性体现在三方面：一是门槛低，多数公共交通枢纽具备这类条件。二是意义大，通过非机动化换乘设施建设，可使公交站点的吸引范围提高到3 km左右。三是缓解当前持续机动化所带来的道路交通压力，建立利于环保的城市交通体系。

此外，还要优化出租车的运行与管理。出租车具有准公共交通的属性，作为对私人小汽车交通的替代，出租车具有能够提供就业岗位的附加效益。出租车行驶对道路资源占用、环境污染和能源消耗与小汽车相同，从节能减排、交通集约化角度出发，出租车和私人小汽车具有同样不利的影响。

1.4 城市居民出行方式构成

城市居民出行方式的构成是多种要素对居民出行方式选择的影响，城市客运结构的形成正是这些因素综合、长期作用的结果，不同的城市客运结构与客运系统模式对于城市的客运管理方法具有重要的影响。

居民出行的载体是交通工具，要完成一次出行必须通过一定的交通工具或者交通方式来实现。出行方式选择实际上是指人的出行次数在不同的交通工具或交通方式之间的选择。

1.4.1 城市居民出行方式构成的分类

城市居民出行方式的构成可从不同的角度来分类。

① 从交通方式服务的对象来分，可以分为公共交通方式、准公共交通方式和非公共交通方式。公共交通方式主要体现在其为公众服务的性质，表现为服务对象的公众化和不确定性；准公共交通是指具有特定时间、空间、服务对象等约束的交通，如单位班车、出租车等；非公共交通方式是指为特定个体服务的交通，表现为服务对象的个体化和特指性，如步行、自行车和自用车。

② 从交通方式选择的条件来分，可以分为自由类交通方式、条件类交通方式和竞争类交通方式。自由类交通方式包括步行，只要人们的身体和自然条件许可，就可以选择步行作为出行方式，且出行路线不受限制；条件类交通方式主要是指单位小汽车和大客车、私人小汽车和摩托车等，此类交通方式选择要受到一定条件限制；竞争类交通方式主要是指自行车、公共交通以及出租车等，其选择要根据其适应性和综合效用来确定。

③ 按交通方式的动力来分，也可分为非机动交通方式和机动交通方式。非机动交通方式是指步行和自行车；机动交通方式主要是指公共汽（电）车、轨道交通、市郊铁路和自用乘用车等。

1.4.2 城市居民出行方式选择的影响因素

居民的出行方式选择影响着一个城市交通结构的构成。通过对人们的出行方式选择行为进行研究可以掌握居民对出行工具的偏好，并了解交通系统的使用情况，对优化交通系统结构，制定各项交通规划、交通政策和措施都起着重要作用。

随着人们出行模式、价值观念以及客观条件的改变，影响出行行为的各种因素之间的关系日趋复杂。居民出行方式选择是个决策过程，与居民的出行意愿、费用、交通基础设施建设水平等主要因素相关，其中任何一个因素的变化都有可能使居民的出行方式选择发生变化，主要因素概括为以下几个方面。

1）交通特性因素

考虑到出行方式的服务距离和居民出行目的不同，因此选择交通方式的标准也就不同。刚性出行时，通常重视出行的可靠性，需要快速、准时地到达目的地，对于时间和费用的要求较严格。相反，弹性出行具有很强的随意性和自由性，故对时间和费用的要求都比较低，追求的是出行的舒适度。此外，除了出行距离和出行目的等交通特性影响外，各种交通方式的出行费用、出行舒适度、安全性等也是出行者经常考虑的因素。

2）出行者属性因素

主要是出行者家庭有无小汽车，有车家庭和无车家庭在出行方式的选择上必然存在很大的差别。出行者属性还包括出行者的自身属性（年龄、职业、性别等）

3）出行时间和出行地区因素

高峰期与非高峰期出行方式分担率有所不同。出行地区对出行方式选择特性也有明显的影响，主要包括地区的经济水平、居住人口密度、交通设施完善程度等。一般而言，地区内人口密度高，公共交通的利用率就高；交通设施完备，居民出行选择公共交通的比率也会增加。图 1–3 所示为居民出行方式选择。

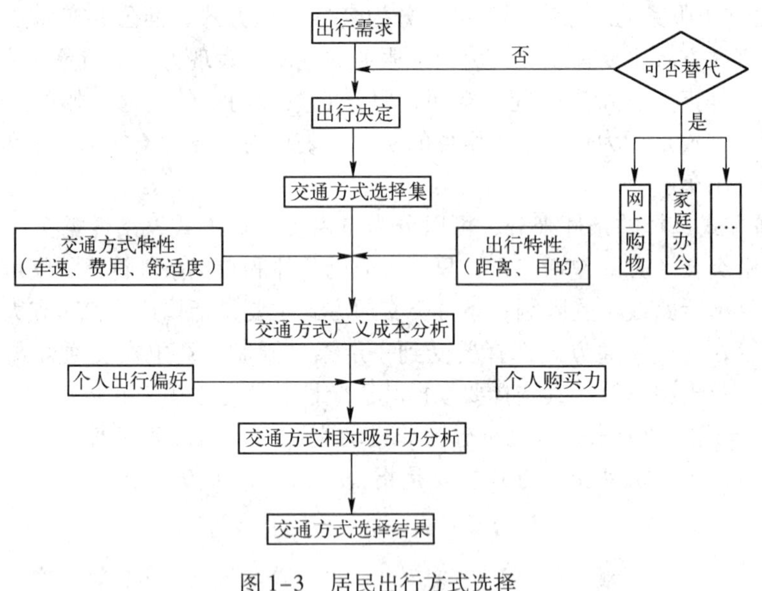

图 1–3　居民出行方式选择

1.5

城市客运系统模式的选择

合理的城市客运系统模式是对城市地区客运系统供需平衡状态的一种描述，这种描述涉及各种交通方式在整个城市交通系统中分担的出行比例。不同交通方式在其适用范围内的运行效率受城市用地规划的协调程度、交通服务质量及城市发展阶段、经济水平、城市环境等方面因素的影响。

1. 城市客运系统的模式

1）以小汽车为主的模式

最典型的例子是美国城市，几乎所有城市都采用了以小汽车为主的交通发展模式，并且形成鼓励小汽车发展的政策。对于美国大部分城市而言，小汽车交通方式已成为其生活方式的象征，如在洛杉矶、芝加哥、旧金山、底特律、华盛顿和亚特兰大等地区小汽车交通方式出行比例都高达90%左右。主要由于小汽车如下特点决定的：

（1）快速灵活，可以在较短时间内到达目的地；

（2）是一种门到门的出行方式；

（3）舒适性最好。

2）以轨道交通为主的模式

典型代表是日本。虽然日本具有发达的经济，私人小汽车拥有量也很高，但是日本人出行，特别是上、下班的通勤出行主要利用轨道交通，轨道交通承担了城市60%以上的客运量。以东京为例，整个地区大约有2 000万人口，但是它有2 350 km的城铁，其中有260多km的地铁，每天承担3 600万人次的客运量，占整个公交出行的90%以上。可以说，离开了轨道交通，整个东京都市圈的功能将陷入瘫痪。采用这种模式的城市主要具有以下特点：

① 地少人多，土地资源缺乏；

② 城市布局高度集中；

③ 经济发展为轨道交通发展提供了保障；

④ 政策上出台保障措施。

3）轨道交通和地面常规公交并重的模式

世界上有一些大城市在小汽车的发展上，采取了有限制的发展策略。小汽车的规模大都保持在“千人百辆”水平，小汽车完成的客运量占城市客运总量比例在30%左右。例如，新加坡和中国香港属于面积狭小、人口高度集中的城市，不利于发展小汽车，政府因此采取了明确而有效的限制措施。20世纪80年代中期以来，新加坡一直保持在每千人拥有小汽车100辆的水平。中国香港目前拥有小汽车在每千人60辆水平。

以中国香港和欧洲部分城市为代表的轨道交通和地面常规公交并重的交通发展模式与轨道交通为主的交通发展模式不同，轨道交通和常规公交在城市客运交通系统中都居于重要的地位。以中国香港为例，2001年公共交通系统城市客运分担比例为：巴士（包括专营巴士、小巴、居民巴士和九龙接驳巴士）55.2%、轨道交通31.5%、出租车11.9%、山顶缆车0.1%、轮渡1.4%。

欧洲的许多城市和中国香港都具有足够的实力发展以小汽车为主的交通模式，但是这种模式并没有在这些城市出现。欧洲的一些城市虽然做过一些尝试，但小汽车迅猛发展导致拥挤、堵塞、交通公害等问题，最终使这些城市选择了轨道交通和常规公交并重的交通发展模式。采用这种交通模式的城市的共同点如下。

（1）城市人口密度高

中国香港和欧洲部分城市内城区的人口密度都比较高，难以修建足够的交通设施（道路、停车场等），以适应小汽车的充分发展。

（2）公共交通比较发达

在中国香港和欧洲都建有发达完善的公共交通系统设施，郊区铁路、城市地铁、轻轨、常规公交组成了现代化的公共交通网络。在中国香港，地铁、九广铁路及轻轨几乎覆盖了除香港岛南部以外的全部区域，在这些轨道交通站点可以很方便地换乘巴士、出租车等交通工具，并且将物业开发与轨道交通建设紧密地结合起来，以方便居民出行。正因如此，人们采用公交方式出行，甚至比小汽车更便捷，公共交通成为这些城市中的主要客运交通方式也就成为必然。

（3）私人交通工具的使用空间有限

中国香港政府采取了限制小汽车拥有的政策，用提高私车登记费等手段，将小汽车的规模控制在每千人 60 辆的水平。在欧洲虽然小汽车拥有率很高，但是欧洲的城市采取了一系列的措施来减少小汽车在城市中心区的使用，如增加小汽车在中心区的停车费用、在城市边缘轨道交通站点附近为小汽车提供免费停车场等，鼓励居民采用公共交通方式进入市区。

综上所述，人口密集、公交发达、政策导向等因素对于确立以公共交通（轨道交通和常规公交）为主的交通发展模式具有决定性的作用。

4）以非机动车交通方式为主、多种交通方式并存的模式

目前，我国的许多中小城市都是以非机动车交通方式为主、多种交通方式并存的交通发展模式。这种交通发展模式的主要特点为：非机动车交通方式（步行 + 自行车）在城市交通结构中占有绝对的优势，通常为60%～80%；自行车交通方式所占的出行比例高，对于不同大小和性质的城市，变动范围也比较大，为 20%～60%；其他交通方式（如公交、出租车、摩托车、小汽车等）在城市客运交通系统中也占有一定的比重。这种交通发展模式是与下列因素紧密相关的：

① 相对低的经济发展水平；

② 相对集中的城市用地形态；

③ 中等质量的公交服务水平。

2. 城市客运系统发展模式确立的目标

1）环境目标

包括节约能源，减少社会资源浪费，减轻环境污染，保证城市生态环境协调。

2）社会目标

能满足城市居民的出行需求，提供给人们易于接受和采用的交通方式，能与区域文化、习惯相交融，体现社会公平与效率，促进社会的和谐发展。

3）经济目标

减少出行中不必要的物质消耗，促进地区经济发展平衡，充分利用社会资源和采用先进技术，引导区域社会经济空间的形态与发展，可以取得良好的经济效益。

4）保障出行者的基本交通权利

保障出行者的基本交通权利是城市客运发展模式确立的根本出发点和归宿点。任何一种交通方式都不可能满足所有人的交通需求，任何人都有权在其社会成本分担合理并愿意支付的前提下，选择其所希望的交通方式。城市客运发展模式的确立，就是要在市场理性和社会理性之间寻找到平衡点。

5）优化资源配置

优化资源配置是寻求效率与公平之间的平衡点。效率是指社会能从其稀缺资源中得到最多的东西；公平是指这些资源的成果公平地分给社会成员。理论上讲，市场机制能够按照消费者的爱好来配置不同时期所需要的资源。但实际上，由于市场机制的不健全，社会资源（如能源，土地、环境等）的价值没有得到适当的体现，使不同交通方式的支付与实际成本不均衡，既没有体现公平，更没有体现效率。确立合理的城市客运发展模式，就是希望体现交通方式间公平竞争，促使资源的有效利用，使有限的资源效益最大化。

6）改善城市人居环境

由于交通发展的无组织和不均衡，使得城市交通环境恶化，道路拥塞，交通事故频发，城市居民的生活质量受到影响。特别是汽车每天排出大量的燃烧废气，已经成为城市空气质量恶化的主要原因。此外，据一些城市统计，以道路机动车辆为主要声源的交通噪声约占城市噪声的 75%，这也日益成为最为关注的环境问题之一。

7）引导城市合理布局

我国正处在城市化快速发展的阶段，城市人口增加，经济活动频繁，加之旧城改造和各种新兴产业区、工业区的建设，城市范围不可避免地要向外拓展。建立合理的城市客运发展模式，就是要满足居民出行范围扩大的需求，影响居住和就业的地域分布，使人口的分布更为合理，降低城市中心区人口的压力，从而使整个城市的布局合理化。

3. 城市客运系统模式确立的原则

客运模式的确立主要考虑以下几条重要原则：

① 充分利用现有交通资源，挖掘资源潜力；

② 注重交通结构调整，采用先进技术和政策保障；

③ 加强内部协调，发挥合力作用，增强应变能力；

④ 结合城市发展阶段和经济发展水平，适应可持续发展需要；

⑤ 提高城市社会和经济效益。

复习思考题

1. 城市客运交通结构的影响因素有哪些？
2. 如何认识城市公共交通客运管理工作的内涵？
3. 分析你所了解的不同城市客运管理部门职能划分方法的异同及利弊。

2 第2章 城市轨道交通运营概述

本章概述

本章简单概述了城市轨道交通系统的发展及技术经济特性方面的内容，对城市轨道交通的运营特性进行详细分析；并结合城市轨道交通运营的内涵从国内外两个方面介绍了城市轨道交通运营的情况。

本章学习重点

了解城市轨道交通系统的发展及轨道交通方面的主要知识点；掌握轨道交通系统的技术经济特性；重点从轨道交通运营功能和运营管理两个方面理解城市轨道交通的运营特性，结合国内外轨道交通运营实例，掌握国内外城市轨道交通的运营情况。

2.1

城市轨道交通系统的发展及其社会功能

世界上从建成第一条地下铁道至今已有 147 年历史。据日本地下铁道协会统计，到 2005 年全世界已有 140 个城市建成了地铁、轻轨，线路总长度超过了 8 620 km。图 2-1 所示为世界轨道交通发展进程示意图。

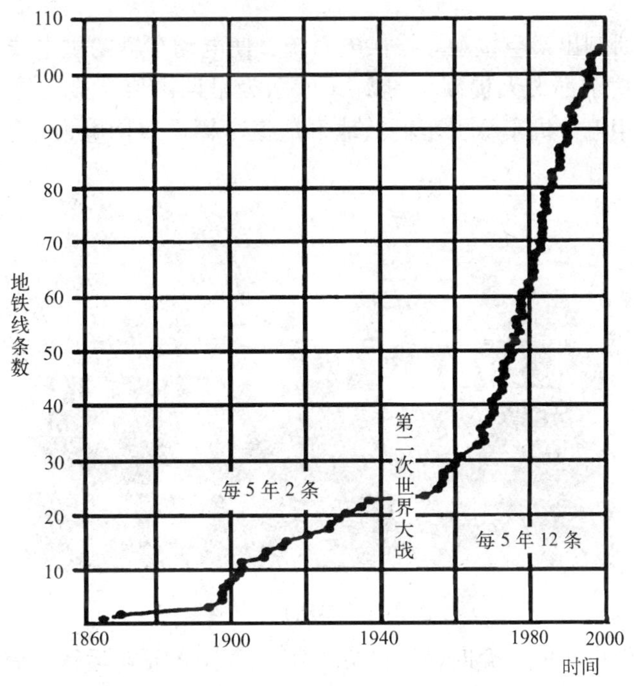

图 2-1　世界轨道交通发展进程示意图

1. 国外轨道交通系统的发展

伦敦是世界上地铁的诞生地。1863 年 1 月 10 日由英国律师皮尔逊（Charles Pearson）鼓动并投资建设的世界第一条的地下城市铁路（Metropolitan Railway）正式通车运营，这条地铁从帕丁顿到弗灵顿，总长 6 km。动力是向英国铁路公司租借的蒸汽机车。皮尔逊因此被誉为“地铁之父”。“Metro”也成了世界上绝大多数国家城市轨道交通的标志和代号。图 2-2 所示为早期的伦敦城市地下铁道。

早期的地铁由蒸汽机车牵引，为了把烟雾排出，车站甚至没有顶棚。虽然当时的地铁设施简陋，而且污染严重，但由于它不像地面道路那样拥堵，还是受到了广大上班族的欢迎。

图 2-2 早期的伦敦城市地下铁道

1881 年，德国研制出架空接触导线供电系统，使电动车辆的供电线路由地面转向空中，电动车辆的电压和功率都大大提高，图 2-3 所示为早期由架空接触导线供电的有轨电车。1890 年，英国首次用电力机车牵引车辆。地下铁道车辆也改用电力牵引，地铁的环境条件大为改善。

图 2-3 早期有轨电车

20 世纪初是有轨电车的黄金时代。世界上第一个投入商业运行的有轨电车系统是 1888 年美国弗吉尼亚州的里士满市。在 20 世纪 20 年代，美国的有轨电车线路总长 25 000 km。到 30 年代，欧洲、日本、印度和我国的有轨电车也有了很大发展。

2. 我国轨道交通系统的发展

1908 年，上海建成通车我国第一条有轨电车，1909 年大连市也建成了有轨电车，随后北京、天津、沈阳、哈尔滨、长春等城市相继修建了有轨电车线路，也在当时的城市公共交通中发挥了骨干作用。

旧式有轨电车行驶在道路中间，与其他车辆混合运行，运行速度不高，又受路口红绿灯的控制，正点率低。

随着汽车工业的迅速发展，西方国家私人小汽车数量急骤增长，城市道路面积明显地不够用。20 世纪 50 年代开始，世界各国大城市都纷纷拆除有轨电车线路。这股风也随后波及中国，到 20 世纪 50 年代末，仅剩下大连、长春、鞍山等个别城市把有轨电车保留下来。大连的有轨电车保留至今，并进行完善和改进；形成目前的 3 条有轨电车线路，全长 10 km 左右，从东到西贯穿大连老城区中心。有轨电车每天运行的时间从 4 时至 23 时，票价只需 1 元钱。图 2-4 所示为大连有轨电车。

图 2-4　大连有轨电车

北京市从有轨电车到无轨电车发展到地铁网络系统。

1921 年北京开始筹办有轨电车，1924 年 12 月 17 日在天安门南侧举行有轨电车通车典礼，18 日正式通车。这条从前门至西直门的有轨电车线，全长 9 km，配有 10 辆有轨电车。有轨电车的设备落后决定了其客运能力不高，在其几十年的运行过程中，日乘客量的最高纪录是 129 004 人次。图 2-5 是 20 世纪 50 年代北京有轨电车。

1957 年 2 月 26 日，北京第一条无轨电车线路诞生。1958 年 8 月 22 日，北京市第三届人民代表大会第一次会议做出决定："为了城市改造的需要，要在 1959 年 10 月以前，将当时城内有轨电车轨道全部拆除，改行无轨电车和公共汽车。" 1966 年 5 月 6 日，永定门火车站至北京体育馆间的最后一条有轨电车线路停驶了。至此，在北京行驶了 42 年的有轨电车，完成了它的历史使命。

北京是中国首先开始地铁运营的城市，从 1965 年建设第一条地铁开始，至 2008 年奥运之前已建成运营线路 7 条，运营里程 200 km；至 2010 年底建成运营线路 14 条，运营里程 336 km。而北京地铁 2012 年的近期规划目标运营线路达 14 条，运营里程 407 km；2015 年计划总共建成 19 条线，运营里程 561 km，构成北京市轨道交通近期规划基本网络；2020 年远期规划建设 21 条线，总长 662 km。

由于流动人口及小汽车的猛增，城市交通量开始快速增长。城市道路的相对有限性与小汽车生产的相对无限性产生了尖锐的矛盾：小汽车可以用流水线生产，而道路却不能；小汽车可以进口，而道路却不能。总之，小汽车带来了交通阻塞、事故频发、能源过度消耗、尾气与噪声污染等一系列社会问题。这些问题制约着城市经济的发展，也影响着市民生活质量的提高，所以也引起了人们的反思。

回顾 20 世纪城市交通的发展历程，不难看出有一个否定之否定的发展过程：有轨电车从大发展到大拆除；然后小汽车登上历史舞台，逐渐成了城市交通的主角；到 20 世纪末，以地铁和轻轨为代表的现代城市轨道交通又恢复了它的主导地位，这是个螺旋式的上升过程。

图 2-5　北京有轨电车行驶在 20 世纪 50 年代的长安街

3. 城市轨道交通的社会功能

城市轨道交通发挥着如下社会功能。

1）拉动装备制造业的发展

城市轨道交通的发展过程培育成长了一批城市轨道交通设备生产企业和科研院所，使我国形成了比较完备的轨道交通设备制造体系，壮大了我国装备制造业的规模和综合实力；一大批产品实现了国产化，填补了国内空白，并且开始行销国外市场。

2）缓解交通拥堵，完善城市空间布局

从城市和交通的发展历史看，城市规模的大小与城市交通工具的技术进步密切相关，城市的直径一般就是当时最快交通工具一小时走行的距离。美国科学史研究者屈菲尔（J. Trefil）提出：城市的规模取决于人们在其中移动的难易程度，即大部分人不愿意花超过 45 分钟时间在交通上。现代城市发展的特征是纵向和横向的双向运动。纵向发展的主要标志是市中心区的高层建筑林立和地下结构的多层化趋势；横向发展的特征是城市人口向周边地区扩散。上班时，城市人口向市中心区汇聚，活动空间扩展到了高空和地下；下班时，城市人口向郊区扩散。人流的集散是这一矛盾运动、交通拥堵的表现形式，而城市轨道交通则是这一矛盾运动的主要载体。2006 年国庆黄金周期间上海地铁日运量达到了 210 万人次，年运量达 7.7 亿人次。TOD（Transit Oriented Development）是美国建筑师哈里森·弗雷克（现任美国加州伯克里大学建筑学院院长）提出的新概念，是为了解决第二次世界大战后美国城市的无限制蔓延而采取的对策，主张建设以公共交通为中枢、综合发展的步行化城区。其公共交通主要指地铁、轻轨等轨道交通及公共汽车干线，然后以公交站点为中心，以 400～800 m（步行 5～10 min）为半径。

3）带动房地产的升温

城市轨道交通对沿线地价的影响具有超前性，随着各条线路的陆续开工建设，商机逐渐呈现，全线通车后将全面带动整个城市的经济发展。在北京，从东到西的一号线建成前，沿线很多地方是菜地和荒地，一号线建成后，沿线大量的楼房建起来，很快连成了一片。上海，其一号线建成后，沿线建起了 140 多座高楼，依地铁形成了繁荣的商业经济中心。重庆，受轻轨二号线通车的影响，九龙坡、大渡口等地区已经成为让众多开发商眼热的黄金地带，房价猛升。20 世纪 90 年代初有一部电影叫《梅陇镇》，这个偏远清净的小镇被上海人称为“乡下旮旯头”。1993 年上海地铁一号线通车后，梅陇房产热销，一度成为独立板块，如今这里已经成为上海一个繁华的居住区。现在一条尚在图纸上的轨道就可以激活一大片郊区发展，也促使城市布局从单中心走向多中心。

4）促进商贸业的繁荣

由于城市轨道交通的开通，沿线地区的可达性提高，对居民产生较大的吸引力，促使沿线土地开发力度增加。密集的商业设施又会吸引大量的居民出行，从而增加轨道交通的客流并提高轨道交通利用率。在沿线和车站周围发展百货商场、大型综合超市、便利店、专营店等主力商铺，开拓新的消费领域，打造出一个特色商业带。

5）其他功能

除了上述功能之外，地铁还具有国防意义。第二次世界大战时期，伦敦地铁、莫斯科地铁在防空上发挥了重要作用。新加坡地铁兼有民防功能，一关上隔离门，地铁里能防毒、防核辐射。周恩来总理说过：“北京修地铁，完全是为了国防。如果为了交通，只要买 200 辆公共汽车就能解决。”当时以“战备为主，兼顾交通”为地铁建设主导思想，北京地铁在通车后很长时间内不对公众开放，想乘坐或参观地铁，都需要持单位统一领取的参观券。

进入 21 世纪以来，国内外大城市都在轨道交通规划建设和运营管理上有了深层次的发展。一方面加强轨道交通网络化建设及网络结构设计，突出强调乘客方便、舒适、多功能、信息服务多样化的特点，提高服务水平和满足出行者多样化需求；另一方面，在运营中增强经营服务意识，例如中国香港等城市轨道交通经营和运营结合，从而获得赢利。

2.2 城市轨道交通系统的分类及技术经济特性

2.2.1 城市轨道交通系统的分类

1. 分类方式

城市中使用车辆在固定导轨上运行并主要用于城市客运的交通系统称为城市轨道交通系统。城市轨道交通系统经过一个多世纪的发展，形成了多种多样的城市轨道交通方式。各国对城市轨道交通的分类略有差异，常用的分类方式有以下几种。

（1）按构筑物的形态或轨道的敷设方式划分，城市轨道交通可分为三类；

① 地下铁路，位于地下隧道内的那部分铁路称为地下铁路；

② 地面铁路，位于地面的铁路称为地面铁路；

③ 高架铁路，位于地面之上的高架桥的铁路称为高架铁路。

（2）根据城市轨道交通系统高峰小时单向运输能力的大小，城市轨道交通系统可分为两类：

① 高运量城市轨道交通系统，高峰小时单向运输能力达到30 000人次以上，属于该种类型的城市轨道交通系统主要有微型地铁、高技术标准的轻轨和独轨铁路；

② 低运量城市轨道交通系统，高峰小时单向运输能力为5 000～15 000人次，属于该种类型的城市轨道交通系统主要有低技术标准的轻轨、自动导向交通系统和有轨电车。

（3）以导向方式划分，城市轨道交通可分为两类：

① 轮轨导向，一般钢轮钢轨系统（如地铁、轻轨、有轨电车等）均属于轮轨导向方式；

② 导向轮导向，单轨和新交通系统的胶轮车辆属于导向轮导向系统。

（4）以轮轨的材料划分，城市轨道交通系统可分为两类：钢轮钢轨系统和胶轮钢筋混凝土系统。地铁、轻轨、有轨电车属前者，单轨和新交通系统属后者。

（5）按运能范围及车辆类型划分，城市轨道交通系统可分为市郊铁路（Suburban Railway）、地下铁道（Metro，the Underground，在德国称为U－Bahn）、轻轨交通（Light－Metro，Light Rail Transit）、独轨交通（Monorail）、有轨电车（Tram，Tram－way）、自动导向交通（Automated Guided Transit）、小断面地铁（Mini－Metro）、胶轮地铁（Rubber Tyred Metro）、索道（Aerial Tramway）等类型。

2. 各类轨道交通系统的特点

针对国内外各种城市轨道交通方式的特点及城市轨道交通的适用范围，这里将城市轨道交通系统分为以下几种。

1）市郊铁路

市郊铁路是由电气或内燃机牵引、轮轨导向、车辆编组运行在城市中心与市郊、市郊与新城镇间，以地面专用线路为主的大运量快速城市轨道交通系统。通常其所有权不属于所在地的城市政府，而由铁路部门经营。如图2-6所示。

图2-6　市郊铁路

2）地下铁道

地下铁道简称地铁，国际隧道协会将地铁定义为轴重相对较重、单方向输送能力在3万人次/h以上的城市轨道交通系统。一般线路全封闭，在市中心区全部或大部分位于地下隧道内，因而可实现信号控制的自动化，具有容量大、速度快、安全、准时、舒适、运输成本低、不占城市用地，但建设成本高等特点，适用于出行距离较长、客运量需求大的城市中心区域。

根据资料分析，为了降低工程费用，地铁系统中地面和高架线路所占的比重越来越大。在世界范围内，地下铁道地下部分约占70%，地面和高架部分约占30%，甚至有的城市地铁系统全部采用高架形式，只有部分城市地下铁道系统是完全在地下的。地下铁道是历史遗留下来的一个专有名词，传统地下铁道如图2-7所示。

图2-7　地铁系统

3）轻轨交通

轻轨系统（Light Rail Transit 或 Light Rapid Transit ，LRT）是个范围比较宽的概念，它是在有轨电车的基础上发展起来的电气牵引、轮轨导向、车辆编组运行在专用行车道上的中运量城市轨道交通系统，输送能力为1.5万～3.0万人次/h。它的车辆轴重较轻，施加在轨道上的荷载相对于城市铁路和地铁的荷载来说比较轻，因而称为轻轨。

轻轨有多种类型，一种是德国的轻轨系统（见图2-8、图2-9），基本上是从有轨电车改造而成，如斯图加特轻轨；第二种轻轨大部分是新建的，如道克兰轻轨；第三种是利用原有城市间铁路或城市市郊铁路线路，如曼彻斯特的梅株凌克、洛杉矶轻轨等。新建的轻轨中，越来越多地采用部分或者全部隔离的地面线路来穿过市中心。这些线路在路口拥有先行权，路权形式也有多种。伦敦把轻轨路权分为三种：LRT1，与其他交通及行人共享路面；LRT2，线路固定于道路上，在紧急情况下其他车辆可驶入其路面，类似公共汽车专用道；LRT3，路权专用，线路与其他交通及行人全部隔离，或是立交化的地面铁路，或是地下或高架铁路。

4）独轨交通

又称单轨铁路，单轨铁路由电气牵引，具有特殊导向和转折装置，列车编组运行在专用轨道梁上，属于中运量城市轨道交通系统。独轨交通通常分为跨座式和悬挂式，如图2-10、图2-11所示。前者车跨在一根走行轨道上行走，后者车悬挂于可在轨道梁上行走的走行装置的下方。

图 2-8　轻轨系统（1）

图 2-9　轻轨系统（2）

图 2-10　跨座式独轨交通

图 2-11　悬挂式独轨交通

5）自动导向交通系统

自动导向交通系统在一些文献中称为新交通系统。这种交通系统的主要技术特征是轨道采用混凝土道床，车辆采用橡胶轮胎；由一组导向轮引导车辆运行，列车运行自动控制，可实现无人驾驶等，如图 2-12 所示。

图 2-12　自动导向交通系统

一般说来，凡是适应地区多样化的交通需求，使线路和车辆提供最高的运输效率和良好的服务质量的公共运输系统和设备都是自动导向交通系统。狭义的自动导向交通系统则是指由电气牵引，具有特殊导向、操纵方式的胶轮车辆，单车或数辆编组运行在专用轨道梁上，属于中运量轨道运输系统。自动导向交通系统的研究起源于 1968 年美国一个名为 *Tomorrow's*

Transportation（未来的运输）的报告中，并于 20 世纪 70 年代先后建成投入运营，例如美国达拉斯沃斯堡机场的 People Movers 系统和摩根城的 Personal Rapid Transit 系统等。经过 20 世纪 70 年代的研制，进入 20 世纪 80 年代后，日本、法国和德国等国家也建成自动导向交通系统，其中日本大阪等城市先后建成 7 个自动导向交通系统，线路总长达到 48 km。

6）有轨电车

有轨电车是由电气牵引、轮轨导向、单车或两辆编组运行在城市路面线路上的低运量城市轨道交通系统。现代有轨电车由于采用整体道床，轨面和路面保持同一水平面，因此机动车辆和行人可以进入，是一种混合交通。有轨电车的特点是车辆运行速度较低、行车安全和准时性较差、运量较小，单向高峰小时交通量通常在一万人左右，如图 2-13 所示为大连有轨电车。

图 2-13　有轨电车（大连）

7）线性电机城市轨道交通系统

该系统是由线性电机牵引、轮轨导向、车辆编组运行在小断面隧道、地面和高架专用线路上的中运量城市轨道交通系统。将线性电机牵引的城市轨道交通系统列为独立的系统，是因为该系统与地下铁道、市郊铁路、轻轨有明显的区别。它是利用线性电机在磁场相互作用下，直接产生牵引力，车轮只起到支承和导向作用。从运输能力上看，由于采用小型车辆，因此属于中运量系统。这种系统既可以使用在地下线路，也可以使用在高架线路，使用在地铁中则称为小断面地铁。此外，由于线性电机车辆轮径小，可以明显降低车辆台面高度和缩小车辆尺寸而不减小内部空间，二者对比如图 2-14 所示。

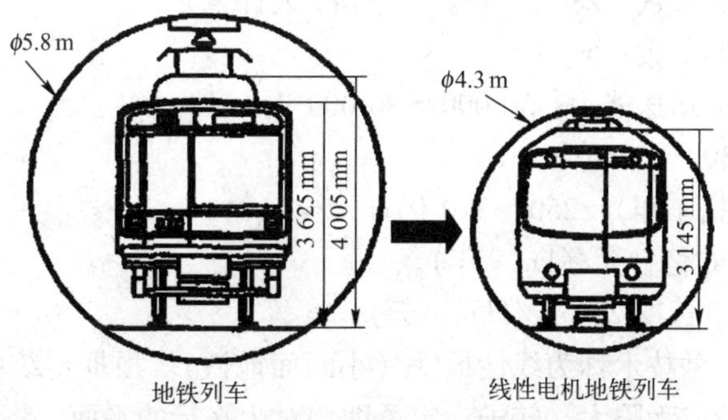

图 2-14　地铁列车与线性电机地铁列车的断面尺寸比较

2.2.2　城市轨道交通系统的技术经济特性

目前，城市轨道交通系统已经呈现出多样性发展态势。各国对城市轨道交通系统的分类存在一些概念上的差异，这些差异是由于对城市轨道交通系统的技术经济特性认识不同所造成的。下面将分别介绍主要城市轨道交通系统的技术经济特性。

1. 地铁系统

地铁系统通常采用专用线路，没有平面交叉。线路除修建在地下隧道以外，还可以修建在地面或高架桥上。一般采用双线，个别城市也有采用四线地铁的情况。正线最大坡度一般为3%，最小曲线半径一般为300～400 m。轨道较多采用焊接长钢轨、混凝土整体道床。

地铁车站按其运营功能划分为终端站、中间站和换乘站，均由出入口、站厅、通道、楼梯、自动扶梯、站台、售票房、行车作业用房和机电设备用房等组成。车站设备的通过能力根据远期高峰客流量及留有余地原则确定。车站的站台设计为高站台，有侧式、岛式和混合式等形式。早期地铁多为侧式站台，现在较多选择的是岛式站台，但高架中间站的站台宜采用侧式站台。

地铁车辆宽度在2.8～3 m之间。车辆设计除具有大容量的特点外，在牵引控制、调速制动及故障诊断等方面广泛采用了各种先进技术，因此还具有自动化程度较高的特点。车辆座席有纵向和横向两种布置。车辆定员为200～320人。车辆的最高速度可达80～100 km/h，运营速度约为35～40 km/h。单向小时最大运输能力在30 000～60 000人之间。

地铁列车在信号系统控制下运行。控制方式主要有采用色灯信号、自动闭塞设备、调度集中控制和采用列车自动控制系统、计算机集中控制两种类型。列车自动控制系统（ATC）由列车自动防护（ATP）、列车自动驾驶（ATO）和列车自动监督（ATS）三个子系统组成。列车编组辆数通常为4～8辆，但也有10～12辆编组的情况。列车运行的最小间隔时间可达到75 s。

各国地铁系统的建设标准并不完全一致。根据日本的统计资料，地铁系统的技术经济参数主要如下。

① 最小运行时间间隔：2 min。

② 每节车厢的乘客人数：280人（按0.14 m^2/人计算）。

③ 每列车编组车厢节数：6～10。

④ 每小时单向最大运送能力：50 000～80 000人。

⑤ 时刻表速度：30～60 km/h。

⑥ 建设投资（包括车厢）：250～300亿日元/km。

⑦ 运营费用：6.66亿日元/(km·年)。

⑧ 最低经济运输量：12 200人/(km·天)。

地铁领域中还有一种技术称为线性地铁（小断面地铁）。根据传统的电动机原理，它将转子、定子的半径设计成无限大，转子、定子即相对为平行的平面，将转子和定子平面相对安装在车辆底部和轨道中间，通电之后即可如电动机一样驱动车辆在线路上运行。与传统电动车辆相比，线性电机驱动方式具有车辆自重轻、爬坡能力强、线路曲线半径小等优点。这种地铁的特点是断面较一般地铁断面小，从而降低了建设成本；它还可以采用较小的曲线半径和较大的坡道，可以高架，维护容易。其主要参数如下。

① 最小运行时间间隔：2 min。

② 每节车厢的乘客人数：142 人（按 0. 14 m^2/人计算）。

③ 每列车编组车厢节数：4～8。

④ 每小时单向最大运送能力：17 000～34 000 人。

⑤ 时刻表速度：35 km/h。

⑥ 建设投资（包括车厢）：210 亿日元/km。

⑦ 运营费用：6. 66 亿日元/(km · 年)。

⑧ 最低经济运输量：12 200 人/(km · 天)，假定平均票价为 150 日元/人。

日本京都 12 号线就是小断面地铁，可实现小时输送能力达 29 000 人次。该线路的最小曲线半径为正线 100 m，侧线 80 m，最大坡度 5. 5%，采用机车多相位信号，综合了 ATC、ATO 和 CTC（调度集中系统），车厢定员 90～100 人，每列车编组 6 节，直流 1500 V 供电，刚体吊架方式。列车的最高速度可达 70 km/h。

地下铁道其他的技术经济特点还包括安全准点、节约土地、节省能源、环境污染小、对城市景观影响小的优势，但也具有综合造价高、修建周期长等缺点。

2. 轻轨系统

轻轨系统从旧式有轨电车系统发展演变而来。20 世纪 20 年代，美国有轨电车系统总长达 25 000 km，20 世纪 30 年代，欧洲、日本、印度和我国的有轨电车也有了很大发展，但旧式有轨电车行驶在城市道路中间，行车速度慢、噪声大、舒适度差。随着汽车的迅速发展，西方私人小汽车大量涌上街道，于是各城市又纷纷拆除有轨电车。但从 20 世纪 70 年代以来，欧洲和北美的更多国家又对 20 世纪 30 年代后纷纷拆除的城市旧式有轨电车系统产生了浓厚兴趣，它们通过对旧式有轨电车系统的技术改造，建成了一种全新的轻轨系统。

1978 年，国际公共交通联合会（UITP ）在比利时布鲁塞尔召开的会议上，把在有轨电车基础上发展而成的中等运量的新型有轨电车交通方式统一名称，定为“轻轨交通”，缩写为 LRT。所谓新型有轨电车，实际上就是利用现代科技（如交流牵引技术、计算机控制技术等），对基于轮轨运行方式的城市有轨电车客运系统进行一系列相应的改造，以提高安全性和舒适度，并且因此受到了广大乘客的欢迎。

轻轨线路的设计方案较多，没有固定的模式。线路修建往往是因地制宜，既可修建在市区街道上，也可修建在地下隧道或高架桥上。地面轻轨线路可分为无平面交叉的专用行车线路、有平面交叉的专用行车线路和与其他机动车辆共用行车线路三种类型。轻轨线路大多是双线，但支线、短程区间或道路用地较为紧张的地段也有设计为单线的情况。线路最大坡度可达 8%，最小曲线半径可达 30 m。

轻轨铁路车站按其运营功能划分有终端站、中间站和换乘站。终端站和位于中心商业区的中间站应具备集散较大客流的能力。车站的站台大多设计为低站台，有侧式、岛式和混合式等布置，侧式站台又有横列式、纵列式和单列式几种形式。

轻轨车辆是由老式有轨电车发展而来，旧式轻轨车辆宽度在 2.2～2.4 m 之间，新式轻轨车辆为适应客运量增加的需求，有向长和向宽发展的趋势，宽度在 2.5～2.6 m 之间。车辆设计除采用大容量外，还有轻型化、铰接式、低地板和宽敞舒适等特点。车辆坐席有纵向和横向两种布置，横向又分两边双人座、两边单人座和一边双人座、一边单人座等布置形式。近年来各国制造的新型轻轨车辆有 4 轴车、6 轴单铰接车和 8 轴双铰接车 3 种车型，车辆定员为 130～270 人，而旧型轻轨车辆定员一般为 100 人。轻轨车辆的最高速度可达 60～80 km/h。

轻轨列车的运行控制有人工/视觉控制、列车自动防护系统（ATP）控制和列车自动控制系统（ATC）控制 3 种类型。

一般 LRT 的主要技术特征指标大致如下。

① 最小运行时间间隔：2 min。

② 每节车厢的乘客人数：225 人（按 0.14 m^2/人计算）。

③ 每列车编组车厢节数：2～4。

④ 每小时单向最大运送能力：6 000～13 000 人。

⑤ 时刻表速度：20～25 km/h。

⑥ 建设投资（包括车厢）：33 亿日元/km 之内。

⑦ 运营费用：1.13 亿日元/(km · 年)。

⑧ 最低经济运输量：2 100 人/(km · 天)（假定平均票价为 150 日元/人）。

德国在控制轻轨交通的技术标准处于领先水平，先后颁布了《德国联邦轻轨运输系统建设和运行规范》等技术标准，德国轻轨交通系统的等级及主要特征如表 2-1 所示。

表 2-1　德国轻轨交通系统的等级及主要特征

	系统等级	Ⅰ	Ⅱ	Ⅲ	Ⅳ
线路	地面线路	100%			
	混行线路	70%	20%		
	地下高架线路		<5%	<20%	<50%
	专用道比例	30%	80%	100%	100%
车站	平均站间距/m	500	600	750	1 000
	站台长度/m	40	60	90	120
	站台形式	低	低/高	高	高
	司机室形式	单/双向	双向	双向	双向
车辆	车辆宽度/m	2.4	2.4/2.56	2.56	2.56
	地板面高度	低	低/高	高	高
	6 轴车定员（按每 $m^2$6 人计算）	135	135/230	230	230
运营	车辆编组/辆	2	2/3	3	4
	列车最小运行间距/s	120	120	90	90
	最大单向客运量/（人次/h）	8 000	12 000	28 000	37 000
信号	信号设备	无行车信号	部分线路设行车信号	大部分线路设行车信号	全线路设行车信号
	道口信号控制	部分控制	全部控制	优先通行	综合速度通行
速度	平均（旅行）速度	20	25	32	38

轻轨铁路其他的经济技术特点还包括修建周期短、工程投资少、运营成本低、运行噪声小、能适应陡坡急弯、旅客乘坐舒适等。

3. 独轨交通系统

独轨交通系统的发展有近百年的历史，现存最早的独轨铁路是德国乌帕塔尔市在 1901—1903 年间修建的一条约 13 km 的悬挂式独轨铁路，牵引动力为电力驱动，该条轨道现仍在运营中。该交通系统当时主要用于游乐，而作为城市交通，由于其本身局限发展极为缓慢。20 世纪 60 年代以来，由于地面交通十分拥挤，一些城市将目光转向独轨交通以实现城市空间利用率的提高。目前，日本是独轨铁路最多的国家，此外，德国、美国、意大利、澳大利亚和乌克兰等国家也建有独轨铁路。

国外已建成城市独轨铁路交通长度通常为 10 km 左右，单、双线均有，但以单线为主。最大坡度可达 6%，最小曲线半径可达 60 m。

该系统的轨道由轨道梁、支柱与道岔 3 部分组成。轨道梁为预应力钢筋混凝土结构，起承载、运行、导向与稳定车辆的作用。跨座式独轨的轨道梁顶面是列车的运行轨道，两侧面的上、下部分分别是导向轮与稳定轮轨道。支柱的主要形式有“T”形、倒“L”形和“门”形等。道岔的基本工作原理是轨道梁的一部分为可活动部分，通过活动部分的移动使一条线路与其他线路连接，达到车辆过岔的目的。

车站为高架设计，常见的结构由下至上一层为道路面，二层为集散厅，三层为站台，乘客由自动扶梯和电梯上下。站台为岛式，长约 100 m，站台两侧安装栅栏或屏蔽门，站台顶棚与边墙连在一起。

跨座式与悬挂式两种类型独轨车辆的形式是不同的，但两种形式的独轨车辆都是在走行轨道上采用胶轮行驶的电动客车。车体的宽度方面，跨座式独轨车辆较宽，约为 3 m，悬挂式独轨车辆宽度约为 2.6 m。受橡胶轮胎载重的限制，车辆采取轻型化设计。车辆定员方面，跨座式独轨车辆为 140～190 人，其中坐席为 30～40 人，悬挂式独轨车辆为 100～160 人，其中坐席为 40～50 人，有驾驶室车辆的定员为下限值。车内坐席可以根据客流量情况设计成纵向、横向和混合排列等不同布置。车辆的最高速度可达 80 km/h，运营速度约为 30 km/h。列车运行、供电、车站设施、防灾报警装置、站台监视及对乘客广播均由控制中心的计算机系统集中控制。

独轨列车通常为 4 辆编组，由于受站台长度限制，最多为 6 辆编组。独轨铁路的道岔转换时间较长，从而延长了列车的折返时间。

在日本，一般独轨系统的主要技术特征指标如下。

① 最小运行时间间隔：2 min。

② 每节车厢的乘客人数：140 人（按 0.14 m^2/人计算）。

③ 每列车编组车厢节数：2～6。

④ 每小时单向最大运送能力：8 000～25 000 人。

⑤ 时刻表速度：30 km/h。

⑥ 建设投资（包括车厢）：65～145 亿日元/km。

⑦ 运营费用：2.21 亿日元/(km·年)。

⑧ 最低经济运输量：4 000 人/(km·天)，假定平均票价为 150 日元/人。

独轨交通有噪声低、振动小、对城市的景观及日照等的影响小、通过小半径曲线能力和爬坡能力强等优点。但是，独轨车辆还有运能小、速度低、能耗大、粉尘污染等缺点。由于橡胶轮与混凝土轨面的滚动摩擦阻力比钢轨大，所以其能耗要比普通钢轮钢轨的城市轨道交通约大40%；橡胶轮与轨道间的摩擦会形成橡胶粉尘，对环境有轻度污染；列车运行在区间发生事故时，面积狭小的轨道梁难以安设救援设施，疏散和救援工作都比较困难。该系统适宜于在市区较窄的街道上建造高架线路，目前一般多用于运动会、体育场、机场和大型展览会等场所与市区的短途联系。

4. 自动导向交通系统

在走行方式上，将传统的钢轮—钢轨系统改变为橡胶轮—混凝土（或钢板）轨道系统的交通系统称为自动导向交通系统（Automatic Guideway Transit，AGT），也称为橡胶轮胎铁路。线路与街道的交叉可通过地下或高架方式。一般情况下，车辆都是电力驱动的。1964年，日本建成了第一条橡胶轮胎铁路；1981 年，日本神户首先建成了一条自动导向交通系统。目前日本已有10 余条 AGT 线路在运行。1983 年，法国里昂也建成 AGT 系统，法国人称为 VAL。上述两个系统最大的优点是减少了列车运行的噪声，进一步优化了城市环境。

自动导向交通系统线路长度通常为 5～15 km，以双线为主，但也有环形单线和网状线路。最大坡度可达 7%～10%，最小曲线半径可达 10～30 m。轨道多为混凝土高架结构，车辆在导轨上行驶，导向方式有中央凸型导向、中央内侧导向和两侧侧面导向三种。线路分岔是以混凝土轨道侧面分岔道岔的沉浮方式进行。

自动导向交通系统的车站分终端站、中间站和管理站，站间距较短。有的中间站也铺设侧线。管理站有停留备用车、空车以及紧急待避等功能。

自动导向交通系统车辆为轻小型，车体宽度约为 2 m，长度多为 4～8 m，电力驱动，动力从侧面供给，交、直流电均可以。车轮采用橡胶轮胎。车辆定员为 24～80 人。最高速度约为 60 km/h。

自动导向交通系统列车运行采用自动控制，ATC 系统按列车运行图集中调度，启动和控制列车上的限速装置和驾驶装置，同时兼管车站作业。列车通常采用 2 辆编组，但也可以单车运行或 6 辆编组运行，以适应运输需求。此外，列车在按运行图运行的同时，也可按乘客要求方式运行。

根据日本已有系统情况，一般条件下，AGT 的技术经济指标如下。

① 最小运行时间间隔：2 min。

② 每节车厢的乘客人数：70 人（按 0.14 m^2/人计算）。

③ 每列车编组车厢节数：4～12。

④ 每小时单向最大运送能力：8 000～25 000 人。

⑤ 时刻表速度：30 km/h。

⑥ 建设投资（包括车厢）：65～145 亿日元/km。

⑦ 运营费用：2.33 亿日元/（km · 年）。

⑧ 最低经济运输量：4 300 人/（km · 天），假定平均票价为 150 日元/人。

自动导向交通系统其他的技术经济特点还有工程造价低，运行噪声小，占地面积少，旅客乘坐舒适，能适应陡坡急弯等。

橡胶轮胎铁路的优点是噪声较低，但同时存在以下缺点。

① 轮胎承重不如钢轨，故不适合客运量太大的客运系统。

② 高速运营时会导致轮胎过热，说明实际速度不能太高，目前最大速度小于钢轨系统，一般最大的速度为 60～70 km/h。

③ 轮胎运行阻力系数大于钢轨，故其能耗较钢轨系统要大。

④ 股道干燥时，轮胎摩擦系数 3 倍于钢轨，但潮湿时，与钢轨相差不多。

⑤ 由于轮胎车辆由股道引导，其技术较钢轨铁路更复杂。

⑥ 股道交叉与折返比钢轨系统更复杂，所需时间也更多。

⑦ 轮胎车辆由于需要一个导向轨，这使得车辆结构更为复杂。

轮胎铁路系统能力可以通过增加列车编组来提高。不过，由于其车辆承重有限，折返能力难以提高，其最终输送能力一般小于钢轨铁路系统。一般来说，橡胶轮胎铁路输送能力为钢轨铁路的 1/2～1/3，单向小时输送能力最大为 20 000～30 000 人。

5. 市郊铁路系统

市郊铁路一般利用国家铁路干线进行市郊运输，主要承担城市功能的扩展，沟通城市中心边缘与市郊地区之间的联系。它与城市轨道交通系统的共性是均为公交化客运的轨道系统；但根本差别是运营模式和管理体制的不同，对乘客服务的地域和运距目标也不同，产权归属和制式不同，列车运行密度和服务水平也不同。

市郊铁路主要为通勤者提供运输服务，有时也称为通勤铁路（Commuter Rail）或地区铁路（Regional Rail）。伦敦、巴黎都有较大规模的市郊铁路运输网络。在加拿大、澳大利亚和其他一些欧洲国家、亚洲国家，也都有市郊铁路系统。

市郊铁路的线路和轨道形式与常规的铁路形式相同。线路长度一般为 40～80 km，虽然市郊铁路的终端站可引入市中心区，但大多数车站仍在郊区。市郊铁路的特点是装备重型化，其最高运行速度比干线铁路低，一般为 120 km/h，但起动、制动加速度高于干线列车，略低于地下铁道列车，站间距离约为 1 000～4 000 m，平均运行速度可达 40 km/h 以上。市郊铁路列车通常由机车牵引，也可以采用动车组（电力或内燃）。有些列车还采用双层客车来增加座位数量。

市郊铁路分两种类型：一种是市中心连接城市边缘 20 km 范围内的居民区（近郊区），站间距离小（1 000～1 500 m）；另一种是连接市中心与卫星城市，线路长度可达 40～50 km，甚至更长，其站间距离较长（3 000～4 000 m），单向小时最大运输能力在 40 000～80 000 人。

市郊铁路的其他技术经济特点还包括投资省、见效快、工程费用低（相当于高架线路的 1/2，地铁的 1/5）、环境污染少、能耗低等。由于速度快、线路长，市郊铁路每客公里成本相当低。市郊铁路服务于城市的重点在于建立一体化的快速旅客运输系统，保证乘客能够迅速到达目的地。在过去只能跑货运列车的既有线路开展新的服务已经成为发展的方向。

轨道交通类型综合技术指标比较见表 2-2，在我国，城市公共有轨电车、常规公共交通系统等共同组成一个功能多样、结构合理的现代化城市客运体系。对于不同的城市，在城市轨道交通系统选型时要因地制宜，综合考虑城市的经济、地理及城市发展和建设的实际情况。

表 2-2　轨道交通类型综合技术指标比较表

系统类型	技术指标								
	运行组织				车站			车辆	
	高峰小时单向客流量/万人	列车编组/辆	列车最小间隔/s	最高运行速度/（km/h）	平均运行速度/（km/h）	站台长度/m	站台高度/m	类型	车辆定员/人
市郊铁路系统	3.0～8.0	8～12	180～300	80～120	50～60	200～300	高 965 低 300～650	YZ-25	单层 128；双层 180
地铁系统	3.0～5.0 5.0～8.0	4～6 6～8	90～120	80	25～40	120～200	965	国标 A 或 B 型	有驾驶室：A-295，B-230 无驾驶室：A-310，B-245
轻轨系统	1.0～3.0	2～4	150～300	45～70	15～25（混用） 25～35（专用）	60～80	低 300～650 高（965）	国标（四、六、八轴车）型	B 型车（有/无驾驶室 230/245）；C 型车（有/无驾驶室）：四轴-200/210，六轴-240/250，八轴-315/325
独轨交通系统	跨坐：1.0～2.5 悬挂：0.3～1.0	跨坐：4 悬挂：2-4	180～300	65～70	20～35	跨坐 60； 悬挂 30～60	与车辆地板同高		跨坐式：103 悬挂式：129
新交通系统（AGT）	1.0～1.8	3～6	180	50～70	20～30	25～50	与车辆地板同高		动车：66 拖车：75
磁悬浮铁路（常导或超导）	1.15	9	60～300（300）	中低速 80； 高速 300～600（430）	中低速 40； 高速 225	300	与车辆地板同高		有/无驾驶室 95/110
有轨电车	0.6～1.0	1	120～300	70	15～25	20	300	C 型	292
线性电机车辆系统	1.5～3.5	4～8	90～120	70～80	30～35	100	365		有/无驾驶室 165/183

续表

系统类型	技术指标								
	车辆	共电		信号		线路			
	动力类型	馈电电压 /V	馈电方式	列车自动 防护	列车控制 技术	形式	最大坡度 /%	最小曲线 半径/m	平均站距 /km
市郊铁路系统	内燃或电力集中或分散	AC 25 000	接触网	有（无）	—	全封闭专用道	3.0	600～800	近郊：2～4 远郊：3～5
地铁系统	动、拖组合；全动车	DC 750 DC 1 500	第三轨，接触网	有	ATP/ATS/ATC	全封闭专用道	3.5	A：300～350 B：250～300	0.8～1.5
轻轨系统	动、拖组合；全动车；铰接式动车	DC 750 DC 1 500	第三轨，接触网	有	ATC	全封闭高架；地面、地下或混合道路	3.5～6	A：250～300 B：50～100	0.5～1.5
独轨交通系统	动、拖组合；全动车	DC 750 DC 1 500	第三轨，第四轨	有	ATC	全封闭高架；隧道	跨坐 <6 悬挂式 <5.3	跨坐式：80 悬挂式：50	跨坐式：0.6～2 悬挂式：0.7～1
新交通系统（AGT）	动、拖组合；全动车	DC 750 AC 600/3 相	第三轨，第四轨	有	ATC	全封闭高架	<7	>40	0.8～1.4
磁悬浮铁路（常导或超导）	全动车	变频电压 <20 000	—	有	ATC	全封闭高架；地面	<10	中低速： 300～350 高速： 1 600～3 000	—
有轨电车	铰接式动车	DC 750	接触网	无	ATC	混合道路	6	>20	0.5～0.8
线性电机车辆系统	全动车	DC 750 DC 1 50C	第三轨，接触网	有	ATC	全封闭专用道	6～8	>50	0.5～1

资料来源：《北京市城市轨道交通线网优化调整》报告。

2.3

城市轨道交通系统的运营特性及问题

2.3.1　城市轨道交通的运营特性

城市轨道交通运营特性包括：系统联动性，时空关联性，调度指挥集中性，管理严格性和服务安全可靠性。

1. 系统联动性

城市轨道交通系统建设和运营的目的是为市民提供快速、安全、准时、舒适、便利的运输服务，使乘客能够便利地进站购票乘车，安全而舒适地旅行，快速而准确地到达目的地。

安全运行和优质服务的基础是城市轨道交通三大系统同时正常、协调地运行。如何保证城市轨道三大系统30余项不同的专业设施、设备每天18～24 h正常而协调地运行是摆在运营组织者面前的课题，解决的途径应该从基础入手，以目标为依据，结合时间、空间等因素，系统而协调地进行。

车辆和设备之间、各种设备之间在正常运行时均有相互依托的关系，这些关系的存在要求它们之间有严格的技术配合，如列车和钢轨、列车和接触网、列车和信号（ATP、ATO）、列车和通信、供电和通信信号、通信和信号、供电和自动售检票等。可以说在列车运行时，它们相互之间环环相扣，共同保证列车正常运行和服务的良好。任何一环出现故障均会不同程度地使地铁的正常运行受到影响，严重的甚至造成列车停运。如果说这些设施、设备、系统在建设阶段和停运检修时主要部分为各自独立的个体，那么一旦建成（修复）投入运行，它们就像链轮和链条一样，共同维持地铁这一大的联动机的正常运行。

2. 时空关联性

列车运行是根据乘客的出行需求安排的，大中城市要求高速度、高密度的列车运行来为市民出行服务，因此现代城市轨道交通的运行速度市中心一般设计为35～40 km/h，市郊高速达到60 km/h以上，最小行车间隔（密度）为2 min。

城市轨道交通系统的产品是人的移动而不是物的加工，更使得时间和空间的概念变得尤为重要。由于时间和其相对应的空间是城市轨道交通运营中不可存储的，一旦失去势必造成列车运行晚点，严重的就会发生事故。具体来说，一旦运行的车辆、设备故障影响到列车的正常运行，必须立即处理，尽快恢复正常，确保列车运行。安装在车站的设备，白天的检修与故障处理也要定时、定点；线路设备检修、巡视等工作一般安排在夜间进行。城市轨道交通系统的夜间也是十分繁忙的，各专业的检修要提前计划，经批准后才能进行。进入区间时要取得调度命令，根据调度命令登记好开工时间及结束时间、进行工作的区间和工作范围（上、下行，公里数等），工作必须按时完成。由于各专业维修均在夜间作业，夜间允许检修工作的时间又很短（一般为0～4点），有时还需开行施工列车，有时需停电，因此维修作业需要统一组织，并按时间完成，否则就可能发生人员或设备事故或者影响列车正常运行。

时空概念的重要性案例：据报道，某区域隧道内供水管道漏水，负责检修单位派人员在甲站登记后进入隧道检修，登记的检修区间为甲—乙站，时间为6:00—6:30，该员工在甲—乙区间内未发现漏水管道，出于责任心继续前往乙—丙区间内检查，直到7:30时才在丙站出隧道。结果造成早班列车晚点20 min。按理，在一般企业，该员工责任心强，应受表扬，结果由于他时间观念淡漠造成了列车运营晚点，非但未获表扬反而因造成列车晚点而受到了处分。这个案例说明了时间、空间概念在地铁运营企业的重要性。

设备检修有时可以由单一专业完成，有时专业之间相互渗透，检修时有关专业人员需同时到场联合作业。如车辆夜间检查时，通信、信号检修人员同时到场并排定三者的作业程序，检查车载的无线通信、信号设备和车辆，按时完成。夜间回库车集中到达，需检查的列车数量较多，必须在限定的时间内检查确认，保证清晨出车。因此，对检查人员的时间和空间概念的要求也是很严格的。还有如属线路专业的道岔，它是和信号系统的转辙机联合运行的，一旦发现故障，双方必须同时到现场各自检查，找出问题共同处理。因此对于城市轨道交通运营企业，时间和空间的概念是必备的基本概念。

3. 调度指挥集中性

多专业多工种联合运行，时间、空间概念要求很高，一旦发生故障，后果及影响都很严重。城市轨道交通运营系统，需要严格的一体化统一调度指挥，控制中心（调度所）就是为此而设置的。

一条完整交路运行的现代城市轨道交通线路设一调度所。调度所一般设于线路适中车站附近。信号系统（ATS）、供电系统（SCADA）、环控系统（FAS、BAS）、主机及显示屏均设于调度所内。通信系统及自动售检票（AFC）系统一般也设于此。列车运行时由行车调度员、电力调度员、环控调度员分别担任行车系统、供电系统及环控系统的调度指挥。

正常情况下，现代城市轨道交通的上述三个自动化系统均由系统主机按调度员设定的列车运行图、供电及环控模式自动控制信号、供电及环控系统正常运行，列车也在驾驶员的监护及必要的操作下正常行驶。同时运行的信息（如列车位置、列车间的间隔及是否偏离设定的运行图、供电及环控系统运行状态）均在显示屏上实时显示，调度员可随时监视、掌握列车及有关系统运行状况。调度员还可以利用有线及无线通信系统随时和有关人员（列车驾驶员，行车、供电、环控、自动售检票等系统运行值班人员）通话了解有关情况。

当然，无论是列车运行图、各设备系统正常运行模式，还是事故处理预案等调度员据以进行每天正常指挥或事故抢修的文件，都是运营公司决策机构经过市场调查及根据服务水平的要求，阶段性地研究制定的。除极特殊的情况外，调度所是无权改变的。因此，严格地说，运营决策机构和调度所的有机结合形成了城市轨道交通的运营统一指挥中心。

4. 管理严格性

现代城市轨道交通的设备技术含量和20世纪中后期传统的设备技术相比有了质的飞跃。信息技术的采用使传统技术时代许多人工操作被信息技术设备取代，从而在更加安全的基础上提高了效率。如列车的自动驾驶、信号设备的自动化、售检票系统的自动化及其他设备的远程控制等。但是，任何先进的技术设备永远不可能完全取代管理。

对城市轨道交通运营企业而言，技术管理的核心是规章制度，它是规范人员生产活动的行为准则，各岗位人员只有严格执行规章制度才能使得规模庞大而技术复杂的系统有序、安全而高效地运转。反之，系统运转就会受到阻碍，从而降低效率，甚至发生事故，造成严重后果。企业规章制度也是有层次的，内容如下。

① 具有“企业宪法”性质的是“技术管理规程”，其内容是规定城市轨道交通的规则及带有规律性的问题，以统领和规范列车运行、客运服务、检修保障三大系统的生产活动。它应该在采用设备的技术基础上反映运营企业的运营规律，涵盖三大系统的有机联系，适应城市轨道交通运营的社会需求。随着运营规模、运营技术、社会环境的发展，“技术管理现程”也应不定期地补充和定期修改，以使其更加符合运营实际，以保持其统领、规范作用和“企业宪法”的性质。

② 具有系统性规范性质的有“行车组织规则”、“客运组织规则”、“调度规则”、“安全规则”、“事故处理规则”及“设备、设施的运行检修规则”等。这些规则应该在“技术管理现程”原则的指导下，在各系统设备技术基础上制定，以规范各系统的日常生产活动。如“行车组织规则”是列车运行系统的行为规则，可以在列车、线路、车站设施、信号及通信系统的技术基础上，在列车不同的运行模式下规范调度员、列车驾驶员、车站和各设备系统值班人员的活动，以及进行活动所必须办理的手续。“客运组织规则”是客运服务系统的行为规则。设备、设施的“运行检修规则”是检修保障系统的行为规则。“安全规则”、“事故处理规则”是为贯彻安全第一的方针，保证运行、检修和服务工作人员、设备安全而编制的从以预防为主到发生事故后的调查、处理的各种规定。

③ 此外，还有各专业、各工种、各单项作业更为具体的、详细的，针对性、操作性更强的技术管理方面的制度、工艺、办法等，如车站管理细则及各专业的具体规则、作业办法。一系列的规章制度系统涵盖了运营系统的每一个技术角落，使得日常的运营和故障的处理均有章可循，从而保证地铁运营这一庞大的联动运输机构的正常运行，更好地保证“城市动脉”的畅通和社会的发展。

5. 服务安全可靠性

城市轨道交通系统（网络）每天要面对数十万乃至数百万的乘客，并负责将他们从其出发站输送到目的站，同时使每一位乘客在从购票乘车到下车出站的全过程中都感到满意，这是城市轨道交通运营的宗旨。因此，运营企业必须在每一个环节均为乘客提供优良的服务。

首先，在线运行的列车必须按照运行图的规定安全、准时地运行，以保证乘客顺利地完成出行。这是城市列车运行系统人员包括从调度员的指挥到列车驾驶员的操作应该完成的任务，是优良服务的一个根本环节。

其次，根据市场需求和客流规律及其变化制定不同的运行图，以使运行能适应运量的需求，至少使乘客能够及时乘车而不感到太拥挤。和城市间客流规律不同，城市客流明显的规律是上下班时段客流集中、不定期的大型公共活动时段客流集中，以及双休日、节假日客流集中等。运营管理决策层应据此制定不同的运行图以满足需要。

换乘问题是城市轨道交通从单线运营发展到网络运营不能回避的问题。正确的考虑应该是从规划建设城市第一条轨道交通线路开始就从网络规划、网络运营组织，特别是从乘客感受的角度来考虑换乘的问题，而不是从投资、工期及其他的角度来考虑。尽量采用方便的平行换乘方式建设列车交叉运行的同站台换乘的枢纽车站，使大量的换乘客流在站台层消化，既方便了乘客，又省去了站厅层客流换乘的面积和设施。应该说只有拥有若干个这样换乘枢纽的网络，才算得上是高服务质量的城市轨道交通网络。

从乘客进站到上车、从下车到出站，这两个环节的服务应该是以售检票和乘客导向为中心的。自动售检票系统（AFC）的使用在技术基础上将服务质量提高了一个层次。乘客可以一次购票（储值IC卡）多次使用，大大节省了购票时间和减少了手续的麻烦。分段计程票价制使乘客的负担更加合理，且在网络内换乘不同线路连续计程和一卡通用（公交、出租、轮渡等公共交通工具），在一定程度上实现了城市公共交通“一体化”。单程票是在城市轨道交通网络内部使用的，这就提出了城市轨道交通网络内部单程票制式（当然包括售检票机）统一的问题。网络的建设方便了乘客的出行，而乘客的出行往往要换乘，乘客出行的起讫站遍布网络内每一座车站，那么单程票就应该各站通用，其制式统一势在必行，否则就明显地降低了服务的水平。售检票机的数量及其在站厅层的布置应结合车站地面出入口的位置、付费区的分隔方式、站厅站台间阶梯的位置综合考虑，运用好整个站厅层的面积和距离。使进、出站客流和购票、检票客流通行顺畅，不致造成交叉拥挤。

车站出入口外街区、出入口、进站后的通道、站厅内售检票及查询服务设施、换乘方向等均应有明显的、不间断的乘客导向和指定标志，引导乘客顺利地进站、购票、检票或换乘出站。站台层的标志应能正确引导乘客候乘目的站方向的列车。站厅、站台、列车内明显处还应有安全标志及本线线路图（图中应标明本站位置及换乘站、线）、城市轨道交通网络图、票价表、车站平面布置图乃至计算机查询系统等。在站台及列车上设置候车乘客视线可及的电子行车预告信息，及时预告后续列车及列车前方到站等信息。必要时可发布运行故障及乘车安排通告的服务信息，做到乘客自助旅行，乘兴而来，满意而归。一系列智能化的服务既节省了人力，又无形之中增加了对客流的吸引度。尤其是特殊的乘客群体：老人、儿童、残疾乘客等，必要时还要有服务人员温馨的指引和服务。

总之，三大系统组成的城市轨道交通运营是一个整体，是一个联合运输的大系统，其唯一的宗旨就是“安全第一，乘客至上”。

2.3.2　城市轨道交通运营管理面临的问题

到2010年年底止，上海、广州、天津、深圳、武汉、长春、大连、重庆、南京等城市陆续开通了的城市轨道交通系统线路总长度近 995 km，共计 33 条线路。不过，各城市基本上处于城市轨道交通系统建设的初级阶段，网络规模有限，远未形成公共交通客运的骨干能力。

以北京为例，作为我国第一座拥有城市轨道交通的城市，北京自从开通地铁系统以来，截止到 2010 年年底，全市轨道交通运营线路长度 336 km，比 2009 年末增加 108 km，客运总量 18.4 亿人次，比 2009 年增长 29.3%，尽管线路长度达全国总规模三分之一，但是，目前仍未形成以城市轨道交通为骨干较为完善的公共交通网络体系。

表 2-3 给出了我国部分城市轨道交通系统 2004—2005 年完成的运输量情况。

表 2-3　我国部分城市轨道交通系统 2004—2005 年完成的运输量

城市	北京	上海	广州	深圳	武汉	南京	重庆	大连
日运输量/万人	166.2	129.6	58	13.6	1.3	15	—	5
最高日运输量/万人	234	196.3	—	31	—	32	5	—
备注	4 条线路	3 条线路	2005 年	2005 年	—	2005 年	2005 年	49.15 km

1. 近期问题

从运营管理角度看，我国城市轨道交通近期需要解决以下问题。

① 城市轨道交通企业隶属城市地方政府管理，与城市间铁路运输、地面巴士交通系统、机场等系统的管理缺乏协调运营机制，城市轨道交通系统快速、准时的用户效益没有得到充分发挥，多数系统运输量低于预测水平，影响了客流吸引效果。

② 各城市对于城市轨道交通系统成网后如何运营仍处于探索阶段；对城市轨道交通系统的投资、建设、运营和监督机制如何协调缺乏研究；城市政府对于如何建立城市轨道交通系统的自我发展机制，加强城市轨道交通企业自身的经营活力，制定科学合理的补贴机制等还需要研究。

③ 城市轨道交通系统技术上需要借鉴铁路运输方式，但经营管理上需要高度重视其城市运输特征。包括高峰期与平峰期的运营组织、大型枢纽内地区旅客换乘组织、旅客综合信息服务体制等问题，均需要充分研究。

④ 安全应急系统的建立。城市轨道交通客运能力大，但线路的灵活性差，应急能力有限。城市轨道交通企业应充分研究在节假日、重要活动期间、意外事件出现状态下的运营组织问题。

⑤ 客运营销问题。城市轨道交通系统投资大，但成网运营需要一个漫长过程。在这期间，如何从票价、时刻表、线路组合等方面与地面交通配合，构筑快速出行系统，需要开展研究。

⑥ 城市轨道交通系统人才培养问题。目前城市轨道交通系统的专业人才多数来自铁路运输部门，这些人才在城市客运运营管理领域经验不足。城市轨道交通系统的长期发展需要加强相关人员的技术培训，以适应城市轨道交通系统的发展需要。

2. 远期问题

随着我国城市轨道交通网络化进程的快速推进，轨道交通的运营管理方式正从单线相对独立运营逐步向多线综合运营的方向转变，形成了轨道交通网络化运营的新局面。新线路、新技术、新设备的密集投入使用，轨道交通网络结构日益复杂，不同轨道交通线路制式和功能多元化，客流需求时间分布呈现多重性等因素都使得网络化运营管理的难度大大增加。

① 多运营主体条件下的协同问题。网络条件下的轨道交通系统规模庞大，往往多个主体共同拥有，或由不同主体分线运营。一方面，需要良好协调各运营主体间的利益分配；另一方面，又要求各运营主体从整个轨道交通系统的大局出发，协同运作，实现城市轨道交通网络效益最大化。

② 客流的网络叠加效应问题。随着轨道交通网络的不断完善，各条线路在地区和方向上互相补充，同时通过换乘站有效衔接，使得轨道交通的通达性逐渐增强，优势日益显现。然而，新的线路不仅在其客流吸引范围内带来了新的客流，同时为衔接的线路带去了换乘客流。另外，由于线路里程增加和通达性增强的原因，导致了整个网络的总客流量跳跃式增长及各线路的客流分担比率发生变化，即出现了网络叠加效应。因而要求轨道交通拥有高效的网络化协调运营机制，尽快实现客流疏解，保持客流处于流动状态，避免客流间在网络的某一个节点阻塞而影响整个网络的运输效率。

③ 在旅客利用方面的问题。中国城市轨道交通车站的多种出行方式接续枢纽一体化程度不足，集约性不足，造成枢纽规模过大，换乘距离过长。另一个重要方面是人性化设计还有待完善。例如，人车分流细节考虑不足，交通标志系统不完善，缺少无障碍设施。设计者对车站及建筑外观造型的关注，似乎要多于对旅客便捷性、舒适性的考虑。

④ 轨道交通网络运营收益平衡问题。

⑤ 多种交通模式的整合问题。

总之，在轨道交通车站，须整合多种交通模式，确定区域主导交通模式，并考虑站点的进出、换乘方便性，提高运营效率。

2.4 城市轨道交通运营的内涵、功能与案例分析

2.4.1 城市轨道交通运营的内涵

城市轨道交通从诞生至今已有 140 多年来，但 20 世纪 70 年代以来，城市轨道交通系统在世界范围才得到进一步的快速发展。各种形式的城市轨道交通在全世界各城市交通系统中发挥着重要的作用，推动了世界城市社会经济的发展，给居民提供了良好的出行条件。

国外经验表明：城市轨道交通系统的运营的内涵包括以下几个方面。

① 城市轨道交通系统提供以及乘客支付的服务就是移动。

② 相同的机车车辆及员工条件下，较快的出行速度可以提供更高效率。

③ 负荷是最重要的因素。

④ 难以采用经济手段改变高峰期需求。

⑤ 各城市轨道交通线路上的出行量是互相关联的。

⑥ 线路能力是稀缺资源。

⑦ 短的周转量对利用率非常关键。

⑧ 良好的运行组织是至关重要的。

⑨ 设备能力冗余是必要的，但是也是一种过剩风险。

⑩ 用户是判断需求的依据。

⑪ 城市轨道交通的存在决定于环境；如伦敦城市轨道交通系统中，3/4 的来自步行，10% 来自巴士，6% 来自小汽车。

伦敦的城市轨道交通发挥着重要作用，表 2-4 给出了 2010 年伦敦城市轨道交通各线路的基本情况。

表 2-4　2010 年伦敦城市轨道交通系统运营情况

线路名称	长度/km	车站数/座	乘客运量/万人	平均运距/km
Circle	21	27	6 700	4.7
District	64	60	18 100	5.8
East London	8	8	600	—
Hammersmith&City	27	28	4 300	4.7
Metropolitan	67	34	5 400	10.8
Bakerloo	23	25	8 400	3.5
Central	74	49	15 600	6.9
Jubillee	38	27	5 900	5.6
Northern	58	51	18 400	5.3
Piccadilly	71	52	17 400	7.7
Victoria	21	15	14 200	5.5
Waterloo&City	2	2	1 200	2.3
合计	474	379	116 200	

1933 年，伦敦建立了伦敦客运委员会，该委员会 1948 年、1963 年、1969 年进行了重组，1984 年再次重组定名为国营的伦敦地区运输委员会。

1998 年，伦敦地铁采用了 PPP（Public Provate Partnership）模式，列车运行及与消费者的关系由伦敦地铁局（London Underground LLI）负责，而包括原有的基础设施（不动产），机车车辆及新的基础设施根据协议由私人管理。

目前，伦敦城市轨道交通由三家基础设施公司负责，分别是：

① BCB：Bakerloo、Central（含 Waterloo&City）及 Victoria 线；

② JNP：Jubilee、Northen 及 Piccadilly 线；

③ SSL：所有其他线路。

上述公司按 1998 年价签约 15 年，合同总值 70 亿英镑。与英铁私有化比较，其区别是：基础设施的所有权仍然公有；与其他运营商不存在线路上的竞争；时间表管理及信号运营仍由 LU 管理；安全事务由 LU 统一管理。

2.4.2　城市轨道交通运营的功能

1. 轨道交通运营服务于区域发展

轨道交通的本质功能是作为交通出行工具和相关服务，但不是唯一功能，而轨道交通系统的交通功能又会带来其他相关功能，即轨道交通协调。为了支持城市不同区域发展，轨道交通系统在规划布局上体现了大城市不同区域相互连接通道的作用。

1）保持市中心区的繁荣与强大，促进副中心形成与发展

轨道交通网络按城市区域功能的发展而进行规划。大城市发达的中心区是公共活动和各种信息集中的地方，在交通规划上，需要高度发达的公共交通系统的支持。中心区的轨道交通系统规划上体现为高密度的网络和大型换乘枢纽的合理布局。同时，其副中心区往往是大型轨道交通枢纽点。巴黎地铁系统在中心区除了高密度的网络外，大型换乘枢纽是其地铁系统的另一特点；东京地铁网络的特点是在城市核心区有大型换乘枢纽东京站，核心区外，在山手环线上建立了星宿、池袋、涉谷等大型换乘枢纽，通过地铁枢纽系统形成东京都中心区“一核多心”的结构。

2）大城市的轴向发展依赖于合理的轨道交通系统规划

轴向发展是大城市发展的重要特征，大城市建成区域发展到一定规模时将会转向轴向跳跃式发展。长距离放射状的轨道交通线路适应了大城市轴向跳跃式发展，在规划上体现为站点设置与城镇体系规划相一致。合理布局站点位置，真正体现用地上的轴向跳跃式发展。法国巴黎的新一轮大区规划中，强调了区域快速铁路的规划的重点是建设区域快速地铁环线，使城市按塞纳河两岸轴向发展。

3）大城市新城与新镇发展依赖于快速便捷的城市轨道交通系统规划

区域化的快速轨道交通缩短了城市中心区与郊区之间的时空距离，有利于促进大城市郊区新城与新市镇的发展，有利于大城市中心城与各新城间的一体化发展，是维系大城市各组团之间的纽带。

2. 轨道交通运营服务于区域划分

大城市往往由不同的发展区域构成，如中心区、外围市区、郊区。不同区域有不同的交通出行特征，因此对轨道交通系统的规划提出不同的要求。

日本东京轨道交通服务空间划分为三大系统：① 服务于城市中心地区的地铁系统由 13 条线路组成，其中，环线 1 条，放射线 12 条，总长度约 290 km，运营时速 30～35 km，站距 1 km 左右，主要覆盖东京都建成区。②服务于近郊区的私营铁路系统，以国铁 JR 环线山手线为终点，向外围辐射，长度接近 1 000 km，运营时速为 40～45 km，站距 2 km 左右，覆盖于东京首都交通圈外的其他地区。③服务于首都圈的国铁 JR 系统承担了东京首都圈内市内及市际间的交通出行，总长度近 900 km，以东京站为中心向首都圈其他地区辐射。JR

市际铁路站间距 5～6 km，运营时速 50～60 km；JR 的新干线站距 30～50 km，运营时速 120～130 km。

东京地铁图如图 2-15 所示。

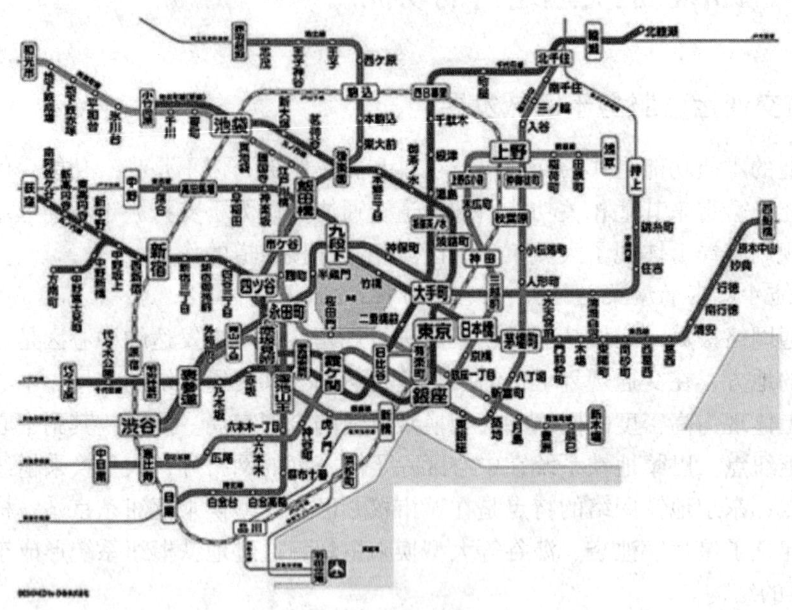

图 2-15　东京地铁图

3. 轨道交通运营服务于大容量快速公共交通系统

从国内外大城市轨道交通网络系统的规划建设经验可以看出，城市交通发展的趋势是基本形成以轨道交通为骨干，常规公交为主体，出租车与轮渡等为补充的多层次、立体化的城市公共交通系统。

2.4.3　国内外轨道交通运营案例分析

1. 上海轨道交通系统

上海轨道交通系统由两大系统组成，即市区系统和市域系统。市区系统覆盖了远期规划 800 万人口的中心城，以大容量地铁为主；外围区辅以轻轨来弥补和完善网络的不足。市域系统覆盖全市域，全部为快速地铁。从交通功能来看，市区系统主要承担中心城大容量的公共客运交通，是中心城公共交通的骨干系统；市域快速地铁承担新城与新镇和中心城之间的快速公共客运任务。

2. 香港轨道交通系统

20 世纪末公布的香港整体交通研究，透露出不少新思路，给人以启迪，如整体交通“主导”战略。高收入居民与高密度人口的大都市对环境质量要求很高。香港在保持环境质量方面，十分依赖于交通体系的运作，特别是对潜在市场极大的私家车拥有与使用的考虑，但同时满足市民选择交通工具的自由。香港可供市民乘用的交通工具有近十种，而且绝大部分市民都依赖公交而不是私家车。“城市公交系统”不是套用流行的“公交优先”口号，而是从实际出发强调各种模式的协调，特别是在涉及乘客转换方式的枢纽站场问题规划方面期望有较大的突破性进展，将铁路与公交等其他方式衔接得更紧密，但其公交客运总量地稳步增长，避免了地铁引致的客流下跌局面的出现。交通设施“适时”战略面向、交通基础设施，包括桥梁、隧道、铁路、公路等。

3. 东京轨道交通系统

东京的轨道交通路网如图 2-16 所示。

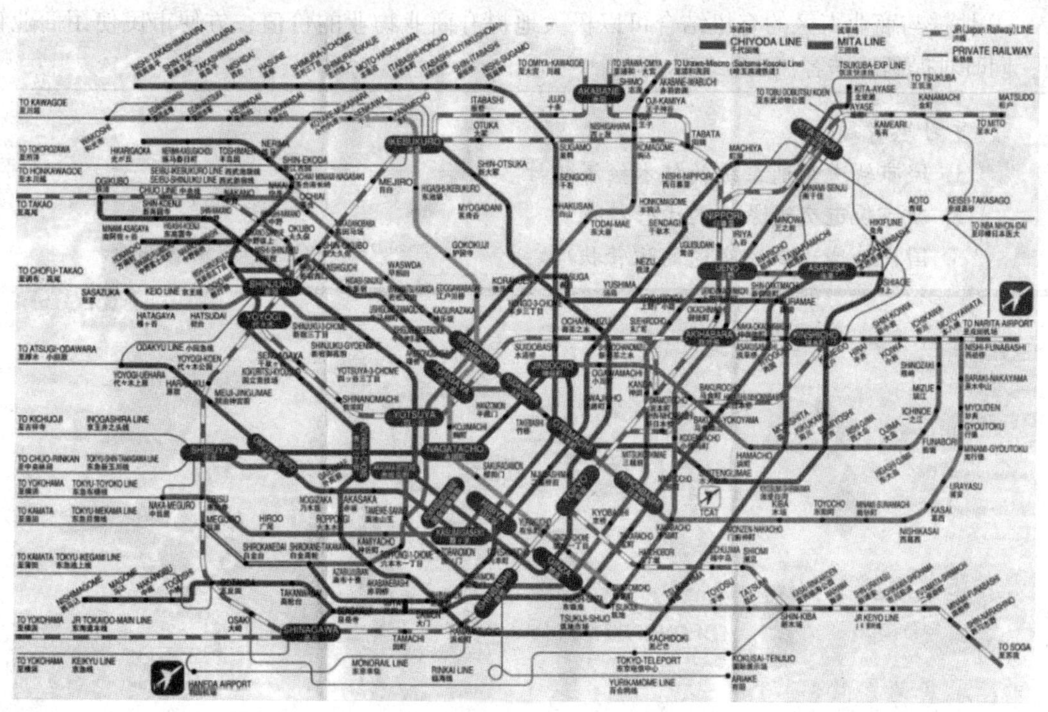

图 2-16　东京轨道交通路网图

从图 2-16 可以看出，东京的轨道交通网络十分发达，根据东京地下铁株式会社提供的统计数据，东京建成的地铁交通线路有 12 条，总长 292. 2 km，2003 年每天使用地铁作为交通工具的乘客达 762 万人次，全年的运输量达 28 亿人次，占全部使用交通工具客流量的 23. 2%（如计入日本关东铁路和私营铁路的运量，所有轨道交通的运输量占全部使用交通工具客流量的 76. 7%），每日售票收入接近 1. 1 亿日元，取得了较好的社会效益和经济效益。

进入 21 世纪，我国大城市轨道交通的建设和网络规划掀起新的高潮。随着城市的不断发展和各大城市新的总体规划的制定，原有的交通规划尤其是轨道交通系统的规划已完全不适应新的城市发展的需求。为此，上海、北京等城市根据新一轮城市总体规划和城市发展需要，通过提高轨道交通服务水平，减少机动车出行，延伸公共汽车线网，消除堵塞瓶颈来保证道路网的运行。

对地铁研究经验总结如下。

① 地铁作为市民出行的主要交通工具，其网络的覆盖面对其吸引的客流量影响较大，应科学地规划地铁的路网，同时在路网规划时应充分考虑地铁线路间换乘的方便，从地铁换乘便利性方面看，中国香港地铁无疑堪称楷模。

② 地铁作为大众必需交通工具，其造价十分昂贵，在充分考虑地铁功能的情况下，采用屏蔽门、简易装修等措施降低地铁运营能耗和初期建设费用是值得推荐的。

③ 地铁线路、车站、出入口的编号和车站站内的导向标志有机结合，对语言、文字不通的乘客使用地铁交通工具帮助较大，值得引进和推广。

④ 地铁与商业街区的有机结合可以极大地提升商业物业的价值，方便市民使用商业设施，同时对提高地铁客流也有较大好处。

复习思考题

1. 城市轨道交通系统的技术经济特性。
2. 城市轨道交通系统的运营特性。
3. 国内外城市轨道交通的运营状况。

3 第3章 轨道交通客运系统

本章概述

本章主要在对轨道交通客运管理设施、设备及地铁换乘站衔接规划原则及类型分析的基础上对轨道交通客流行为的构成进行了详细分析，并且在车站岗位工作职责、工作流程和开站、关站程序三个方面对车站的站务管理进行了简要概述。

本章重点讲述轨道交通客流的构成，在对轨道交通换乘站衔接规划原则及类型分析的基础上，通过对地铁客流行为特点、地铁换乘客流特点及地铁换乘站存在的问题三个方面对轨道交通客流的组成进行详细分析。

同时，本章还介绍了城市轨道交通客运管理设施设备（车、站、线）的基本概念及其分类，轨道交通换乘站的概念和轨道交通换乘站的衔接规划的原则及类型，以及地铁客流的概念及其特征，并在此基础上对客流构成进行了分析；简单概括了车站站务管理方面的主要内容。

本章学习重点

了解城市轨道交通客运管理设施、设备方面的内容，掌握车站、车辆、线路的概念和分类；理解城市轨道交通换乘站的定义，掌握轨道交通换乘站的类型和衔接规划原则等主要知识点；本章难点是地铁客流行为构成分析，需要重点掌握地铁客流行为特点、换乘客流特点，并了解地铁换乘站存在的问题；另外，在车站站务管理方面，了解车站各岗位职责、工作流程及车站开站、关站程序等内容。

3.1

轨道客运管理设施设备（车、站、线）

3.1.1　车辆与地铁车辆内部结构及限界

1. 车辆

轨道交通系统中，车辆是最重要的组成部分之一，它也是直接为乘客提供服务的设备。车辆技术性能的好坏直接关系到整个地铁的运营质量，对长期运营的技术先进性和经济合理性起着关键的作用。

车辆一般可按有无动力分为动车和拖车两类，动车是指自身带动力驱动的机车，拖车是指自身不带动力驱动的机车；也可按有无驾驶室分为带司机室和不带司机室两类。为提高效率，现代车辆大多按动车组（单元）设计，在一组动车组内，动车、拖车与驾驶室连接成一个有机的整体，不能随意拆卸。

车辆的构成包括：车体、转向架、牵引缓冲装置、制动装置、受流装置、车辆内部设施和车辆电气系统等。

2. 地铁车辆内部结构

地铁车辆内部设施主要包括车内设置的地铁电视、座椅、充足的扶手和吊环、地铁空调、报站显示屏。电子地图及时显示到站信息，每节车厢内 8 个液晶显示屏，除了显示到站信息外，还能不间断播报新闻等，给乘客的旅途添加乐趣。车门上方还设置有紧急开锁装置，确保车辆在发生紧急状况时，乘客可以自行从车内打开车门进行疏散。车厢内设有自动消防系统，每节车厢里都设置了视频监视系统。车辆内部结构如图 3–1 所示。

图 3–1　车辆内部结构

3. 限界

限界是指列车沿固定的轨道安全运行时所需要的空间尺寸。根据轨道交通系统的构成和设备运行要求，限界可以分为车辆限界、设备限界、建筑限界和接触网限界。这些限界的详细空间尺寸与车辆外轮廓尺寸及技术参数、轨道特性、各种误差及变形，以及列车在运动中的状态等因素有关，经过科学的分析计算后确定。图 3-2 是我国地铁限界的一个图例。

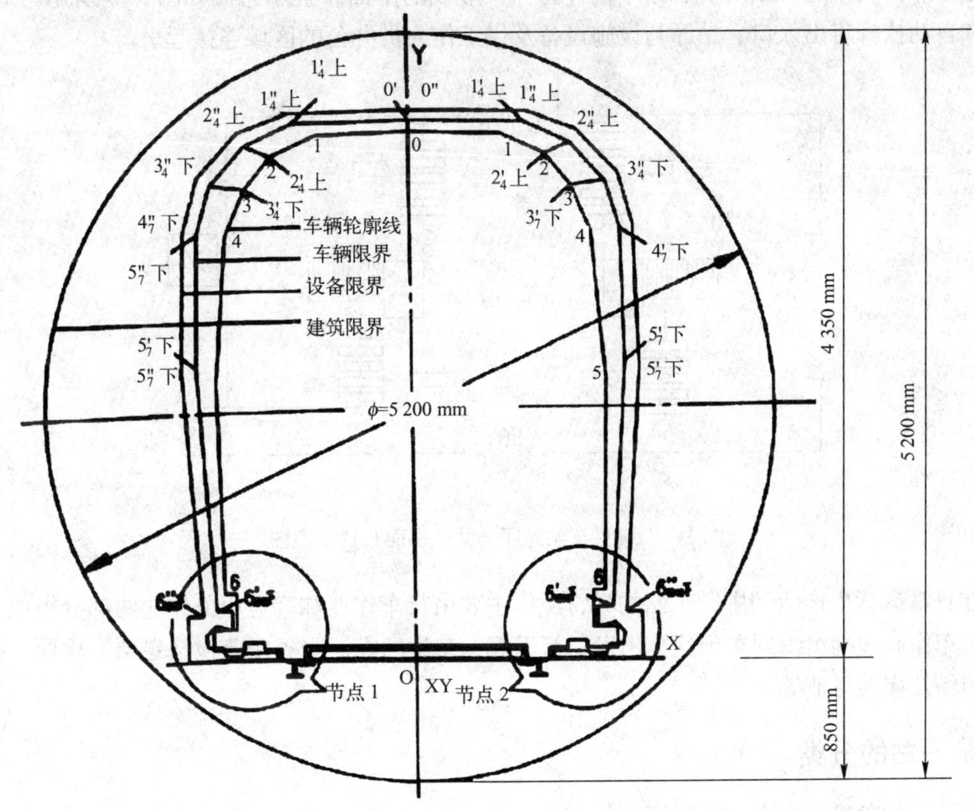

图 3-2　我国地铁限界示意图

3. 1. 2　车站及其分类

1. 车站

在城市轨道交通运输生产活动中，车站有着重要的功能。城市轨道交通中的车站是客流集散的场所，是乘客出行乘坐列车始发、终到及换乘的地点，是运营企业与服务对象的主要联系环节。车站是线路上供列车到发、通过的分界点，某些车站还具有折返、存车等功能。车站还是轨道交通各工种联合协作的生产基地。

车站是旅客乘车的场所，一般应设置在客流量大的集散点及与其他线路交汇的地方，车站间距要根据实际需要确定。一般地，市区车站间距应在 1 km 左右，郊区不宜大于 2 km。

车站分为公共区和设备区两部分。公共区是供乘客通行、购票、候车等的区域，分为付费区和非付费区两部分。付费区是指乘客购票后凭车票方可进入的区域，是乘客乘车前经过的候车区域，包括站厅（一部分）、站台区域及相关楼梯、扶梯等。非付费区是进行购票等活动的公共区域，包括站厅（一部分）、通道出入口等区域，乘客可以在其中自由通行，无须付费。付费区与非付费区通常以闸机、站厅栏杆为界，形成的平面布置示意图如图 3-3 所示。通道、楼梯和自动扶梯将出入口、站厅与设施设备及供工作人员办公的区域连接起来。

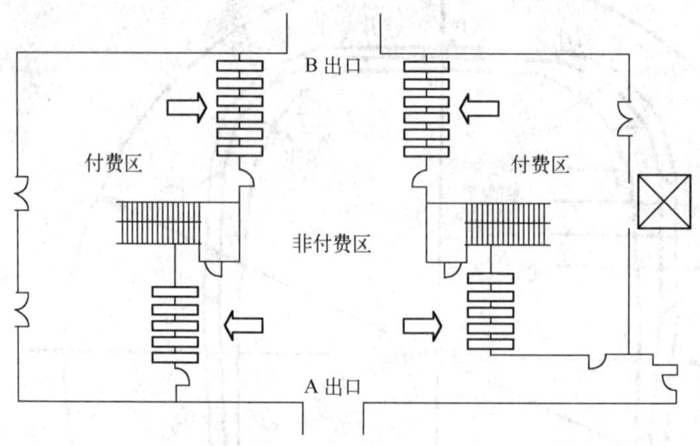

图 3-3　常见车站站厅公共区平面布置示意图

在日常运营生产活动中，车站的日常工作主要由行车作业和客运服务作业两部分组成。车站的行车作业包括组织列车到达、出发、折返等。车站的客运服务作业包括售票、检票、乘客乘降组织及换乘作业等。

2. 车站的分类

从不同的角度可对车站进行不同的分类。

1）根据信号系统功能划分

车站可分为联锁站和非联锁站。联锁站是指具有信号联锁设备，一般可以监控列车运行，排列列车进路及对列车的运行进行控制的车站。联锁站通常有道岔，非联锁站没有联锁设备，一般不能监控列车运行。非联锁站通常无道岔。

2）根据运营功能划分

根据运营功能的不同，车站可划分为终点站、中间站、折返站、换乘站等。图 3-4 为根据营运功能划分的车站分类示意图。

终点站是指线路两端的车站。终点站除了供乘客上下车外，通常还具有列车折返、停留等运营功能。图 3-4 中的 A 站和 D 站设在一号线的两端，均为终点站。

中间站是指线路上除两端终点站以外的车站。中间站一般只供乘客上下车，部分中间站也设有存车线和折返线，可供列车折返或停留。图 3-4 中的 B 站和 C 站均为中间站。

折返站是指设有折返线、渡线等折返设备，可供列车进行折返作业的车站。图 3-4 中 A 站设有渡线，B 和 D 站有折返线，均为折返站。

换乘站是指设在不同线路的交汇处，供乘客上下车及由一条线路换到另一条线路的车站。图 3-4 中一号线与二号线垂直相交（在不同水平面上），B 站设在一号线及二号线的交汇处，同时管辖一号线 B 站与二号线 B 站的设备和设施，为换乘站。

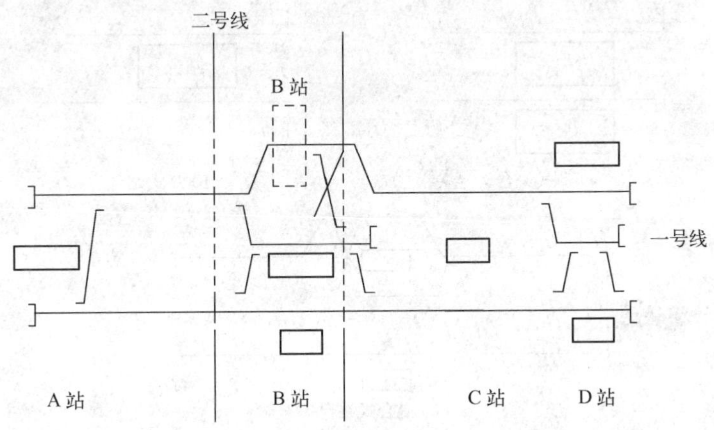

图 3-4　根据运营功能划分的车站分类示意图

换乘站在城市轨道交通线网中起着重要作用。它位于城市轨道交通线路的交叉点或汇合点处，其功能是把线网中各独立运营的线路连接起来，为乘客换乘其他线路的列车创造方便条件。通常城市轨道交通线网中乘客的换乘采用联票制度，不需要重新购票，线路间的换乘十分方便。城市轨道交通线网中的换乘站按照布置形式不同可分为平面换乘和竖向换乘。平面换乘方式指的是换乘车站在同一平面分布的形式，一般有十字形换乘、T 形换乘、平面换乘、L 形换乘、平行换乘和通道换乘 5 种。竖向换乘方式分为站台与站台之间的上下换乘和站台与站厅之间的上下换乘两种。平行换乘站也称为同站台、同方向换乘站，因其使用方便，颇受广大乘客的欢迎。据初步统计，广州轨道交通线网的公园前站、上海轨道交通线网的人民公园站为十字形换乘站，中国香港地铁的旺角站为平行换乘站。因地形限制等原因，两个车站站厅间采用 T 形换乘、L 形换乘的也相当多。

3）按站台与线路的空间关系划分

车站可分为侧式站台车站、岛式站台车站及混合式站台车站，如图 3-5 所示。

侧式站台车站是指车站的上、下行线路位于两站台的中间，站台位于上、下行线路两侧的车站，如图 3-5（a）所示。岛式站台车站是指车站的上、下行线路设在站台两侧，站台位于上、下行线路中间的车站，如图 3-5（b）所示。混合式站台车站是指同时具有侧式站台和岛式站台的车站，如图 3-5（c）所示。

4）按线路敷设方式不同划分

按车站所属线路的敷设方式来划分，车站可分为地下站、地面站、高架站。地下站是指轨道线路设在地面以下的车站。通常地下站的站厅、站台及生产、办公用房均设在地面以下，通过地下站的出入口（见图 3-6）通往地面。地面站是指轨道交通线路在地面上的车站，如图 3-7 所示。地面站的线路和站台、站厅、设备房等通常设在地面以上。高架站是指轨道交通线路架空在地面上的车站，如图 3-8 所示。高架站除了线路和站台架空在地面上以外，站厅、办公用房、生产用房等通常也设在地面上，一般位于线路和站台的下层。

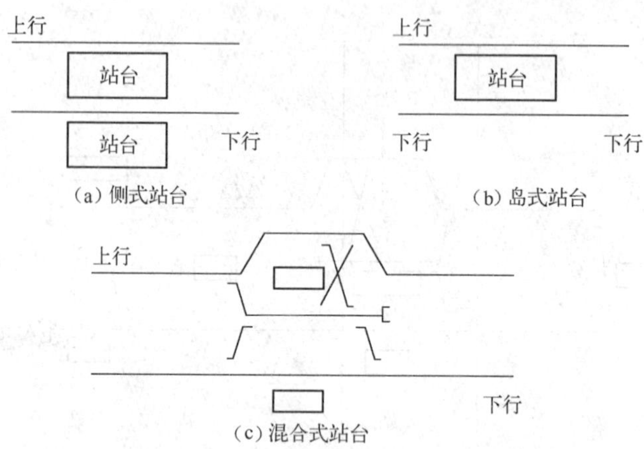

图 3-5　按站台与线路的空间关系对车站分类

图 3-6　地下站的出入口

图 3-7　地面站

图 3-8　高架站

3.1.3　车站设备

车站设备包括设置于车站内的信号系统、通信系统、主控系统、综合应急后备盘、屏蔽门系统、供电系统、消防系统、自动售检票系统等众多设备。以下对一些常用的设备进行介绍。

1）信号系统

信号系统是城市轨道交通车辆运行的神经中枢，它起到指挥列车运行、保障列车行车安全的重要作用。目前，世界上诸多信号供应商开发出了多种类型的基于移动闭塞技术的信号系统，并已在全球广泛应用。信号系统通常包括计算机联锁系统及列车自动防护系统（简称 ATP)、列车自动驾驶系统（简称 ATO ）、列车自动监督系统（简称 ATS）等子系统。

ATP 子系统的主要功能是监督及控制列车在安全状态下运行，是为了确保列车安全、高速、高效地运行而装备的子系统。

ATO 子系统是自动控制列车运行的设备，在 ATP 子系统的保护下，ATO 子系统根据 ATS 的指令实现列车的自动驾驶，能够自动完成对列车的起动、牵引、巡航、惰行和制动的控制，确保达到设计间隔及运行速度。ATO 子系统使整个列车自动控制的优越性充分发挥出来，使轨道交通的运营水平又上了一个台阶。特别是在高密度、高速度运行的轨道交通系统中，ATO 子系统可满足高水平的列车运行自动调整，规范对列车运行的操作及控制，减轻司机的劳动强度，提高列车正点率，保证运营指标的实现。此外，ATO 子系统对实现无人驾驶、站台精确停车、控制牵引制动以及提高乘坐舒适度都起着非常重要的作用。

ATS 子系统在 ATP 和 ATO 子系统的支持下对全线列车运行进行自动管理和监控。计算机联锁系统是实现道岔、信号机及轨行区段间正常的联锁关系及控制进路的安全设备。所谓联锁，是指为了保障行车安全而在进路、信号机、道岔之间建立起来的一种相互制约的关系。所谓进路，是指列车或机车车辆在线路上运行的路径。所谓道岔，是提供对列车运行路径的选择和在联锁关系下实现对进路进行安全防护的一种装置。进路的方向由道岔的开通位置决定。联锁设备是自动化信号系统中的重要设备，是确保行车安全的基础。

在信号系统中，除了上述几大主要子系统外，还有一些辅助的系统，如乘客信息指示系统（PIIS）、发车时间指示系统（DTIS）等。PIIS 是悬挂在站台醒目位置上的为乘客提供列车到达时间和目的地等信息的导乘设备。DTIS 是安装在站台端头为司机提供发车倒计时间指示的设备。

2）通信系统

通信系统是为了提供轨道交通通信传输，给乘客提供信息，为运营管理及维修服务提供一定距离的通信服务而建立的一个视听链路网。通信系统由多个独立的子系统组合而成，包括传输、无线、程控电话、调度电话、闭路电视、广播等子系统，服务范围包括控制中心（或调度所）、车辆段及车站等。

目前轨道交通的传输系统一般是基于光纤通信技术的系统。它可传送的信息包括语音、数据、图像以及其他系统（如 ATS 子系统、防灾报警系统、自动售检票系统等）的信息。无线系统是提供运营控制中心行车调度员、维修调度员等与列车司机之间进行无线通信的系统。调度电话系统等是为行车调度员、维修调度员等提供专用直达通信的有线子系统，具有单独呼叫、分组呼叫、全部呼叫、紧急呼叫等功能。

3）主控系统

主控系统（简称 MCS）是通过骨干网构建起来的地铁综合自动化系统。主控系统分为主干网、中央主控系统、车站主控系统和车辆段主控系统四部分，其结构如图 3-9 所示。

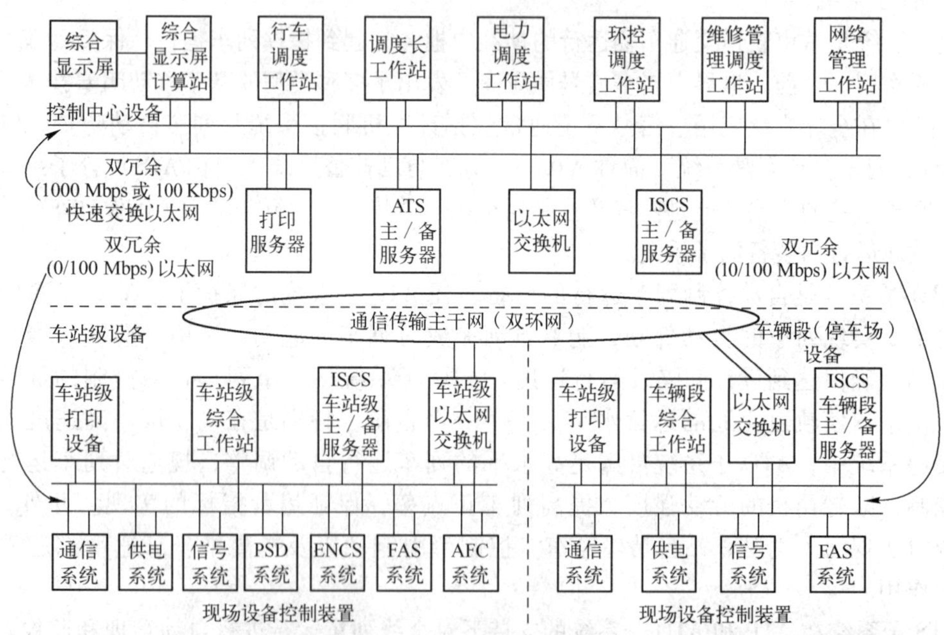

图 3-9　主控系统结构图

主控系统通过集成或互联信号、供电、环控、消防、屏蔽门（安全门）、通信等各系统实现资源共享、信息互通和设备联动，以支持和实现城市轨道交通现代化运营管理，提高综合管理水平。这里所说的集成，是指将被联入系统的全部信息接入 MCS，被集成系统只存在于车站级系统，没有中心级系统，需要监控的信息经过车站主控监控网络和中心主控监控网络传输，此系统的车站和中心监控功能在主控系统实现。所谓互联，是指被联入的系统有完整的车站和中心监控系统，在车站和中心均可脱离 MCS 独立运行，MCS 与这些系统进行数据交换，并实现对这些系统的监控。

主控系统集成的系统有变电所自动化系统、机电设备监控系统（简称 EMCS）、火灾报警系统（简称 FAS）、屏蔽门系统（简称 PSD ）、防淹门系统（简称 FG）。主控系统互联的系统有信号系统、自动售检票系统（简称 AFC）、广播系统（简称 PA）、闭路电视系统（简称 CCTV）、车载信息系统（简称 TIS）、乘客导向信息系统（简称 PIDS）、时钟系统（简称 CLK）。

车站主控系统（简称 SMCS）实现了对包括变电所自动化系统（简称 PSCADA）、火灾报警系统（简称 FAS）、机电设备监控系统（简称 EMCS）、防淹门系统（简称 FG）、广播系统（简称 PA）和闭路电视系统（简称 CCTV）的监控以及上述各系统之间的车站级联动功能。

4）综合应急后备盘

综合应急后备盘（简称 IBP）是一种人机接口装置，它是主控系统的后备设施，如图 3-10 所示。它设在车站控制室，当在中央级设备发生通信故障或在车站级设备发生人机界面故障时，作为在紧急情况下使用的车站主控系统的后备设备。综合应急后备是一种按钮式模拟监控盘，用以实现后备支持车站对关键设备的监视和控制功能。综合应急后备盘可控制主控系统所控制的主要设备，如消防水泵、环控系统、自动扶梯、信号系统、屏蔽门（安全门）等系统设备，具体可以实现以下功能。

图 3-10　综合应急后备盘系统图

① 通过消防水泵模块，可以向环控系统下达火灾模式指令，联动控制消防水泵，可启动消防水泵。

② 通过车站环控系统模块，可以向站级环控系统下达火灾模式控制指令，由环控系统实现对放排烟设备的火灾模式控制。

③ 通过自动扶梯模块，可以实现对全站扶梯的停止运行控制。

④ 通过屏蔽门（安全门）模块，可以向屏蔽门控制系统下达开启（或关闭）屏蔽门（安全门）的控制指令，实现屏蔽门的开、闭。

⑤ 通过信号系统模块，可以实现对列车的紧急停车、扣车及取消紧急停车、扣车操作。

⑥ 通过门禁及 AFC 闸机模块，可以实现对门禁和 AFC 设备的紧急释放功能。

5）屏蔽门（安全门）系统

屏蔽门（安全门）系统是安装在车站的站台边缘，将站台区与轨行区隔离的设施。它具有防止人员及物品掉下轨道，降低空调能耗，降低站台列车运行噪声的功能，还可以消除活塞风对站台乘客的影响，提高乘客候车舒适度等。目前，国内部分城市轨道交通线路安装了屏蔽门，中国香港、上海、广州早期建成开通时没有安装屏蔽门的线路，现在也都加装或正在加装屏蔽门。安全门与屏蔽门的区别是安全门的高度一般只有 1.5 m，不能完全隔离站台区与轨道区，主要起到防止乘客、物品掉下轨道的安全防护作用。

屏蔽门（安全门）由活动门、固定门、应急门、端口门组合而成，如图 3-11 所示。屏蔽门（安全门）具有障碍物的检测及防夹功能，具有障碍物障碍报警功能，其开关门控制优先级别从高到低依次为：手动解锁、屏蔽门（安全门）专用钥匙手动操作、火灾紧急操作、PSL 操作（站台级）、屏蔽门（安全门）与信号联锁控制（系统级）。

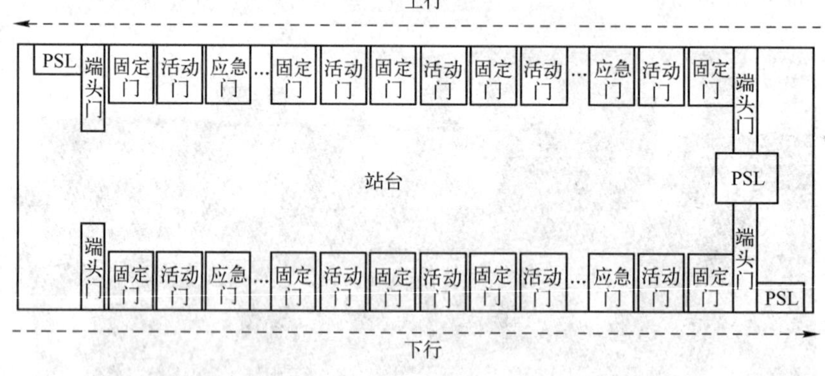

图 3-11　屏蔽门（安全门）的组成

（1）活动门

活动门是与客车门对应的可滑动开启的门，门扇为透明的安全玻璃，如图 3-12 所示。每一对活动门门头都有一个指示灯，用于显示活动门的状态，其一般含义为：在门扇正在开启或关闭时，门状态指示灯闪烁；在门扇关闭锁定后，门状态指示灯灭；门扇完全开启后，门状态指示灯亮。

图 3-12　活动门

当屏蔽门（安全门）系统断电，不能通过电控方式打开活动门或遇紧急情况需要疏散乘客时，可以进行手动操作，即通过操作活动门上的解锁装置手动打开活动门。

（2）固定门

固定门是不可开启的门体，可拆卸更换，其高度与活动门基本一致，如图 3-13 所示。

图 3-13　固定门

（3）应急门

屏蔽门作为公共区与轨行区的屏障，在正常运营时，应保持关闭或紧锁。在停电或火灾等紧急情况下，列车无法对准活动门时，应急门（见图 3-14）是乘客的疏散通道，挤压该门的拉杆（见图 3-14（c）），可以向站台侧旋转推开应急门。列车编组车厢贯通时，一般有多组应急门布置在对应列车的两端。

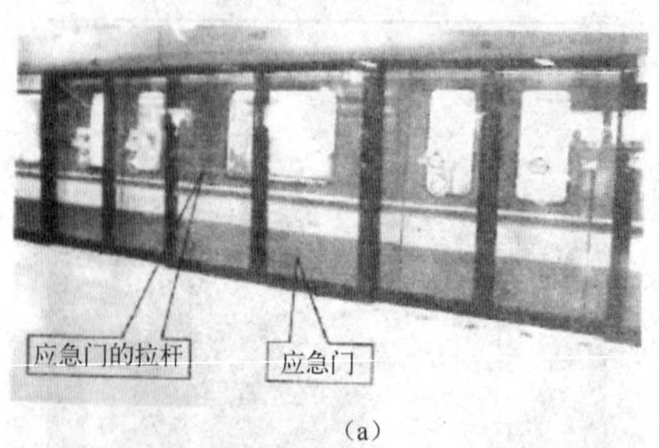

(a)

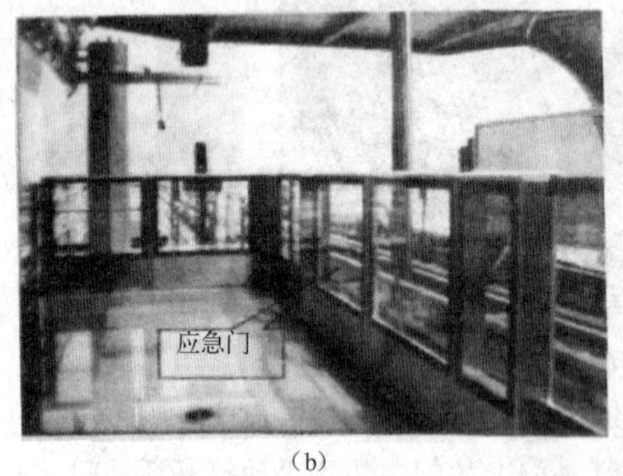

(b)

(c)

图 3-14 应急门

(4) 端头门

端头门是布置于整列屏蔽门（安全门）端头的可旋转开启的门，供车站工作人员进出隧道或应急情况下从隧道疏散乘客使用，如图 3-15 所示。

(a)

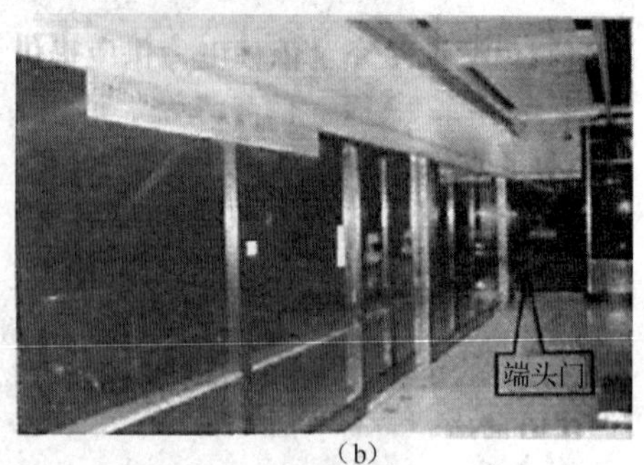

(b)

图 3-15 端头门

(5) 就地控制盘（简称 PSL）

屏蔽门（安全门）的就地控制盘（PSL）安装在站台端头门的内侧，如图 3-16 所示。正常情况下，屏蔽门与列车具有联动开关门功能，即当列车停稳并打开车门时，屏蔽门同时联动打开；当列车车门关闭时，屏蔽门也同时联动关闭。当联动功能出现故障时，就需要人工在 PSL 上控制屏蔽门（安全门）的开关，即在列车进站停靠位置正确后，司机（副司机）

下车把“自动/PSL 操作允许”两位开关打到“PSL 操作允许”位，再通过 PSL 上的开门按钮和关门按钮开、关屏蔽门（安全门）。

如果某个屏蔽门（安全门）出现故障，导致有屏蔽门（安全门）不能关闭且锁定或列车不能正常运行时，需要在 PSL 上打开“互锁解除”开关，人工解除信号系统与屏蔽门的联锁，让列车能够正常运行。

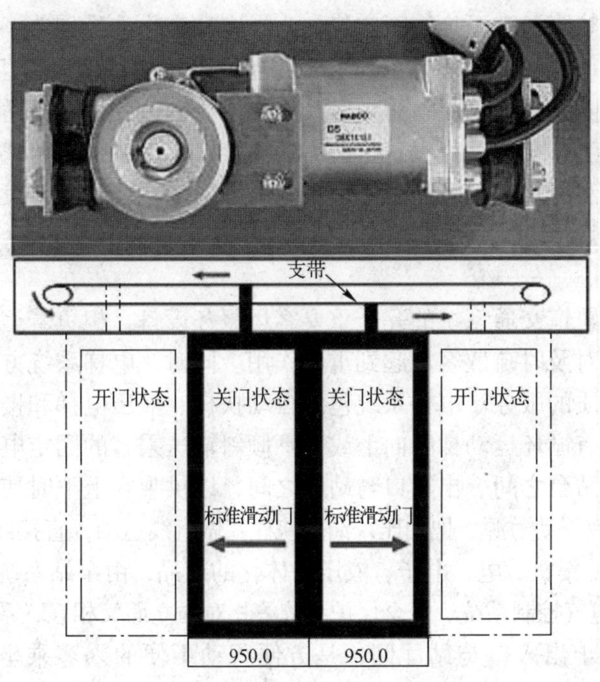

图 3-16　屏蔽门（安全门）的 PSL

6）供电系统

车站供电系统可划分为高压、低压两类设备，低压供电设备又可分为照明和低压配电两个子系统。站务人员需要掌握的是低压供电设备。低压车站照明系统采用 380 V 三相五线制或 220 V 单相三线制方式供电，系统供电范围为车站及线路照明设备、设施。低压配电系统供电范围大致包括站台层、站厅层和设备区的环控、排水、消防、事故、电梯、自动扶梯、通信、信号、自动售检票等动力设备。

车站照明可分为三级控制：一是就地控制，各设备及管理用房设有就地开关箱，可通过开关箱上的开关控制相应设备及管理用房的照明，区间隧道照明可由设于隧道两端入口处的区间隧道照明配电箱控制；二是照明配电室集中控制，照明配电室内设有相应照明场所的配电箱，可在室内集中控制相应场所的一般照明、节电照明、事故照明及广告照明；三是车站控制室集中控制，车站控制室内设有照明控制柜，通过柜面上转换开关和按钮，可实现站台层、站厅层公共一般照明、节电照明、广告照明的手动和自动控制以及区间隧道一般照明手动控制。

城市轨道交通系统是完全依赖电力供应提供动力的系统，其用电负荷根据负荷性质及重要程度分为一、二、三级。信号系统、通信系统、机电设备监控系统、防灾报警系统、事故及疏散标志照明、屏蔽门（安全门）、防淹门、消防泵、废水泵、雨水泵、变电所自用电、车站控制室用电、事故风机及其风阀等属于一级负荷；自动扶梯、楼梯升降机、设备管理房照明、自动售检票设备、民用通信电源等为二级负荷；不属于一级和二级负荷的其他负荷为三级负荷，如广告照明，电开水器、清扫电源、冷水机组、冷却机组、冷却塔风机等为三级负荷。

7）环控系统

城市轨道交通车站位于地下时，地下环境的空气质量与地面相差较大，一是地下比较封闭和潮湿；二是车站内有多种发热源，如人体散热、车站设备散热以及列车散热等，因此需要对地下环境进行排热降温和更换清新空气，为乘客和工作人员创造一个舒适的环境，这就需要有环控设备。城市轨道交通环控系统主要由通风系统和供冷系统组成，其功能主要有：在正常运营期间，排除余热、余湿，为乘客及工作人员创造良好、舒适的环境；满足车站各种设备和功能用房的工艺要求，提供正常所需的温度、湿度；列车阻塞在隧道区间时，向隧道提供一定的送风量和冷量，以维持列车上乘客的舒适度；此外，在发生火灾时环控系统可提供迅速、有效的排烟手段。

8）电梯系统

电梯系统是城市轨道交通系统的一个重要客运服务设备，担负着运送大量乘客进出车站及疏散乘客的任务，对及时疏散客流起到重要作用。同时，电梯系统方便乘客出行，省时省力，为乘客提供更优质的服务。电梯系统包括自动扶梯、液压电梯和楼梯和升降机等。

自动扶梯是指带有循环运动梯路向上或向下倾斜输送乘客的固定电力驱动设备。自动扶梯主要设置于站厅与站台之间、出入口与站厅之间，以供乘客上下时使用。

液压电梯是通过液压动力源，把油压入油缸使柱塞做直线运动，直接或通过钢缆绳间接地使轿厢运动的电梯。它是集机、电、电子、液压一体化的产品，由泵站系统、液压系统、导向系统、轿厢、门系统、电气控制系统、安全保护系统等相对独立而又相互联系配合的系统组成。

楼梯升降机设置于出入口与站厅间，是方便行动不便的乘客乘坐的电梯，如图 3-17 所示。

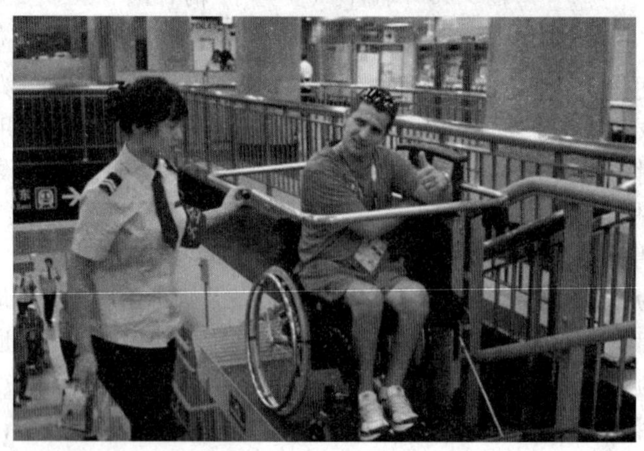

图 3-17　楼梯升降机

9）消防系统

为保证车站运营的安全，车站都设置有消防自动报警系统，以环网方式将各车站的报警控制器构成一个整体网络，在车站控制室或线路控制中心能对报警系统实行监控管理。消防自动报警系统主要包括火灾报警系统（FAS）和气体灭火系统。FAS 系统是车站防灾报警系统的关键组成部分，主要实现火灾监测的报警，其他系统消防设备的监视及控制，系统故障报警，消防电话通信等重要功能。为了保护轨道交通车站内重点设备房，如变电站、高低压室及整流变电所、环控电控室、信号设备室和通信设备室等，在这些设备用房中配置了气体灭火系统，如 CO_2 灭火系统。

车站发生火灾时，FAS 系统根据火警的位置把火灾模式指令发送给环控系统，环控系统接收火灾模式指令后，执行环控火灾模式，控制车站的防排烟设备进行排烟，同时切断相应的供电电源，控制开启疏散导向，释放门禁，打开站厅闸机等。而车站人员根据 FAS 系统报警到现场确认火情，确认相应环控火灾模式已启动；若是气体保护的设备房着火则须确认相应气体灭火系统已启动，否则，人工执行相应环控火灾模式及气体灭火系统，与此同时，车站人员也必须使用消火栓、灭火器等其他消防设备灭火，尽快扑灭火灾。

(1) 车站火灾报警系统

车站火灾报警系统（FAS）分布在站厅、站台、设备房和办公用房等位置，由报警控制盘、图形监视计算机和现场设备组成。车站火灾报警系统能够监视烟尘、温度情况，接收车站火灾探测器、手动报警按钮等现场设备的报警信号，通过图形显示报警区域，能够优先接收控制中心发出的消防救灾指令和安全疏散命令，在发生火灾时发出模式指令，使机电设备监控系统运行转入火灾模式，实现消防联动控制。

(2) 自动气体灭火设备

自动气体灭火设备布置在关键的设备房，如高低压配电室、通信设备房、环控电控设备房、信号设备房等，能够实现火警信号采集、系统信息处理、声光报警控制、信息报告、相关环控设备联动控制和气体释放全过程自动控制。自动气体灭火设备由两大部分组成：一是报警和控制设备，二是药剂储存和喷放设备。

(3) 其他消防设备

其他消防设备包括消火栓、灭火器、防烟面具、空气呼吸器等设备。

10) 自动售检票系统

自动售检票系统（AFC）是交通部门用于售票、检票和结算的系列设备所构成的系统。由于票卡材质和读写方式不同，目前国际上的自动售检票系统主要有磁卡系统、接触式卡系统和非接触式 IC 卡系统三大类。如广州地铁 1 号线曾采用磁卡系统，广州地铁 4 号线现已全面采用非接触式 IC 卡系统。目前，运用于城市轨道交通检票系统的基本构架可分为中央结算控制系统、车站监控系统、车站售检票设备三个层级。如图 3-18 所示为 AFC 系统分层图，其中最上一层是中央结算控制系统，主要包括中央计算机、系统工作站、编码分拣机等设备；第二层是车站监控系统，主要包括车站计算机、通信控制器、监视器、紧急控制系统等设备；第三层是车站售检票设备、半自动售票机、进（出）闸机等设备。

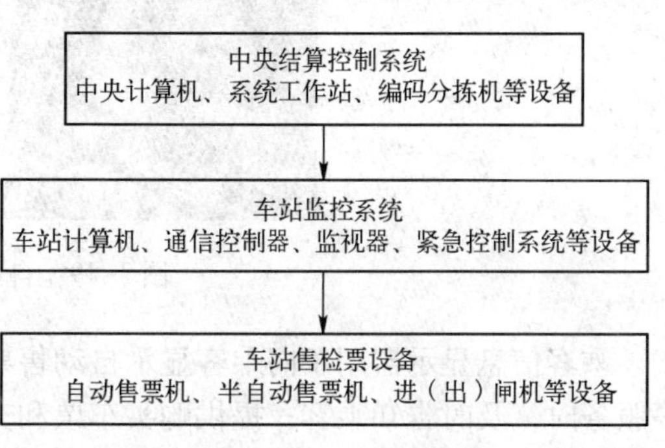

图 3-18　AFC 系统分层图

(1) 中央结算控制系统

中央结算控制系统主要提供系统控制、数据收集与统计，票务清分等功能，为每日的运行生成客运量、维修和营业额收入等报表信息。它由高可靠性、高效率的计算机组成，具有内置出错检测和再次传送的通信能力，确保数据传送的精确性和独立性，并实时监控来自车站中有关指定 AFC 系统前端设备（如闸机、售票机等）的状态信息。

（2）车站监控系统

车站监控系统的主要设备是车站计算机（简称 SC），设置在车站控制室，对所在车站的 AFC 系统终端设备状态进行实时监控，可直观地在监视器上显示出来；可定时采集 AFC 系统终端设备的状态信息和交易数据，经处理后送往中央计算机系统；可从中央计算机接受关键的系统参数数据，如日期、时间等，并将其发送给 AFC 系统的各种车站设备，同时可以进行每日客流、票价和收入统计，打印相关运营报表。

（3）车站售检票设备

车站售检票设备包括所有 AFC 系统前端设备，主要包括自动售票机、半自动售票机、进（出）闸机等设备。

① 自动售票机

自动售票机简称 TVM，设置在车站非付费区，主要有发售普通单程票、充值储值票和收益结算等功能，能接受纸币、硬币、储值卡（包括城市轨道交通专用和银行卡）等支付方式。乘客选择票价及充值金额，投入相应现金后，设备自动出售单程车票、充值储值票。在购票过程中，自动售票机可识别市场中流通的主要币种，收到伪币时自动退回，能通过一次交易发售多张车票，并识别乘客支付金额与所选购车票金额。自动售票机发售车票时，通常能在车票上写下车票发售日期、发售时间、有效代码、车票票值、校验安全代码等信息。同时，自动售票机能定时将相关操作信息和收益信息等上传到车站计算机，以便进行分析、统计、收益查询，并生成相关报表。

为能给乘客明确的操作指示，实现乘客自助购票的目的，常见的自动售票机面向乘客方向的面板需包含乘客信息显示器、使用指南、触摸屏、纸币插入口、硬币投入口、卡插入口、找零（取票）口等主要部件，自动售票机的外观如图 3-19 所示。

图 3-19　自动售票机外观图

乘客信息显示器用于向乘客显示自动售票机当前的状态，若出现状态不良，如故障、暂停服务时，及时告知乘客；提供购买车票和充值储值票的使用指南，用于指引乘客通过触摸屏点选操作购票、充值；乘客点选完后，可通过硬币投入口、纸币插入口投入相应的金额，或通过储值票投口插入需充值的储值票或用于购买车票的储值卡；车票成功发售后，会自动掉入找零（取票）口，需要找零时，找零硬币会随车票掉入找零（取票）口，乘客可在此取出车票及零钱，储值票会自动从储值票投口退出。

自动售票机内部主要由主控模块、纸币模块、硬币模块、单程票发售模块、票箱、储币箱、硬币钱箱、纸币钱箱等部件构成。主控模块控制自动售票机内其他各模块的运行，负责各种数据的存储及与数据通信。在乘客从外部投币口投入纸币、硬币后，通过纸币、硬币模块，对相应的纸币、硬币进行真伪鉴别，并将鉴别后的真币存到纸币、硬币钱箱中。单程票发售模块根据乘客购票需求从票箱内发售单程票至取票口，当乘客投入的纸币金额大于实际购买车票金额，需要找零时，硬币模块控制从储币箱中找出零钱至找零口。为保证有足够的车票满足乘客购票需求及有足够的硬币确保找零功能正常，车站需定期向票箱内补充一定数量的单程票，向储币箱内补充一定数量的硬币。

② 半自动售票机

半自动售票机简称 BOM，安装在车站票务处，由车站售票员操作，主要具有发售车票、充值及处理各类问题车票的功能；能定时将相关资料，如各班次售票员操作信息和收益信息等上传到车站计算机，以便进行分析、统计、收益查询，并生成相应报表，作为售票员收益结算依据。常见的半自动售票机主要由不间断电源、主机、操作员显示器、鼠标、键盘、读卡器、乘客显示器（含付费区和非付费区）、票据打印机几部分构成，如图 3-20 所示。

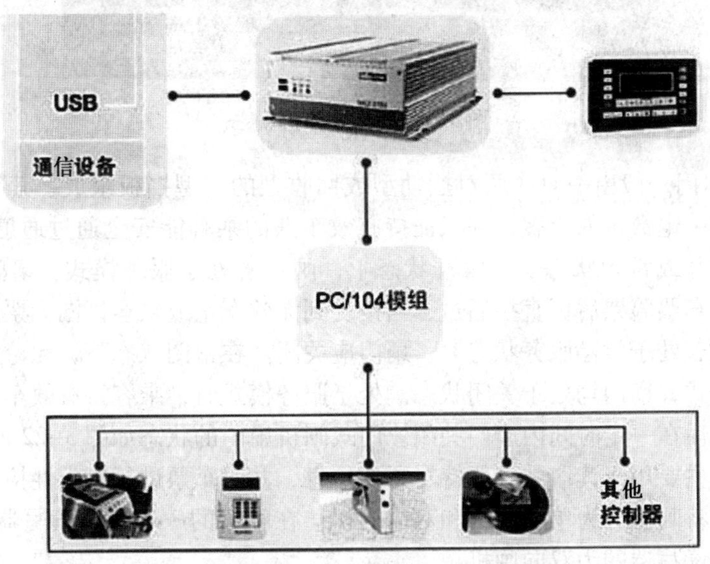

图 3-20　半自动售票机的组成

售票员将相关车票放到读卡器上后，读卡器读取车票信息，并通过操作员显示器显示相关信息及操作指引，售票员按照指引对车票进行处理并将处理结果通过乘客显示器反馈给乘客。在票务处的付费区窗口及非付费区窗口均需设置乘客显示器，在售票员未登录半自动售票机之前，显示暂停服务信息，售票员登录半自动售票机后，显示正常服务信息，处理车票时向乘客显示车票分析及处理结果、涉及现金等信息。半自动售票机能记录所有售票员的操作信息，必要时可以利用票据打印机进行打印。

③ 进（出）闸机

闸机（gate）是乘客进、出车站付费区时的检（验）票口，每个车站都安装有数组闸机，用于控制乘客进入或离开付费区。闸机有三杆固定式、非固定式（杆可垂落）与门式等多种，可设成常开与常闭两种状态，并有双向和单向之分。闸机能对乘客所持车票进行有效性检查，有效票放行，无效票禁止通行，对有效的单程票出闸时回收，并能定时将相关资料，如进、出站客流量及扣费记录等上传到车站计算机，生成相关报表。常见的门式自动售检票闸机主要由扇门、非接触型智能卡读写器、乘客显示器、警示灯、方向指示器、退票杯和通道传感器几部分构成，如图 3-21 所示。

图 3-21　闸机结构示意图

门式闸机扇门一般由一对或两对摆动型或回收型的门型挡板组成，其机械部分应保证每天能正常通过一定数量的乘客，并保证持有效车票的乘客能安全通过通道。一般情况下，扇门可设置为常开或常闭状态。在常开状态下，闸机若处于服务模式，扇门将保持开放状态，乘客持有效车票验票后可直接通过，当接受到无效车票或乘客试图无票通过时，闸机将关闭扇门；闸机若处于暂停服务状态时，扇门应关闭。在常闭状态下，无论闸机处于服务模式或暂停服务模式，扇门均处于关闭状态。处于服务模式时，乘客持有效车票验票后，扇门打开，乘客通过后在一定时间内扇门关闭。门式闸机扇门的状态如图 3-22 所示。

票卡读写器主要用于读取乘客所持车票的信息，并对车票进行有效性检验。根据读写器的安装情况，可将闸机分为单向闸机和双向闸机。在闸机的一端安装读写器的为单向闸机，在两端均安装有读写器的为双向闸机。

乘客显示器安装在闸机上表面，能显示闸机当前所处的模式、状态及车票的相关信息。如对于有效车票显示车票有效及允许进（出）站的指示信息，出闸时显示车票的余值、本次扣费金额等信息，对于无效车票显示车票无效及到票务处处理等指示信息。

方向指示器设在闸机两端的前面板上，用以指示乘客在闸机的通行通道方向，以及为远距离乘客指示闸机状态。闸机方向指示器应至少能显示“通行”及“禁止通行”两种信息，按国际通用的标志显示，用一个绿色箭头指向通行通道表示“通行”，用红色叉表示“禁止通行”，如图 3-23 所示。

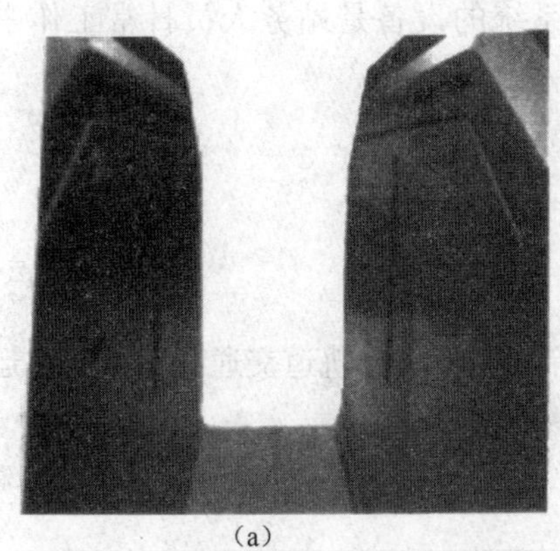
(a)

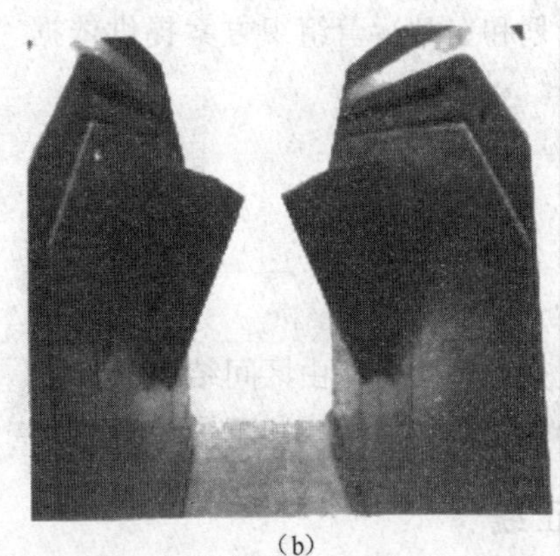
(b)

图3-22 门式闸机扇门的状态

图3-23 闸机方向指示器

退票杯回收有效的单程票到票箱。乘客在通过出闸机时，须将单程票投入回收系统，有效的单程票会被回收系统导入相应的票箱。如果投入回收系统的是无效票，它会掉进退票杯，供乘客取回。在票箱将满或已满时，闸机会将信息通知车站人员，以便及时更换票箱。

警示灯通常安装在闸机的顶部，能用警示声和灯光指示不同车票的类别，使车站检票人员能够正确识别乘客所使用的车票种类，以便于及时对一些使用特殊优惠车票的乘客进行有效证件的检查。

通道传感器安装于闸机通道的两侧，对乘客的通行进行监控，能监测两个及以上的成人间隔及重叠通过闸机的情况，能区分乘客与手推物品。它主要通过对乘客进入通道区域、扇门安全区域和乘客通过扇门后离开区域的检测实现监控。

乘客进入通道时，通过几对前后、上下的传感器检测乘客进入通道的情况，通过闸机的通行逻辑软件判断是否有尾随的乘客，有则报警；扇门打开后，扇门安全区域的传感器（通常设有四对）任一对被遮挡，则扇门不能正常关闭；乘客离开扇门安全区域进入离开区域时，扇门关闭，传感器检测是否有反向入闸的乘客，如正常验票闸机开门后，反向有乘客进入，扇门会关闭（如扇门安全区的传感器被遮挡，扇门不关）。

自动售检票系统是现代轨道交通常用的收费系统，通过该系统使乘客进入站厅后有序地购票、进站检票、乘车或下车后出站，确保秩序井然。同时，AFC系统有利于财务管理，降低收益风险，确保运营收入。另外，它能及时、准确地提供各种统计分析报表，为正确制订运营计划和车站运营组织方案提供依据。AFC 系统的设备是站务人员日常工作中频繁使用的设备。

3.1.4　线路

轨道交通运营线路由区间结构、车站、轨道等共同组成，轨道交通线路按其在运营中的作用，分为正线、辅助线和车场线三种。

1. 正线

正线是指供载客列车运行的线路，包括区间正线、支线、车站正线及站线。

正线是独立运行的线路，一般按双线设计，采用线路为全封闭式，在与其他交通线路相交处一般采用立体交叉。在特殊条件下，两条线路或交通方式的运量均较小时，若经过计算，通过力满足要求，也可考虑采用平面交叉。

2. 辅助线

辅助线是指为空载列车提供折返、停放、检查、转线及出入段作业所需的线路。它包括折返线、临时停车线、渡线、车辆段出入线、联络线等。

1）折返线

城市轨道交通线路一般都比较长，全线的客流分布可能不太均匀，这时可组织区段运行。区段运行是指列车根据运行交路的要求，在端点站与中间车站或中间站与中间站之间进行列车折返。在中间站上设置的实现列车折返作业的线路称为折返线。折返线的形式应能满足列车折返能力的要求。

2）临时停车线及渡线

城市轨道交通线路由于运输量大，列车的行车间隔一般较密，在运营过程中，在线运行的列车可能会发生故障，为不影响后续列车的正常通过，一般在线路沿线每隔 3 ～ 5 个车站的端头加设渡线或车辆停放线。渡线的作用是使离开车辆段的故障列车能及时调头返回车辆段，停车线的作用则是临时停放事故列车。

3）车辆段出入线

为保证运行列车的停放和检修，在线路沿线适当的位置设置车辆段，车辆段与正线连接的线路称为车辆段出入线。车辆段出入线可以为双线或单线形式。

4）联络线

在整个城市轨道交通路网中，为使具有同种制式的不同线路可以实现列车相互过轨运行，需要设置一种过渡线路来完成从一种线路到另一种线路之间的过渡，这种过渡线路称为联络线。

3. 车场线

车场线是指在车辆段内为列车提供停放、检查、检修、试车等作业所需的线路。

3.2

换乘站衔接规划原则及类型

轨道交通换乘站是指实现地铁线路间、地铁与对外交通和市内公共客运交通、私人交通及地铁各线间等多种交通形式转换并有固定交通转换设施的轨道交通站。换乘站按功能可分为：综合枢纽站、终端站、地铁线路间换乘站。

1. 综合枢纽站

综合枢纽站是城市对外交通转换的关键节点。能吸引各种交通方式汇集（公路客运、铁路、航空、水运等），具有换乘量大、辐射力强的特点，是提供乘客转线换乘的重要节点，乘客通过车站及其通道设施，实现不同交通方式间的客流转换，并设有专用的公交站场、停车场。

2. 终端站

一般是指轨道交通首末站，或位于地区中心，具有较高的客流吸引力和交通转换能力的中间站。终端站换乘客流量大，衔接方式相对复杂，需提供专门的衔接设施，借助轨道交通网、公路网形成放射型交通网络，发挥客流集散功能。对于轨道交通首末站，通常具有辐射城市边缘及周边地区，并具有截流周边地区及外围区入城小汽车的功能，通过设置停车换乘（Park and Ride）枢纽站，引导个体交通及中长距离交通向轨道交通转换。

3. 地铁线路间换乘站

以轨道交通线路间换乘为主的轨道交通站，通常其他方式换乘轨道交通或者说轨道站进出站量换乘规模相对较小，或衔接换乘方式相对简单，客流集散以步行为主，公交换乘次之。

城市居民的出行往往是多种交通方式的组合过程。各种交通方式间的有效衔接，决定了城市客运交通体系的水平。地铁与其他交通的衔接方式直接影响地铁的效益。因此地铁枢纽站与城市交通换乘与衔接问题，是地铁枢纽站设计中的关键问题。根据不同的出行方式，其主要衔接方式有：轨道交通与常规公交、小汽车交通、自行车、出租车及步行交通的转换衔接。

换乘枢纽站一般由公共活动区、辅助用房区、各种交通形式的停车区等组成，公共活动区包括地铁车站用房的站厅层、站台层、各种交通换乘衔接空间、通道及各地面出入口等。轨道交通衔接换乘枢纽设施布局的最终目的就是实现各种交通方式的高效换乘，即通过合理的设施设置，实现各种交通方式的“零换乘”，缩短换乘距离。香港地铁换乘枢纽站如图3-24所示。

为实现该目标，换乘枢纽的平面布局应在交通功能分析的引导下进行，一般应符合以下原则。

① 结合换乘客流规模的需求以及枢纽周边城市土地利用和交通发展的实际条件，合理

确定各类交通衔接设施的规模。

② 合理安排换乘枢纽内的功能分布。做到不同性质、不同方向的交通流分开。

③ 作为城市重要的交通换乘枢纽，方案规划应具有一定的超前性。

④ 结合空间立体开发，做到人车分流，一般地铁、行人、社会车辆位于地下，公交、出租车位于地上或高架层。

图 3-24　香港地铁换乘枢纽站

3.2.1　换乘站衔接规划的原则

轨道线路间以及轨道交通与其他交通方式衔接规划主要从城市交通发展的整体性、协调性、方便性、合理性、政策性等方面进行综合考虑。

1. 总体衔接目的

① 逐步形成以地铁为骨干，地面公共汽车为主体，中巴、小巴、出租车为补充，相互配合，共同发展的新运输网络，以满足城市现代化运输需求。

② 根据轨道交通站点交通功能和服务范围，确定站点地面交通衔接的主要方式和配置形式。

③ 根据站点人流集散量和换乘模式，确定交通方式规模和布局安排。

2. 轨道交通与常规公交衔接

轨道交通与常规公交的衔接规划主要包括公交线网调整和公交站场（站点）设置两方面内容，具体规划原则如下。

① 公交线路与轨道交通接驳的形式方面，中心区主要以“S”形线网布局为主，以加强系统的连接性；边缘区以放射性为主，以增强地铁辐射能力。

② 应取消与轨道交通线路走向重叠较长的公交线路，需要经由轨道交通经过的道路进行转换的公交线路，原则上行走距离不大于 3 个轨道站点区间。

③ 轨道交通站点周围的公交停靠站，公交线路应相对集中，视客流和公交车辆到达数

量，确定设置形式和规模，合理设计车辆进出路线，尽量减少对道路的干扰，并满足乘客换乘的要求（见图 3-25）。

图 3-25　轨道交通站点周围的公交停靠站

④ 对于干线上的公交停靠站，应采取港湾式或公交专用道形式布置。与轨道线路垂直的公交停靠站应尽量提供 4 个停车位，同向的公交停靠站应提供 3 个停车位。平行线上的停靠站与轨道交通出入口距离原则上保持在 50 m 范围内，以便于乘客换乘，垂直线上的停靠站应尽量接近通往地铁出入口的道路。换乘量大和换乘距离较远的大站，可考虑延伸轨道交通出入口地下通道，缩短乘客空间距离感。

⑤ 对于能吸引多种交通方式汇集的客运中心地段应形成综合枢纽站，需提供与之衔接的公交站场，以作为各公交线路始发、终点和客流集散场所。公交站场与轨道交通站点应采用先进设施和空间立体化衔接，以充分利用空间，缩短各种交通方式换乘距离与时间，强调衔接的合理性和整体性。

⑥ 对于轨道交通首末站、地区中心站及换乘量较大的枢纽站，应布置公交总站或规模较大的中途停靠站，公交站场宜设于轨道交通站点 200 m 范围内，并应建立便捷的人行通道，如图 3-26 所示。

图 3-26　地铁末端站公交专用车道的设置

⑦ 如轨道交通有条件与公交车站处于同一平面，可通过设计使轨道交通与常规公交共用站台。

⑧ 公交是一个“开放性系统”，布线灵活，容易调整，但公交站场却是网络中重要的基地，相对稳定，不易变更。因此，应提供足够的站场服务设施用地，保证站场能够集散大量的公交客流，提高运输能力。

3. 轨道交通与小汽车衔接

随着经济的发展和城市布局的拓展，小汽车进入家庭是必然的趋势，这不仅给道路交通造成巨大的压力，还使停车难问题日益凸显，轨道交通的建设为解决城市交通问题提供了契机。

① 提供小汽车存车换乘轨道交通进城的条件，在城市出入口、中心大组团边缘位置的轨道交通站点修建小汽车停车场，为进入市区的小汽车提供方便的停车服务，以达到缓解市中心区交通压力的目的（见图 3-27）。

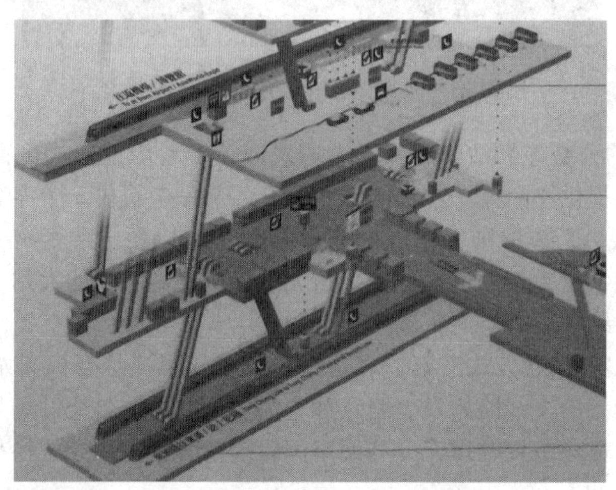

图 3-27 地铁与小汽车接续

② 可考虑将换乘站建成立体换乘中心，其间分层布设各类交通工具的换乘设施，包括联系不同公交线路、小汽车停车场与轨道交通之间的便捷通道及电动扶梯等。

4. 轨道交通与出租车、自行车、行人衔接

1）轨道交通与出租车衔接

经验表明，出租车与轨道交通的换乘特征与小汽车相似，应考虑在城市出入口、中心区边缘地区的站点及大型枢纽站提供出租车候客站场。

2）轨道交通与自行车衔接

自行车应逐渐从主干道分离出来，并形成自行车网络系统。自行车换乘轨道交通的客源来源一般在距离车站 500 ～ 2 000 m 的范围内，因此对自行车交通网络的设计应采取“鼓励近距离、限制远距离”的原则。对于市中心区轨道交通站点，在用地条件允许的地方，应设置相应的自行车停车场，可采用集中或分散的布局形式。对于轨道交通线路两端的新发展区和城乡结合部，应设置一定规模的自行车专用停车场，以扩大轨道交通的服务范围和层次。

3）轨道交通与行人衔接

轨道交通车站是各种交通方式的换乘点，附近土地开发的强度较高，由此产生了大量的集散人流。因此，行人交通组织、衔接是整个交通衔接规划的重要组成部分。

① 有条件形成交通枢纽点的轨道交通站点，应保证人车分离，提供完善的步行系统，合理组织各方式转换空间，以方便乘客换乘需要。

② 如交通组织需要，轨道交通出入口应成为行人过街通道的组成部分，使其可与人流集散广场（或大厅）相连接。轨道交通与公交换乘的衔接部分，应设置在道路两侧视野开阔的地方。

③ 改善和推广行人引导系统，提高行人交通信号装置的使用率。

④ 人流高度集聚的商业中心、体育场馆和交通枢纽站应设置一定规模的人流集散广场和步行系统，以满足行人的安全性、方便性和舒适性要求。

5. 轨道交通线路之间的衔接

轨道交通线路之间的换乘包括同一平面换乘和立体换乘，主要的衔接设施包括站台、人行道、楼梯和自动扶梯等，衔接的关键是充分估计各线路远期的分向客流量，换乘设施的空间容量、通过能力应满足远期换乘客流的需要。除此之外，“换乘引导”和“换乘付费”是缩短换乘时间的重要影响因素，应加以重视。如图 3-28 所示为香港不同地铁线路间换乘。

图 3-28　香港不同地铁线路间换乘

3.2.2　换乘站类型

轨道交通换乘站是指不同轨道线路形成的交汇站点。结合城市总体规划布置轨道交通路网时，必须重点研究各线路的相交点位置和相交形式。城市轨道交通线路与铁路是不同的，它不一定需要市民乘坐一条公共交通线路就能到达目的地，可以让市民经换乘来完成出行目的。所以在城市轨道交通网络规划时必须创造设置换乘站的条件，对重要的换乘点应定位为交通枢纽站。通常公交线路是指公共汽车、无轨电车，目前仍是城市客运交通的主要方式，今后也是客运交通的重要组成部分。因此，公交路网必须同轨道交通路网的布局互相协调，起到互补的作用，同时还要在作用和功能方面区别定位，完成各自的客运任务。随着城市轨道交通发展，主要客运量应由轨道交通承担，地面公交起到辅助作用。让出的道路空间可改善道路交通的拥挤状况。例如，东西向的轨道交通可以规划南北向的公交线路；在公交线路密集处的轨道交通车站应作为交通枢纽站来进行建设。

城市的重要公共场所是指机场、车站、码头、长途汽车站、体育场、文化娱乐中心、大型商场、居住小区等人流集中的地方。体育场是疏散集中人流较大的场所，其他场所虽没有较集中的人流，但集散持续时间较长。为了高效地完成公共场所人流的集散任务，应根据总体布局和人流的集散量配置若干路线，并建设相应规模的交通枢纽站。

确定轨道换乘站不同轨道交通间的换乘形式的主要原则是：① 满足换乘客流量的需要；② 调整相交路线方向创造良好的换乘条件；③ 尽量缩短乘客的走行距离；④ 努力提高服务水平，吸引乘客；⑤ 结合地形布置车站形式。

1. 同站换乘

1）站台同平面换乘

站台同平面换乘可以为双岛式站台，见图 3－29（a），也可以为岛侧式站台，见图3–29（b）。双线双岛式站台能满足同站台两条线两个方向的换乘。双线岛侧式站台仅提供两线一个方向的换乘。这两种布置形式的其他换乘方向还需要通过站厅层来换乘。其中双线双岛式的 A 线也可以为前折返的终点站，二侧车门均可上下客，同时换乘 B 线的两个方向，见图 3–29（c）。新加坡的 JuEast 高站就是这种形式。站台同平面换乘方式用于某一方向换乘客流量大、且应有较大的用地来布置的车站。

2）上下平行站台换乘

这种换乘方式的车站为上下两层均为岛式站台，同侧上下层为同一条线的上下行线，如图 3–29（d）。该形式的车站布置应用较为普遍，日本、泰国及中国香港均有这种形式的车站。同一平面的两条路线一个方向，可以十分方便地进行换乘，另一个方向则通过一次上下楼梯便可以达到换乘目的。中国香港新建的东涌线与既有的荃湾线在荔景站上下平行相靠。为了实现两线的便捷换乘，就应用了同站上下平行站台换乘方式。

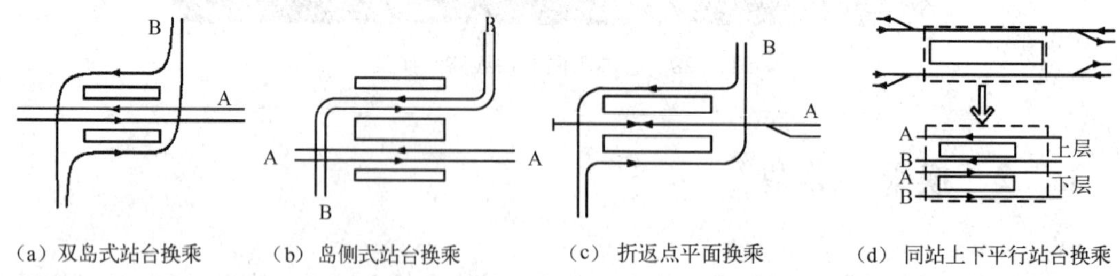

（a）双岛式站台换乘　（b）岛侧式站台换乘　（c）折返点平面换乘　（d）同站上下平行站台换乘

图 3–29　地铁换乘站类型

3）十字（或 T 字）形相交站台的换乘

十字（或 T 字）形相交站台的换乘方式按站台布置形式可以有侧式站台与岛式站台、侧式站台与侧式站台以及岛式站台与岛式站台 3 种情况。这 3 种布置形式各有特点，但它们各个方向的换乘均可通过一次上楼梯或下楼梯即可完成。其中以侧式站台与岛式站台换乘方式较为理想，它满足较大的换乘量。岛式站台与岛式站台的换乘，由于是一点相交，因此如布置不当会造成换乘客流拥挤堵塞现象，如图 3-30 所示北京的复兴门车站。如布置得当，也能满足一定数量的换乘量。

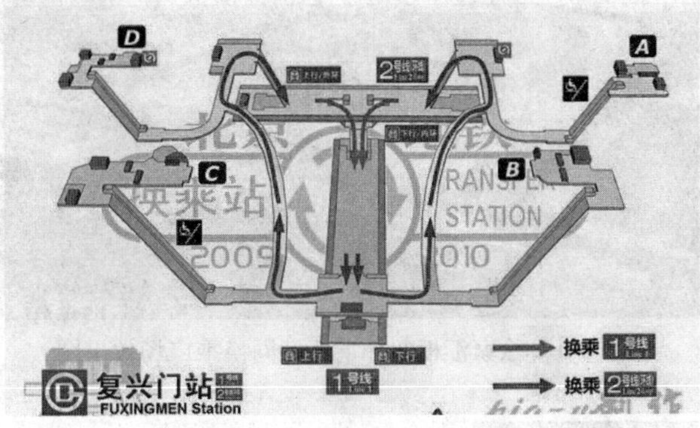

图 3-30　北京复兴门地铁换乘站

4）站厅层换乘

当两条线路相交，其交角较小，采用上下站台直接换乘有困难时，同站同平面换乘主客流能在站台上换乘，而非主客流的换乘都需要通过站厅来进行。站厅层换乘方式是较为普遍的一种换乘方式。

2. 通道换乘

通道换乘适用于两个车站靠得很近，但又无法建造同一车站的情况，因此换乘一定要设专用通道。通道可以连接两个车站的付费区，也可以连接两个车站的非付费区。它虽然没有同站换乘方便、直接，但设有专用通道能给乘客提供明显的换乘方向。上海地铁 1、2 号线在人民广场站，北京地铁 1 号线与环线在复兴门站都是采用通道换乘方式。

3. 共同换乘广场

共同换乘广场需要与商业开发和综合交通枢纽建设相结合。它除了用于轨道交通间的换乘，还可以同其他公共交通形式进行换乘。换乘广场可设在地下、敞开式半地下、地面或高架，这种换乘方式适用于换乘量较大的大型枢纽站。

例如，上海地铁徐家汇换乘站。轨道交通 1、9、11 号线相交换乘点徐家汇枢纽站设计方案“环港汇”使会聚在徐家汇的三条轨道交通线换乘十分方便，两两换乘所需时间均不足 5 分钟。从莘庄到宝山的 1 号线、从松江到浦东的 9 号线、从嘉定到临港新城的 11 号线，都是穿越市中心直接连接郊区的骨干快速线。徐家汇站也是唯一的 3 条快速线换乘点。所谓的快速线，就是线路比较长的线，一般路线为市郊—市中心—市郊，而上海全部轨道交通线中只有 4 条这样的快线。

“环港汇广场”方案避开了徐家汇地区的城市“三纵三横”主干道中的华山路、虹桥路，其中规划建设的 11 号线不走华山路地下，而是向西移到港汇广场西侧的恭城路地下；9 号线不走虹桥路地下，而是向北大胆利用港汇广场公寓楼与商业大楼之间已建成的地下空间。图 3-31 所示为徐家汇枢纽环港汇共同换乘广场效果图。

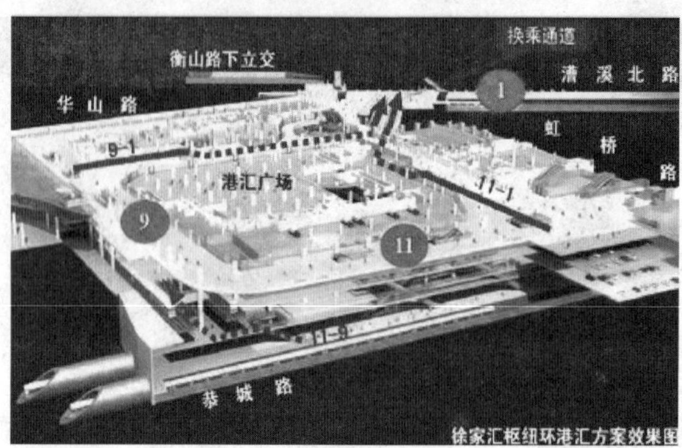

图 3-31　徐家汇枢纽环港汇共同换乘广场效果图

3.3 客流行为构成分析

3.3.1　地铁客流行为特点

地铁客流是由车站周边的各种出行方式集合形成的，也就是由步行、自行车、公交车、小汽车、出租车等多种交通方式接驳而产生的客流。不同的地铁车站空间位置功能和周边土地利用特点影响着各种出行方式的客流比例。因此，各地铁车站应充分满足乘客的接驳方便、快捷和安全性。

地铁客流特点是客流整体表现出来的特性，而乘客行为特点更多的是从个体角度研究乘客的出行心理和出行习惯。换乘站设计要满足换乘客流需求，并与个体出行行为相符合，对客流特性和行为特性进行研究是做好换乘站规划与设计的重要前提。

地铁站的客流构成与特点是客流组织与地铁运营的重点和难点，具有如下特点。

1. 高集中性

换乘站除了具有普通车站的进出站客流外，还汇集有相交线路甚至全网多座车站之间的交换客流，由此造成换乘站客流集中，往往是普通车站客流量的数倍。

2. 多方向和多路径性

由于进出站客流具有不同的出行目的、出行方向，适宜的换乘设施设备布局有利于吸引和疏散客流，同时合理的信息引导使客流有序。

3. 主导性

在换乘站的客流构成中，通常换乘客流占主导（据 2008 年抽样调查，北京的 16 座换乘站中，换乘客流与进站客流的比值平均在 4∶1）；而在某一时段的多种换乘方向中，同样存在主导换乘方向。因此，在车站设计和管理中应突出对主导客流的关注。

4. 方向不均衡性

同一时段、不同地铁站的客流量会存在较大差异。例如，外围线路与城区线路相接的换乘站，早高峰以进城方向为主，两方向比例可高达几倍，在晚高峰则相反。这种方向的不均衡性会影响设施的利用率，因此，当采用通道换乘时，双向组织较单向组织更有利于均衡通道利用；相应地，岛式站台与侧式站台相比，其对客流的调解能力更强。

5. 时间不均衡性

高峰小时客流需求是影响换乘站的系统规模、设施设备能力等关键参数选取的主要依据，因此对高峰小时系数的把握十分重要。不同区域、不同功能类型的车站高峰系数不同，一般外围区高于中心区，通勤服务类型高于生活服务类型。

6. 短时冲击性

轨道交通客流的到达并非连续均衡，而是随列车的到达呈现脉冲式的分布规律，也就是在短时间内对换乘设施会产生冲击作用。这种冲击作用形成对换乘能力的最大考验。由于短时冲击的存在，使得一批客流到达时，易在设施前形成拥堵和客流排队，当拥堵人数较多时，将会带来较大的安全隐患。

3.3.2 地铁换乘的客流特点

了解乘客的行为特点，有助于对地铁换乘空间进行人性化设计，并准确、有效地组织换乘客流。换乘行为特征包括乘客的心理需求和行为特征。

1. 心理需求

① 方便性。乘客对换乘时耗有一定的心理可接受度，换乘时间过长会产生焦虑心理。参照中国香港地铁研究，如能将换乘通道长度控制在 60 m 以内，换乘时间是适宜的。

② 顺畅性。换乘流线顺畅，尽量减少不必要的绕行，减少高程起伏带来的心理惩罚；换乘设施摆放位置和方向应与流线一致，减少客流交织和冲突；同时换乘路径中的设施能力匹配以避免能力瓶颈带来的拥堵。

③ 舒适性。换乘站设施能力应适应客流需求，设施拥挤会降低换乘舒适度。另外，配有自动扶梯或自动步道也会降低换乘的心理惩罚。

2. 行为特征

① 简单化。要求保证换乘设施空间布局的紧凑性、明确性，由于地下空间的封闭性，很容易使人失去方向感。因此，应尽量减少对换乘路径的选择性，从而减少乘客的站台滞

留，提高站台的疏散速度，如岛式站台较侧式站台具有这方面的优势。

② 就近性。在换乘路径上人们习惯选择最短路径，如在到达站台时，倾向就近选择换乘车厢，由此易导致站台换乘客流分布的不均衡，如 T 形换乘站（北京地铁 2 号线复兴门换乘站）的客流易聚集在端头，造成“一端沉”现象。

③ 快走性。前方客流行走速度较快，期望尽快进入换乘设施，导致换乘路径上客流速度分布的不均衡；同时，也可以利用此特点拉开换乘客流间距，以延缓换乘楼梯前的聚集程度，减少短时冲击。

3.3.3　地铁换乘站存在的问题

从地铁站运营的实际状况看，主要表现为两大问题。

1. 换乘不便捷

换乘麻烦是市民反映较多的问题之一，在很大程度上降低了客流吸引力。其原因一方面是由于无预留工程或预留条件不足，后期不得不采用较长的换乘通道；另一方面，以往在车站方案设计或决策中过多考虑工程难度或经济造价等因素，对换乘功能关注不足。

2. 车站能力不足

目前，轨道网络中最拥堵的站点基本都为轨道线路换乘站，其原因为换乘站站厅空间小，不能适应大量聚集客流，同时也是由于高峰时段列车发车间隔停车时间等因素造成的运输能力不匹配。当换乘站处于相交线路的客流高断面时，线路富裕能力不足以满足换乘客流需求，导致客流滞留于站台，带来较大的运营风险；人口规模、岗位分布等众多客流预测的前提条件存在很大的不确定性；对换乘系数、高峰小时系数等关键参数的把握也不到位，上述原因共同导致对换乘客流量估计不足。

此外，还包括以下原因：车站设计中对换乘客流分布规律的影响考虑不充分，设计时更多考虑1 h 的通行能力；对客流分布特性分析不足，包括时间和方向的不均衡性、短时冲击性等，进而影响换乘形式的选择；在设施规模和疏散空间上设计余量不足。

*3.4　车站站务管理

城市轨道交通车站以安全、高效地疏运乘客为宗旨，车站应该根据行车计划、施工计划及客运组织计划等生产任务的要求建章立制，合理设置岗位及组织排班，并有序安排各岗位员工履行职责，协调运作。城市轨道交通车站通常设置有站长、值班站长、值班员和站务员等岗位。车站日常的生产组织实行层级负责制，由上至下的顺序依次为：站长→值班站长→值班员→站务员。车站的日常生产活动主要由车站值班站长具体负责开展，值班站长受站长委托，全面负责当班期间的行车施工、客运管理、乘客服务、事故事件处理、人员管理等工作。在值班站长的指挥下，各岗位工作人员按照岗位职责和工作流程开展工作。

除车站的站务工作人员外，城市轨道交通车站通常还有维修、商铺、公安等外单位（部门）驻站人员。车站日常运作以车站运输组织为核心，维修人员、商铺人员、公安人员等应以服务于车站运输组织为前提开展工作。

3.4.1　车站各岗位工作职责及内容

城市轨道交通车站各岗位具有不同的岗位职责，各岗位在日常工作中相互协作，共同完成生产任务，实现既定的生产目标。

1. 站长

城市轨道交通车站的站长全面负责车站行政管理工作，对车站的安全管理、票务管理、服务管理、培训组织、人员管理及班组建设等工作负责，组织本站人员完成车站行车、票务和客运服务工作及特殊情况下的应急组织。作为车站的行政管理者，站长需要有效地开展班组管理，为车站员工提供良好的工作环境，解决车站相关问题，保持员工队伍的稳定和可持续发展，向乘客提供安全、优质的运输服务。站长不仅要代表轨道交通运营单位在车站行使属地管理权，按照上级下达的工作目标和相关工作要求制订工作计划，合理安排资源，领导辖区的员工开展车站的全面运作，为乘客提供优质运输服务，还要按照安全生产法律、法规要求，建立健全车站安全管理体系，组织落实安全生产、消防管理、治安管理等工作要求，定期进行辖区内的安全教育和安全检查，落实安全隐患的整改。车站站长需要与周边部门经常沟通与协调，创造良好的运作环境。此外，站长通常还具有对辖区内员工的岗位调整权、监督考核权、晋升推荐权。

2. 值班站长

城市轨道交通车站的值班站长直接对站长负责，服从行车调度员、客运调度员的生产指挥，对本站的行车、客运、票务、培训及人员管理等具体事务进行管理和落实。要掌握车站的近期工作计划、生产计划及当天的生产工作重点，制订工作措施，合理组织和开展工作，对持续性工作做好交接班并跟踪完成情况。当车站发生设备故障或紧急情况时担任事故处理主任，组织指挥现场人员按照应急处理预案的要求进行处理。值班站长在日常工作中要负责对本班工作人员的管理，对车站值班员、站务员的工作进行监督检查、指导和考评管理，负责对维修人员、商铺人员、施工人员等外单位人员进行属地管理。

3. 值班员

城市轨道交通车站的值班员是车站落实行车组织和客运组织的关键岗位，在值班站长的领导下，具体执行行车和客运组织要求，按照工作流程开展工作，并对当班站务员的工作进行监督指导。值班员根据所负责业务的不同通常又细分为行车值班员和客运值班员岗位。行车值班员主要负责车站的行车工作，包括监控列车运行情况，管理行车备品，监控车站各类设备运行状态，进行施工管理，接收、传达和执行调度命令，将各类信息向相关部门汇报等。客运值班员主要负责车站的客运服务和票务工作，包括车站的车票、票款管理，组织站务员完成售检票任务以及车站票务营收数据的统计、报表填写和保管，解决并处理乘客票务、服务问题等。在发生设备故障或紧急情况时，值班员负责协助值班站长进行处理。

4. 站务员

城市轨道交通车站的站务员主要负责直接面向乘客提供服务，包括售检票业务、接发列车、组织乘客乘降、回答乘客问询及对车站设备和设施运营状态进行巡视检查等具体工作。根据负责业务的不同以及岗位区域的不同，站务员通常分为售票岗、厅巡岗和站台岗。根据站务员所负责的不同工作内容，售票岗通常以售票、兑零、处理乘客票务事务为主；厅巡岗通常以巡视站厅设备和设施、回答乘客问询、组织及引导乘客购票等内容为主；站台岗通常以站台接发列车、回答乘客问询、组织乘客乘降等工作为主。目前，国内部分轨道交通企业为加强站台的安全管理，已经加装了屏蔽门或安全门系统。因此，这部分轨道交通企业通常不再安排站台岗岗位，站台岗的作业内容主要由厅巡岗来兼顾、有效地节约了人力成本。

在规模及业务量较小的轨道交通车站，一般可将厅巡岗、站台岗合并为巡视岗，按照规定的岗位流程对站厅、站台进行巡视，同时履行厅巡岗、站台岗职责。巡视岗在站台巡视过程中如遇列车进站，必须先接发列车，监视列车运行状态，监控乘客上下车的状态，处理在接发列车过程中发生的突发事件。折返车站的站台岗还要负责列车折返前的清客工作。

5. 维修组组长

维修组组长的职责包括：负责对站内人员的业务培训及工作管理；有权对班内人员进行岗位调整；有权检查考核评定班内人员、进行奖惩分配；接受所属部门的工作安排；在站内发生紧急情况时服从车站站长和值班站长的安排。

6. 维修员

维修员职责包括：接受车站站长（或维修组组长）的管理；对所辖区域各主要设备进行管理、操作、监护，严格按设备操作规程和运营管理要求操作设备；做好各类设备的巡视、一般性故障处理、计划检修等工作；监护所辖区域设备房和设备，做好故障等异常情况的记录，及时向值班站长汇报；接受上级部门安排的各项培训和相应的检查工作；参加相关部门的学习活动；有权制止车站内的违章作业，并报告站长及上级有关领导。

3.4.2 车站各岗位的工作流程

轨道交通车站是各专业、各工种联动运作的基础生产单元，车站内各岗位需要紧密配合运作。各岗位人员必须按照岗位工作流程规范地开展工作，才能实现对乘客的安全、高效、优质的运输服务。

1. 值班站长

1）值班站长的工作程序

① 班前：检查前一班各种记录表和本班各岗位人员到位情况，检查自动扶梯、售票机和收费闸机等面向乘客的设备工作状态是否正常。

② 班中：做好各种记录、检查、巡站、佩戴执法证件、交接班工作。各种记录表有：员工通道进出记录、交接班记录、当班情况登记本、钥匙登记本、施工登记本、来文登记本、行车日志等。

③ 班后：做好本班的班后总结会，组织本班学习、培训、演练等。

2）值班站长在运营时间的工作流程

① 当班值班站长安排人员打开出入口并安排员工上岗。

② 与客运值班员进行补币、补票工作，巡视出入口及车站卫生、设备运作情况。

③ 检查车站控制室行车备品柜备品情况，检查施工登记情况，做好交接班准备。

④ 与接班的值班站长进行交接。

⑤ 早班值班站长交接完毕后应巡视各岗位作业情况，布置早班工作。

⑥ 巡视各出入口、站厅、站台情况。

⑦ 填写台账，阅读近期生产信息及上级要求。

⑧ 检查票亭工作情况及处理站厅的乘客事务。

⑨ 安排班中员工吃饭、间休。

⑩ 检查售票员结账及客运值班员配票情况，检查票亭交接情况。

3）值班站长在非运营时间的工作流程

① 安排巡视车站出入口关闭情况。

② 安排对保洁卫生完成情况进行检查。

③ 登记当天全站员工的工时。

④ 完成晚上施工作业手续的办理工作，监督施工人员出入线路。

⑤ 负责完成上一班交班的工作。

⑥ 填写各类台账，收集运营时间的信息并书面上报。

⑦ 审核当天票务报表，打扫车站控制室卫生。

⑧ 做好运营前的行车准备工作。

⑨ 与客运值班员进行补币、补票工作。

⑩ 巡视开站情况及早班员工上岗情况。

各班次值班站长在班间交接时要注意检查和清点钥匙、行车备品以及执法证、文书、票据等。认真检查当班情况；检查施工组织管理情况、列车运行情况、接收的调度命令情况、车站巡视检查情况、每日防火巡查情况、设备和设施故障登记及报修情况、钥匙借用情况；检查班中需要处理的文件、通知；核实交班值班站长工作完成情况。

2. 客运值班员

轨道交通车站的客运值班员通常根据运行时间的需要设置早班客运值班员和晚班客运值

班员。

早班客运值班员通常负责运营时间内各种票务、客运问题的处理；负责为运营时间各班售票员配备车票、备用金等；负责运营时间内票务、现金的安全管理以及本班票务、现金的结算工作和相关台账的填写；此外，早班客运值班员还负责当班期间各种乘客事务的处理以及对当班售票员的工作进行检查等。晚班客运值班员主要负责运营时间的票款、现金的收集和统计工作，填写各类统计报表和相关的台账；负责运营前自动售票设备的补票、补币工作。

客运值班员的工作流程如下。

① 早班签到。

② 与晚班值班员进行当面交接，检查票务备品及票务钥匙情况；检查夜班台账填写情况；检查票款、备用金及库存车票情况；翻阅新票务通知及掌握本班工作重点；检查卫生情况。

③ 审核票务报表。

④ 按规定上交报表，检查票亭工作情况，处理站厅事务，进行票务业务知识抽问。

⑤ 给顶岗员工配票，巡视各出入口及站厅情况，检查早班票亭交接情况。

⑥ 与早班售票员结账，填写相关台账。

⑦ 需要将票款送往银行时，整理票款，填写送款单准备解行。

⑧ 安排站务员更换票筒。

⑨ 处理乘客事务，检查票亭。

⑩ 整理票务室内务。

⑪ 自动售票设备的钱箱将满时，负责更换钱箱。

⑫ 整理所有钱款、票、备品，准备交接。

⑬ 与晚班值班员做好交接工作，签退下班。

⑭ 晚班签到，与前一班早班值班员进行当面交接，检查票务室票务备品及票务钥匙情况；检查早班台账填写情况；检查票款、备用金及库存车票情况；翻阅新票务通知及掌握本班工作重点。

⑮ 巡站，处理乘客事务。

⑯ 与售票员结账，更换钱箱，清点钱箱。

⑰ 完成当日报表及账册，清点补币备用金。

⑱ 给所有 TVM 补币、补票，给早班配票。

⑲ 与早班值班员做好交接工作。与后一班早班值班员进行当面交接，检查点钞室票务备品及票务钥匙情况；检查夜班台账填写情况；根据交接班本检查票款、备用金及库存车票情况；翻阅新票务通知及掌握本班工作重点；检查卫生情况。

⑳ 签退下班。

3. 行车值班员

轨道交通车站的行车值班员根据行车工作组织的需要通常设为运营时间的行车值班员和非运营时间的行车值班员。运营时间的行车值班员一般负责监控列车的运行；负责运营时间内各类施工的办理；接听各类电话，传达各类信息；处理运营时间发生的各种应急情况等。非运营时间的行车值班员一般主要负责夜间的施工安排，监控夜间设备的运行情况，出入口的管理等工作。行车值班员工作流程如下。

① 签到，检查所有钥匙及行车备品柜内物品、车站控制室内设备是否良好，填写相关交接台账，详细阅读 上一班工作情况、相关重要文件、通知以及本班须完成的工作项目。

② 监控各岗位工作情况，监控信号设备运营情况。

③ 负责接听电话，播放相应广播。

④ 协助值班站长处理简易基础工作并填写相关台账。

⑤ 密切留意车站设备状态，发现故障及时报修并做好相关记录。

⑥ 按要求安排人员收、发文件，并传达重要文件信息内容。

⑦ 掌控车站各岗位人员动态及客流情况，做到合理调配，填写当班相关台账。

⑧ 与夜班当班员进行交接，当班员工检查所有钥匙及行车备品柜内物品、车站控制室内设备是否良好，填写相关交接台账，详细阅读当班情况登记本（包括上一班工作情况、相关重要文件、通知以及本班须完成的工作项目），交代夜班重点施工项目及注意事项等。

⑨ 办理施工作业。

⑩ 监督车站关站情况。

⑪ 监控夜间各种设备的运行情况。

4. 站务员

站务员一般只设置在运营时间，具体分为售票员、厅巡岗、站台岗等。

1）售票员的工作流程

售票员的设置是为了保证运营时间内正常的票务、服务工作，争取满足乘客兑零、售票和乘客票务事务的处理需要，售票员要严格按照售票作业程序操作，不能携带个人车票和现金进入售票处；每班售票员售票结束后要及时与车站的值班员进行结账。售票员的工作流程如下。

① 按车站规定的时间到达岗位，到车站控制室了解当天工作注意事项和有关重要通知内容，随后到点钞室领票，做好上岗前的准备。

② 领取车票、备用金，开窗售票。

③ 保持票亭的整洁，票证、报表摆放整齐。

④ 当报表、硬币、车票、发票数量不够时，提前向客运值班员或车站控制室报告，做好工作预想。

⑤ 售票结束后与接班售票员进行票务备品、票务钥匙等交接工作，交接完毕，将本班的报表、车票、所有现金整理好拿回点钞室。

⑥ 按结账程序进行结账后，到车站控制室听从值班站长的安排。

⑦ 签退下班。

2）厅巡岗的工作流程

厅巡岗的设置主要是为了满足运营时间内站厅范围乘客的服务需要。厅巡岗主要负责解答乘客的问询，给予乘客正确的指引；引导乘客正确操作票务设备，巡视、检查站厅设备状态，发现问题及时报车站控制室；指引乘客到自动售票设备处进行购票等。厅巡岗的工作流程如下。

① 到车站控制室签到并学习相关文件内容后，领取相关钥匙及备品上岗。

② 按巡视制度对车站的各项设备和设施及出入口进行巡视。

③ 引导乘客正确操作票务设备，注意票务设备故障情况。

④ 认真解答乘客的问询。给予乘客正确的指引，并向车站控制室汇报。发现问题及时报车站控制室。

⑤ 对乘客违反安全、票务、服务等乘车规定的行为进行制止。

⑥ 当票亭工作压力较大出现乘客排长队时，要协助票亭缓解排队客流，做好乘客的引导工作。

⑦ 与顶岗员工交班，间休。

⑧ 与接班员工做好交接工作，签退下班。

3）站台岗的工作流程

站台岗的设置主要是为了保证站台的作业安全，发现紧急事件时能及时进行处理，站台岗除了正常接发列车外还要负责站台区域的巡视工作，保证设备和设施状态正常。在安装屏蔽门的轨道交通车站里，站台岗的职责通常由厅巡岗兼任。站台岗的工作流程如下。

① 到车站控制室签到并学习相关文件内容后，领取相关钥匙及备品上岗。

② 检查站台监控亭内物品并在交接本上登记。

③ 巡视站台期间负责上、下行站台列车的接发及乘客乘车安全监督工作，解答乘客的问题。

④ 与顶岗员工交接后到会议室休息并学习文件。

⑤ 与接班巡视岗交接，接班员工检查钥匙、备品及线路情况并报告车站控制室，交班员下班。

⑥ 接班站台岗与顶岗员工交接后休息。

⑦ 末班车过后，到车站控制室交还相关钥匙及备品，签退下班。

3.4.3 车站开站、关站程序

车站的日常工作中，每日的开站、关站应有一定的工作流程，用以规范车站管理人员的工作行为，形成协调统一的工作方式。某地铁运营的开站程序和关站程序，见表3-1和表3-2。

表3-1 车站开站程序

序号	负责人	内容
1	行车值班员	通勤车到站前30 min，按行调命令试验道岔。检查站台和线路出调情况，并报控制中心。通勤车到站10 min安排人员到站台接车
2	行车值班员	首班载客列车到站前30 min，通过控制系统开启通风空调并检查运行状况
3	站台值班员	首班载客列车到站前20 min到站，首班载客列车到站前10 min领齐备品到岗
4	行车值班员	首班载客列车到站前15 min打开照明开关，并开启售检票设备（除闸机外）
5	行车值班员	首班载客列车到站前10 min开启闸机
6	售票员	首班载客列车到站前30 min到站领票，首班载客列车到站前15 min到岗
7	值班站长	首班载客列车到站前20 min到站并巡视出入口，首班载客列车到站前10 min完成开启出入口大门，设备校对的工作，车站开始对外服务
8	行车值班员	向乘客广播候车的注意事项

表 3-2　车站关站程序

序号	负责人	内　容
1	行车值班员	上、下行末班车开出前 10 min 开始广播
2	行车值班员	上、下行末班车开出前 5 min 关闭 KTM，通知停止售票和进站检票工作，并广播
3	厅巡岗	最后一趟载客列车到达前 5 min 挂停止服务告示单
4	站台岗	最后一趟载客列车开出前进行检查，确认站台乘客均已上车，无异常情况
5	厅巡岗	最后一趟载客列车开出后清站，并关闭车站扶梯和出入口
6	售票员	收拾票、钱，整理票务储备品，注销 BOM，回点钞室结账
7	客运值班员	与售票员结账
8	值班员	运营结束后，执行车站节电照明模式
9	值班站长	末班车到达前 15 min 到站厅安排挂上各种服务告示牌
10	值班站长	最后一趟载客列车到达前 5 min 确认所有 TVM、入闸机已关闭，停止售票广播
11	值班站长	清站，确认出入口关闭，扶梯、照明、售检票设备已全部关闭

轨道交通车站作为直接向乘客提供运输服务的生产单位，需要严密、规范的管理。轨道交通车站通常都具有一套完整的排班制度、信息汇报制度、会议制度、巡视制度、文件制度、钥匙管理制度、车站控制室管理制度、考评管理制度等相关规定。这保障了轨道交通车站日常的生产秩序，为乘客提供优质的服务，顺利完成生产任务。

复习思考题

1. 根据信号设备功能车站可划分为哪几类？各有何不同？
2. 一般轨道交通主控系统的综合应急后备盘可集中控制哪些设备？
3. 城市轨道交通用电负荷如何分类？分别为哪些设备供电？
4. 自动售票机内部主要包括哪些功能模块？
5. 闸机有哪些功能？是如何工作的？
6. 轨道交通车站发生火灾时应如何灭火？
7. 车站值班站长的工作职责是什么？
8. 开关站的工作程序有哪些规定？
9. 车站的排班有什么规定？

4 第4章 轨道交通客运需求管理

本章概述

本章在讲述城市轨道交通功能、层次、系统模式及相关服务指标的基础上，分层次对轨道交通客运需求管理包含的主要内容进行分析。重点介绍了轨道交通客流的补充和引导机制，并以新加坡快速交通为实例介绍了城市轨道交通需求管理的实际应用。

轨道交通客流补充和引导机制，在客流总量、空间公布、时间分布三种不均衡条件下，为保证城市轨道交通高效运营而应采取的客流补偿和引导措施。本章通过预测客流和实际客流差异的成因分析及客流补偿措施两个方面对轨道交通客流补充和引导机制进行分析。

本章还讲述了城市轨道交通客运需求的概念及管理原则、预测客流和实际客流差异的成因及客流补充引导措施等主要知识点，并以新加坡快速交通系统为例对交通需求管理的应用进行分析；简单概括了轨道交通功能、层次、系统模式和服务指标等方面的内容。

本章学习重点

了解城市轨道交通的功能、层次、系统模式、服务指标及发展策略方面的主要知识点，重点掌握城市轨道交通客运需求管理的主要内容及原则；着重从预测客流和实际客流差异的原因理解轨道客流补充和引导机制，并掌握客流补偿引导措施；了解城市轨道交通需求管理的应用情况，重点掌握新加坡快速交通系统的客运需求管理应用实例。

4.1

轨道交通的功能、层次、系统模式和服务指标

1. 轨道交通的功能

轨道交通是城市公共客运交通体系中的骨干运输系统，具有快速、准时、大运量、舒适性高等特点，轨道交通运输系统将主要承担中长距离的交通出行。

在调整城市空间结构和促进城市合理布局方面轨道交通具有积极的引导作用，可以支持边缘集团及卫星城镇的发展，促进城市建设“两个战略转移”的实现。

在城市中心区建设强有力的轨道交通运输系统，吸引大量乘客乘坐轨道交通出行，一方面，可以大大削减地面交通量，以弥补城区道路系统的不足与缺陷；另一方面，有利于历史街区和古都风貌的保护，促进城市可持续发展。

2. 轨道交通的层次与系统模式

城市轨道交通系统划分为两个层次。第一个层次是服务于市区的轨道交通运输系统；第二个层次是服务于卫星城与市区之间的市郊铁路运输系统。市区轨道交通线路主要采用快速大容量的地铁运输系统，在较小的客流交通走廊上，少部分线路采用准快速中运量轻轨运输系统。

郊区市郊铁路所采用的车辆和系统制式有待于在发展建设市郊铁路的过程中加以确定。其原则是，充分利用既有铁路资源，采用先进技术，发展符合郊区客流运输要求的市郊铁路运输系统。

3. 轨道交通的服务指标

轨道交通系统服务指标主要包括运营速度、高峰小时单位通过能力及运营服务的其他指标。例如，地铁系统运营速度为 35 ～ 40 km/h；高峰小时单向运输能力在 3 万～ 6 万人次以上。轻轨系统运营速度为 25 ～ 30 km/h；高峰小时单向运输能力在 1 万～ 3 万人次。市郊铁路系统运营速度为 50 ～ 70 km/h；高峰小时单向运输能力在 2 万～ 5 万人次。

4.2

轨道交通需求管理主要内容

随着城市人口的不断增加和经济的发展，交通需求强度变大，当交通量达到或超过旧交通设施的承受能力时，迫使管理者改进措施，增加交通供给，以达到稳定的交通结构。然而由于交通供给的增加，交通需求量与供给量差额减小，交通舒适性和方便性有所提高，则会进一步刺激交通需求的增加，导致交通设施超负荷运行。交通结构就是在交通供需矛盾中呈

现出的短期的、动态的平衡，因而在短时间内我们认为交通系统是一个稳定的系统。城市交通系统的设计与规划都是为了尽力满足当前或未来城市交通需求，尤其是高峰客流的需求。城市轨道交通是服务于城市通勤客流的一种交通运输方式，此种交通方式的设计与规划也是在对某一时期或时段的客流预测的基础上进行的。对于某一具体城市而言，在较短的时间跨度内，实际高峰客流产生时间相对稳定，客流的分布也相对稳定。为了满足交通需求，相对应的交通规划往往是依据高峰客流来进行的。在这种情况下，常规时段的交通运输能力就由于客流量的不足而导致运力严重浪费，系统整体效率低，效益差。因此，为了充分利用城市轨道交通系统的运输能力，提高系统资源的运行效益，通过分析城市功能区的交通特性，从而提出针对各功能区的交通特征的有效地管理策略。

从政策、经费和环境等各个方面因素来看，政府都不可能无限制地修路以缓解越来越严重的交通拥挤和堵塞等城市交通问题。如何解决交通问题是世界上所有国家和地区都在努力解决的问题，但由于每个国家的国情不同、经济、文化、人口及素质等各个方面的差异，实施的各种政策和措施就相差较大，但在采用新技术解决一些共性的问题等方面却有着共同的目标。世界各国对城市客运交通管理达成了一个共识，即交通的消费需要加以引导，无限制的交通需求增长是难以满足的，也不符合现代社会可持续发展的要求。交通需求管理就是近年来提出的解决交通问题的 TOD 模式，可持续发展的综合治理战略，目前在许多发达国家得到了不同程度的应用，取得了明显的效果。

1. 大力发展城市轨道交通建设

在今后 20 年内，进一步拓宽轨道交通投融资渠道，改进和完善建设和运营体制，大力发展城市轨道交通建设。在较短时间内，建成市区轨道交通规划骨架线网；同时，积极推进通往郊区卫星城的市郊铁路干线的建设。

2. 实行改善城市中心区交通与引导城市向外发展并举的交通发展战略

一方面，利用轨道交通所具有的快速、大容量、改善交通显著的特点，根据交通出行特征和交通需求，在市区内建设几条轨道交通干线，明显改善城市中心区的交通紧张状况；另一方面，利用轨道交通可以改善一线、带活多片的特点，充分发挥轨道交通的引导作用，修建几条通往郊区卫星城的市郊铁路干线，引导城市向外发展。

3. 贯彻公交优先政策，提高公共交通服务水平

在全社会倡导公共交通优先的理念，在规划、设计、管理多层面上推进公共交通优先的落实。在未来 5 ～ 10 年内，从改善公交运行的硬件条件入手，依托于城市主干路和快速路，在市区内尽快建成公交专用道网络系统；改善目前的公交运营线网结构，建立起由快线、普线和支线组成的多层次的公共电汽车运营网络。同时，加快客运交通枢纽建设，改善乘客换乘条件，提高公共交通整体服务水平。

4. 引导小汽车合理使用

以北京为例，预计未来 10 年，北京市将处于小汽车的快速发展期。在不断完善城市公

共客运交通系统的同时，利用经济行政等多种手段引导小汽车的合理使用。从合理利用城市道路空间资源，建立良好城市生态和交通环境考虑，未来的交通政策将鼓励人们更多地乘坐公共交通工具出行。

5. 完善城市客运交通系统一体化

注重地铁、轻轨、市郊铁路、公共电汽车、私人小汽车和自行车等交通方式紧密衔接、协调发展，构成具有不同服务功能、多层次、高效运转的城市客运交通综合运输体系。

4.2.1　城市轨道交通需求管理策略

交通需求是指出于各种目的的人和物在社会公共空间中以各种方式进行移动的要求，它具有需求时间和空间的不均匀性、需求目的的差异性、实现需求方式的可变性等特征。交通需求的产生需要具备两个条件，一是主体要有交通需要，即为了从事某经济或日常活动以某一种交通方式到达目的地的需要；二是主体使用某种交通方式所消耗的成本，它包括支付交通车票价的费用及其消耗的时间成本。通过分析城市各功能区交通可知，在以城市轨道交通为骨干，其他公共交通为补充的现代城市交通体系中，城市交通需求特征呈现不均衡特性，这样城市交通资源没有得到充分利用，导致运输能力闲置和浪费。为了提高城市交通系统资源的运行效益，因而提出了轨道交通需求管理策略。

1. 弹性票价策略

合理票价的制定就是在充分利用城市轨道交通系统资源的基础上，以实现票价收入最大化为目标，确定合理的票价。城市轨道交通系统运行每乘客公里的成本随着客流量的增加而下降，在城市轨道交通系统资源利用率很高的情况下，则可以使城市轨道交通系统的成本小于其他形式公共交通的成本。这一比较具体体现在客流的竞争上，为此如果城市轨道交通系统客流竞争力大于其他形式的公共交通竞争力，那么城市轨道交通客流增加，平均运行成本降低，利用率提高；反之，平均运行成本将增加，利用率降低。

城市轨道交通系统前期规划要尽可能满足城市出行者的出行效用，这一时期的效用远大于出行者的效用，也就是说，城市轨道交通系统提供的资源能充分满足需求。然而由于客流的不均衡性，导致在高峰时期，资源能充分利用；非高峰时期，资源却白白闲置或者说是浪费。为此从交通运营商利润出发，提高轨道交通资源的利用率，就是要尽可能在非高峰时期吸引客流。在非高峰时期，若要使出行者选择城市轨道交通出行方式，关键在于提高出行者的效用。在出行者出行决策时，出行的目的地和距离都确定的情况下，交通管理者则可以通过降低出行者的出行成本入手，以提高出行者的出行效用，达到吸引客流的目的。实行弹性票价策略来提高出行者单位效用，就是在非高峰时期，适当改变票价，以达到票价收入最大化。

2. 客流预定策略

城市旅游区的交通需求以及大型活动交通需求特征具有：明显的高峰时刻，并且高峰需求量以及高峰时间可以预知；单向需求明显，即交通需求具有向心性；出行属于短期出行方式。针对城市旅游区的交通需求以及大型活动交通需求的短时间增加，交通服务要求高的特点，采取客流预定的交通需求管理策略，可以有效提高城市轨道交通系统资源的利用率。建立成熟的城市轨道交通信息系统，对客流出行时间进行事先预定，并要求出行时间不与常规客流发生冲突，实行“见缝插针”的形式。

3. 增减车厢策略

城市行政区、文教区等功能区的交通需求呈驼峰形分布，有两个高峰期，在居住区，上午上班上学形成早高峰，下午下班放学形成晚高峰，其他时间段则是平峰期。工业区的交通需求呈现离散稳定性。对于这三个功能区可以实行“增减车厢策略”以实现提高城市轨道交通资源的利用率。增减车厢策略是在客流高峰期增加车辆的运行次数，体现在缩短车次运行的间隔时间或适当的增加车辆的车厢数量；平峰期减少车辆的运行次数，即增加车次运行的间隔时间或适当的减少车辆的车厢数量。

4.2.2 轨道交通布设原则

1. 建设用地控制

地铁地下区间线路的中线位置按与道路中线重合考虑。布设有轨道交通地下线路的道路，以道路中线两侧各 15 m 作为地下线路规划建设控制用地；地下车站规划建设用地的控制宽度为 40 m。地铁高架线路一般架设在道路中央，当道路一侧为规划绿地时，也可架设在有绿地一侧的道路旁。高架区间线路的规划建设用地按 10 m 宽度控制预留，高架车站规划建设用地的控制宽度为 30 m。地铁地面线路常在城市郊区与地面道路交通矛盾小的地段采用。地铁地面线路的规划建设用地按 15 m 宽度控制预留，车站规划建设用地的控制宽度为 30 m。

轻轨线路原则上采用地面敷设方式，其线路一般布设在道路中央地带，其规划建设用地控制宽度为 7 m。在进行轻轨线路设计时，需统筹安排其途经路段道路断面的合理使用。

2. 环保距离控制

轨道交通车辆在运行时对环境会产生噪音和振动两方面的影响。轨道交通沿线环保隔离控制距离为：地铁高架线路、地面线路和市郊铁路线路在通过城市建设地区时，沿线（街道）两侧建筑距地铁和市郊铁路的环保隔离控制距离应不小于 30 m；由于轻轨运行产生的噪声一般不超过道路上机动车行驶产生的背景噪声，因此对其环保隔离控制距离不作规定。

3. 协调城市发展

从有利于市区建设和远郊卫星城发展出发，协调并处理好“改善中心区交通”与“交通引导城市发展”的关系。考虑轨道交通线路走向与客运交通走廊应相吻合和降低工程投资两大因素，轨道交通线路尽可能沿城市道路布设。

*4.3 轨道交通客流补充和引导机制

在客流总量、空间分布、时间分布三种不均衡条件下，为保证城市轨道交通高效运营而应采取客流补偿和引导措施。在研究轨道交通客流成长的基本规律及客流与线网结构之间的基本关系的基础上，提出在城市轨道交通领域应用交通需求管理的方法。客流是影响城市轨道交通立项、建设和运营的基础因素，贯穿于轨道交通的整个生命周期，准确预测轨道交通不同时期的客流，对城市轨道交通的制式选择、线网规模、站场设计、车辆编组、运行密度等起着十分重要的作用。然而，由于受到预测技术本身发展制约、城市规划和交通规划经常变化、建设具有时序性等因素的影响，轨道交通的实际运营客流往往与预测客流相差甚远。客流偏差必然影响城市轨道交通的有效运行，还将给未来城市交通网的可靠性带来巨大的隐患。单纯改进客流预测的方法已经无法弥补预测不准确带来的危害。为解决这一矛盾，必须开展城市轨道交通线路建成后的客流调节和补偿措施研究，提高城市轨道交通在各种可能客流下的运输效率，节约社会成本。随着我国城市交通的信息化建设和城市轨道交通网络化的加速发展，以往预测的不准确性所带来的各种问题将逐渐突显出来。如果对客流没有很好的调节和管理措施，将给城市轨道交通乃至整个城市的发展带来严重的后果。

4.3.1 预测客流和实际客流差异的成因分析

1. 预测客流与实际客流的差异类型

① 客流总量上的差异。这种差异是指线路投入运营后，实际全日客流同预测的同期客流在数量上存在较大差异，是城市轨道交通预测客流和实际客流之间差异的主要表现形式。

② 客流时间分布上的差异。这种差异有两种形式：一种是在不同日期上，如节假日和非节假日的客流分布规律与预测结果差异较大；另一种是在同一天内，高峰小时客流占全日客流的比重与预测结果相去甚远。

③ 客流空间分布上的差异。这种差异是指线路投入运营后，实际客流在线路各区段间的空间分布与原预测结果差异较大，从而影响了各部分断面客流的分布及各站点的实际负荷。

2. 预测客流和实际客流的差异成因

① 客流预测方法上的原因。我国的客流预测主要借鉴国外比较成熟的四阶段法，但由于国情以及城市间发展的差异，国外的这些成熟的理论难以照搬使用。四阶段法在我国城市轨道交通客流预测方面存在以下问题：未能充分考虑城市轨道交通线网的自身特点，规划中定性分析多于定量论证；预测模型结构复杂、涉及因素多、工作周期长，导致一些实际预测

过程难以实施；预测模型中的参数准确性难以保证；模型中的公交客流分布通常要通过方式划分或是交通方式转移曲线及函数才能获得，需要的数据较多，很多城市并不具备这样的条件。

② 客流预测基础条件变化的原因。无论何种客流预测方法，都需要大量的基础预测条件，为客流预测提供数据基础和参数选择依据。然而，这些基础条件的选取本身就存在很大的不准确性，或在线路投入实际运营后发生重大变化，如城市规划的变化、土地利用情况的变化等。

③ 对客流预测结果的人为影响。在我国，预测客流大小是决定地铁项目是否可以规划建设的首要条件。由于这一限制的存在，有的城市为使地铁项目顺利、尽快地获得批准，证明可在较短时间内实现盈利，一般会人为地夸大客流量，采用较高的客流预测数值，尤其是远期的预测客流量。

城市轨道交通线路实际运营对客流的影响。城市轨道交通线路实际运营后，对周边客流分布情况会产生很大的影响，这种情况在客流预测时往往难以定量。例如，城市轨道交通促进沿线房地产开发，使客流吸引范围的人在数量和空间分布上发生巨大变化；相邻线路的建设时序发生变化，使得城市轨道交通的可达性和吸引范围发生根本改变；实际运营票价策略，对城市轨道交通的客流分担比例影响巨大；城市轨道交通线路客流输送能力和站点客流集散能力的不足，限制了高峰时段客流的进一步增长。以上因素共同作用，导致了城市轨道交通实际客流与预测客流在总量、时间分布、空间分布上都可能存在较大差异。

4.3.2　城市轨道交通的客流补偿引导措施

1. 实际运营客流小于预测客流

预测客流偏大是当前我国城市轨道交通客流预测的主要特征，广州地铁1号线、上海地铁1号线都表明客流比同期预测客流低了许多。在这种情况下，车站和线路初期的能力远大于需求，使运输设备和设施在较长时间里处于闲置状态，尽管带来了车站服务水平的提高，但是客流量的严重不足直接影响到设备的使用效率，从而延长了整个轨道交通项目的投资回收期，对整个社会也造成极大的浪费。但是，由于此时线路车站已经竣工、车辆已经购置，所以可以采取的措施有限。主要有以下方面。

① 筹建交叉线路，优化线网结构。交叉线路在城市轨道交通中具有诱增客流的作用。如图4-1所示，假定有线路A，包含 n 个车站，现增加交叉线路B，亦包含 n 个车站，则这种诱增作用主要体现在两个方面：首先，两条相交线路由于构成简单的城市轨道交通网，使得整个线网上的车站数量由 n 个变为 $2n-1$ 个，而OD（起讫点）对则更呈级数增长，由

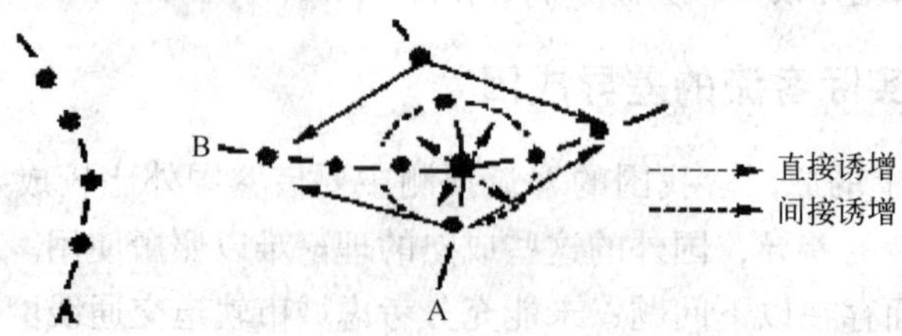

图4-1　交叉线路诱导客流示例

$\frac{n(n+1)}{2}$增加到$n(2n+1)$个。图 4-2 显示了这种变化关系，当车站数从 15 个增加至 29 个时，OD 对从原来的 105 对增加到 406 对，客流需求也将随之急剧增加。这种客流可称为直接诱增客流。其次，换乘枢纽的增加导致诱增客流的增加。周边配套设施的发展速度远超过线路客流的平均培育速度，大量的沿线乘客选择轨道交通换乘站作为出行中转站的机会增多，从而带来更多的间接诱增客流。这种方式能够有效地增加客流，更有利于培育网络客流，但其局限性在于新建线路必须要有足够的本源客流，一般只适合于较大城市。

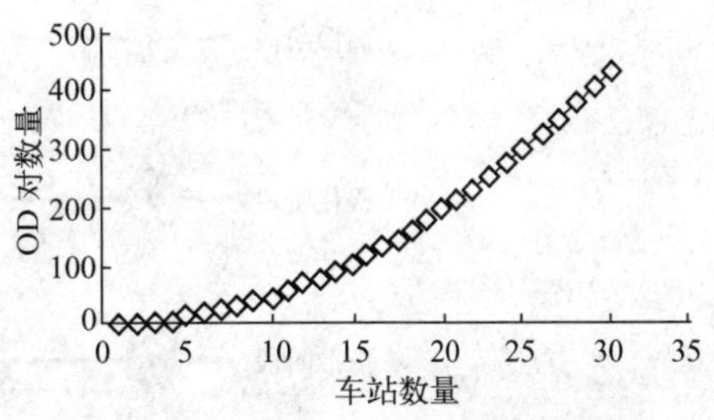

图 4-2　线路增加引起 OD 对的激增

② 采取小编组、灵活密度的运输组织模式。小编组是最适合小客流的一种运输组织模式，尤其是在能力远高于客流需求时，适当缩小列车编组，将有效节省乘客的出行附加时间，减少车辆的运营成本，有利于在客流严重不均衡时段进行运营调整。

③ 加强传统公交与城市轨道交通的横向衔接。城市轨道交通作为城市交通网络的骨干，并不能完全独立实现乘客的 OD 出行，必须依靠其他公交的配合，才能达到整个城市轨道交通网络客流的最大化。通过加强常规公交与轨道交通的衔接，可以间接延长线网的辐射范围，促进整个城市交通的高效发展。

④ 采用灵活的运营管理措施，适当使用票价杠杆。价格是刺激客流的最直接因素，但也是最敏感的因素。利用票价作为客流增减的杠杆，能够在短时间内达到影响客流的目的。例如 2005 年 4 月—2005 年 8 月，武汉轨道交通进行票价调整，将原来的 3 元一票制改为 2 元一票制，首日客流量增长了 30% 左右，随后 3 个月的客流量也比调价前高出 73%，这充分说明了价格杠杆的灵敏性。然而，价格的调整面临一些影响因素：一是价格将直接影响轨道交通项目的投资回收期，二是价格的调整程序尚未进入法制轨道，这使得价格调整在操作上受到诸多限制。

⑤ 采用交通需求管理的停车换乘方法。停车换乘（P+R）是国外比较常见的减少市内交通压力的办法，如果将其用到城市轨道交通，将有利于城市轨道交通客流的提高。通常，停车换乘位置都设在郊区，因此这种方法具有很大的成本优势。同时，这种方法在增加城市轨道交通客流的同时，缓解了城市道路交通压力，有利于综合运输体系的和谐发展。

⑥ 调整土地利用结构，增加本源需求。一般来讲，城市轨道交通线路经过的地方将先于城市其他地域的发展。城市轨道交通车站周围会形成一定半径的服务区域，随着网络的逐步完善，城市轨道交通线网出现离散、极化、扩散、成熟等特征，整个过程如图 4-3 所示。在离散阶段，轨道交通处于客流培育初期，地区交通聚集度低、规模小、联系松散，缺少枢纽和核心结构；在极化阶段，随着周围土地的发展，特别是少部分车站先迅速发展起来，成为区域交通的极核，使轨道交通成为非均衡枢纽体系；在交通压力的高度聚集条件下，进一步出现反集聚效益，中心枢纽逐渐径向扩散，影响周边区域发展；在成熟阶段，各地区的交通资源得以充分利用，轨道交通达到一个相对稳定的高客流和动态平衡状态。各阶段的客流成长规律可近似表示为图 4-4 所示的趋势。

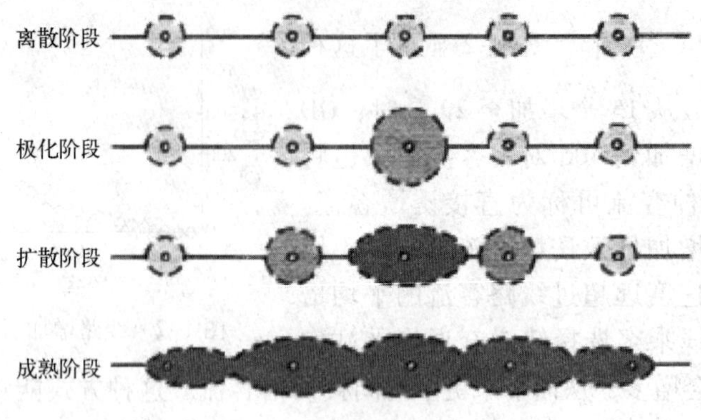

图4-3　轨道交通的发展特征

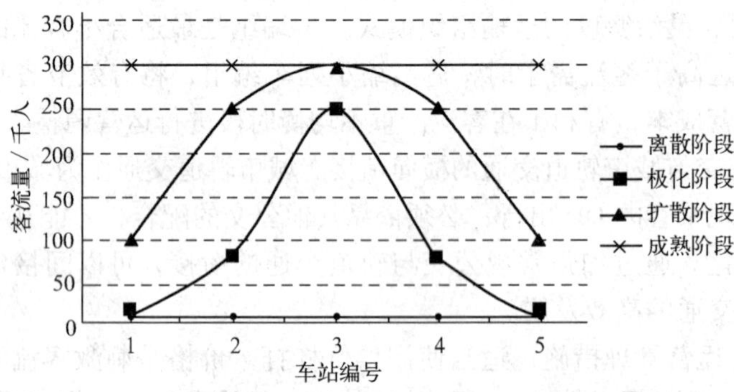

图4-4　各阶段的客流成长规律

轨道交通客流成长这个过程需要一个较长的周期，而且由于受到城市建设投入时间的不均衡性和城市轨道交通修建时序的不均衡性影响，在短时间内，有一部分轨道交通可能迅速成长并提前达到某一阶段，而另外一部分城市轨道交通线路则处于低水平阶段，这种不同阶段客流并存的模式将会大大影响轨道交通的服务效率。为避免多种模式下的低效交通运行，城市规划部门可以有目的地调整轨道交通周边的土地利用模式，将住宅用地和商业用地在轨道交通周围有意地隔段布置，使乘客出行“化整为零”，加速引导居民出行向更高阶段的模式转变。值得一提的是，由于轨道交通具有引导城市发展的作用，客流会随着轨道交通周边土地利用的逐步完善而增加，并逐渐趋于稳定。因此，在这种情况下，宜采用运营的手段解决，以确保未来的客流安全，更加灵活且易于操作。

2. 实际运营客流大于预测客流

在通常情况下，城市轨道交通预测客流大于实际运营客流，但当城市建设的速度和沿线土地开发强度超过城市轨道交通发展速度的时候，易导致实际运营客流暂时大于城市轨道交通预测客流的情况，尤其是城市轨道交通沿线大量集中住宅和集中商业开发模式，更容易促使这类情况发生。这不仅使运营管理难度增加，而且如果需求过于旺盛，将加剧运能和运量的不匹配性，导致能力不足，严重时容易引发各类公共交通安全事故。因此，在实际运营客流超出预测客流较大甚至超出线路能力时，必须采取一定的手段分流引导，以保证城市轨道交通功能的高效有序发挥。

① 规划平行线，合理分流。传统的交通规划思路力求避免平行线路，但这种原则只适用于远景客流小于能力的状况。随着客流的逐渐增加，尤其是客流量远大于能力时，规划平行线路能有效减少乘客换乘次数，提高城市居民的总体出行水平。平行线与既有线的基本布置可以分为有交织型和无交织型，如图 4-5 所示。对于有交织型线路，交叉点个数和位置的选择，与客流规模和 OD 分布密切相关。由于平行部分能力的扩大，使得不平行部分的能力相对不足，因此平行线路选址的原则应该是大客流相对集中，且使得大多数超出既有线路能力的客流需求都能够包含在平行线路之内。例如，广州地铁 3 号线采用的 Y 型规划即属于一个交叉点的平行线路，北京地铁 2 号线和 1 号线即属于两个交叉点的平行线路。无交织型的平行线路较前者吸引客流少，因此适合于客流需求超出能力不多的线路。

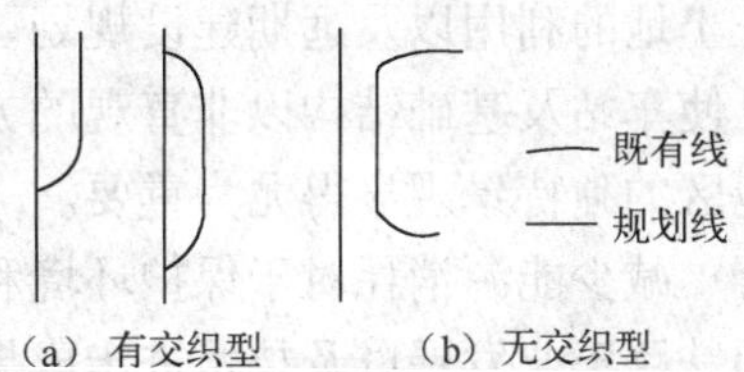

图 4-5　规划平行线的基本类型

② 从交通需求管理的角度改善用地规划。城市土地作为一种不可再生资源具有稀缺性，尤其是大型城市，土地的再扩张能力有限，用有限的土地去满足“无限的”交通需求无益于城市的发展，更不符合城市可持续发展的需要。从交通需求管理的角度改善城市居民的出行习惯，减少或避免大量长途、低效的出行，将对减少客流量、促进城市交通的有序发展起重要的作用。在政策层面，通过错开上下班时间来减少客流在国外已取得了比较成功的经验；在技术层面，通过改善轨道交通周边居民区的配套服务设施和岗位分布，可有效地减少派生需求，对缓解轨道交通的客流压力起重要作用。

4.4

轨道交通需求管理应用案例——新加坡快速交通系统

新加坡的大容量快速交通系统（MRT），总长 83 km，有 48 个站点，从 1987 年开始运营。快速交通系统穿过新加坡闹市区，连接居民区和商业中心。在高峰时段内，MRT 每 2 min发一班车，为乘客提供高效的服务。MRT 系统致力于不同交通运输模式的一体化，车站以高架形式出现，汽车和出租车站点在地面，而公共汽车站点则在地下，三种交通工具立体交汇，使得乘客可以方便地换乘。这种一体化设计体现在所有的快速交通项目中，也包括目前正在建设中的东北向大容量快速交通线。东北向快速交通线路是一条常规的轨道交通系统，有 20 km 长，共 16 座车站。这条线于 2002 年完工时，它把东北部居民区与商业中心连接起来。两条线路在 MRT 系统中的换乘站也已规划好：即东西向线的奥兰公园站和南北向线的杜比高特站。有关方面特别着重在与未来的轻轨快速交通系统（布基潘江线）换乘时的一体化设计。换乘车站的设计有利于周边的商业开发，这一设计理念也体现在 MRT 所有车站的设计之中。机场线是 MRT 网络中一条 6 km 长的分支线，有两个站点。高架的展览馆站为大型展览会议中心而设，而第二个站点是位于空港的地下站。布基潘江线轻轨快速交通系统是新加坡第一条轻轨快速交通线，它完全自动化控制，长度为8km。为了利用土地，这条线列车停车场将和商业区、居民区开发成一体。这一线路于1999年完工。最近着手施工的其他轻轨快速交通线路是全自动控制的申坤线和蓬哥线。这两条线路与正在建设中的东北向大容量快速交通线一样，将有24km长和33座车站。

在新加坡这样人口稠密、居住集中的国家，快速交通系统除了解决交通需要，还要能够推动环境质量和生活质量的提高。在新加坡的快速交通系统规划中，有关部门密切合作以保证土地的利用以及远期建设规划。现已建成的大容量交通系统和在建的系统，经过大量工作已使车站及基础结构以非直观的方式与周围的环境融合在一起。这样的车站设计对保护这一地区的独特景观显得尤为重要。

减少能源消耗对于保护环境和减少运营成本同样重要。在快速交通系统设计中，通过应用铁路工业发展以及技术进步成果，努力使能源消耗得以控制。通过使用铝合金车体减轻列车重量；使用先进高效的电气设备；完美的车辆轮廓；使用列车自动运行系统，最大程度的利用惯性滑行；使用再生制动以减少列车能耗；车站合理运用驼峰原理，减少能源需求；设计成高架车站使其通风良好，减少空调设备；安装地下车站屏蔽门，最大程度减少空调冷气向隧道扩散；使用节能灯和每个车站独立调控的照明系统；在地下车站根据需要控制和使用空调；为尽可能减少能源需求，大容量快速交通系统使用高效滤波器，空调带有绝缘隔热的冷却水管、通风管，冷却塔中有变速马达以及设计节能自动扶梯，可以在乘客负载减小时自动减少能耗。另外，对噪声污染也进行了控制，现在的线路是列车钢车轮行驶在钢轨上，通过大量工作，减少列车在通过小转弯半径线路时发出高噪声。

复习思考题

1. 什么是城市客运交通需求管理？
2. 城市客运交通需求管理主要有哪些措施方法？
3. 分析国外城市客运交通需求管理的经验对我国有哪些借鉴意义。

5 第5章 车站客运组织

本章概述

本章讲述了轨道交通客运车站的客运组织情况及其设备（轨道交通自动售检票系统及票务系统）的运用，并对车站行车管理及其站务人员的岗位工作职责、岗位技能进行了简要分析。在客运组织的基础上对轨道交通运输计划和能力、列车运行图格式及分类进行了简要概括，并从车站日常客运组织、车站安全－故障条件下行车组织两种情况下对车站客运组织进行详细分析，并给出了一些常用的客运组织方法。

此外，本章还讲述了车站功能分区、轨道交通票务系统与自动售检票系统的主要内容，并详细介绍了自动售检票系统运营模式及发展趋势；在概括车站站台作业和车站自动售检票设备操作的基础上简述了车站行车管理的相关内容；结合不同的情况对车站客运组织进行了详细分析；结合客流计划、全日行车计划、日常运输调整计划方面的内容，重点讲述了轨道交通运输计划和能力，简要概述了列车运行图格式和分类方面的主要知识点。

本章学习重点

了解车站功能分区及轨道交通票务系统、自动售检票系统，掌握自动售检票系统的运营模式及发展趋势；在理解车站站台作业流程和自动售检票设备操作的基础上掌握车站行车管理的内容；结合不同的情况，重点掌握车站日常客运组织、车站安全－故障条件下行车组织的组织方法；简单了解车站各岗位的职责及岗位技能；掌握列车运行图格式及分类、客流计划、全日行车计划、日常运输调整计划等主要知识点。

5.1 车站客运组织设备

5.1.1 车站安全检查

地铁安检是进入地铁人员必须履行的检查手续，是保障旅客人身安全的重要预防措施。

地铁安检事关所有进入地铁的旅客人身安全，所以所有进入地铁的旅客都必须无一例外地经过检查后，才能允许进入。也就是说，地铁安检不存在任何特殊的免检对象。所有进入地铁的人员都必须接受地铁安检。

地铁安检的内容主要是检查旅客及其行李物品中是否携带枪支、弹药、易爆、腐蚀、有毒、放射性等危险物品，以确保地铁及乘客的安全。地铁安检必须在旅客进入地铁前进行，拒绝检查者不准进入地铁，情节严重者可转交至警方处理。

地铁安检一般有三种检查方法：一是X射线安检设备，主要用于检查旅客的行李物品。二是探测检查门，用于对旅客的身体检查，主要检查旅客是否携带禁带物品；三是磁性探测器，也叫手提式探测器，主要用于对旅客进行近身检查。

地铁安检程序主要包括以下两项内容。①行李物品检查：旅客进入地铁大厅时首先将行李物品放入X射线安检设备的传送带上，工作人员通过显示器检查。如发现有异物，须由检查人员开包检查。若存在违禁物，安检人员有权利要求旅客转乘其他交通工具或将违禁物遗弃，公安机关明令禁止的违禁物可进行查收，并做好相关记录，拒不服从安检人员情节严重者可转交公安机关。②特殊时间和重大事件时地铁也将进行旅客身体检查：旅客通过特设的探测门，进行身体检查，将可能发出报警声的钥匙、香烟、打火机等金属物品掏出来，直到检查时不再发出报警声为止。

5.1.2 轨道交通票务系统

1. 轨道交通售检票系统

自世界上第一条铁路首次正式办理客运服务、进行乘客售检票以来，售检票系统就成为收费运营的轨道交通的重要子系统之一。经历了从无到有的由人工售检票、半自动售票到自动售检票等方式，系统应用日趋完善。

目前，世界上轨道交通售检票系统采用的技术种类较多，有印制纸票的人工台检票系统、印制纸票半自动售检票系统、一次性磁票自动（半自动）售检票系统、重复使用磁票自动（半自动）售检票系统、接触式智能卡自动（半自动）售检票系统、非接触式智能卡自动（半自动）售检票系统等。同时系统内的结算有在线的和离线的两种方式，关联系统间的联系有紧密和松散之分。但大多数由于受到现代信息技术的影响和支付手段多样化的冲击而需要升级换代或联网结算。

2. 票务系统概述

轨道交通票务系统是轨道交通运营方为乘客提供快捷、优惠的出行，有效进行票务收入管理，合理配置系统（营运设备、营运模式）资源而建立的一套满足轨道交通票务管理需求的系统。

轨道交通票务系统主要是制定票价等营运策略时对车票制作，车票出售，入站检票和补票，罚款等营收信息进行有效管理。随着系统功能外延的不断扩展，票务系统也承担起对营运状况进行监控管理的职责。合理的票务机制能有效培育客流和提高运营效益。建立路网自动售检票系统，有利于高效实施轨道交通票务系统管理，提高票务结算的公正性、公平性，同时提高乘客的出行效率。

轨道交通票务系统是轨道交通票务收入和结算的基础，只有通过安全、可靠和完备的自动售检票系统才能有效地实施票务的结算和清分。

网络票务系统的统一规划，是实现线路之间换乘的基础条件。如果没有网络票务系统的统一规划，可能导致各条线路之间票务系统不兼容、车票介质不兼容。因而无法实现互联，不能实现信息的共享，也无法进行交易数据的清分。

票务系统的统一规划，是实现轨道交通网络人性化、捷运化和信息化的必要条件。在轨道交通网络中，只有在各线路均采用了票务系统规划所统一制定的车票制式、系统接口和清分算法，才能保证整个轨道交通网络在收费区内直接换乘。

票务系统设计，需要充分考虑以下因素。

① 有利于提升轨道交通行业的社会形象和服务区域形象。

② 有利于提高运营管理水平，保障票务收益。

③ 有利于管理责任落实，保证交易数据和票务信息的安全。

④ 有利于简化操作，方便出行，提高乘客的出行效率。

⑤ 有利于提供准确的客流及票务统计分析数据。

⑥ 有利于减少现金交易、人工记账及统计工作，提高准确率和效率。

总之，轨道交通票务系统是自动售检票系统实施的必要环境和基础；而自动售检票系统则是票务系统的实现手段之一，它能有效地提高票务系统的管理水平和效益。轨道交通票务系统是轨道交通票务收入和结算的基础，只有通过安全、可靠和完备的售检票系统才能有效地实施票务的结算和清分。

为有效行使轨道交通票务系统的管理职责，提高票务结算的公开、公平和公正性，提高乘客的出行效率，在投资许可的情况下，宜建立路网自动售检票系统。该系统的建立，可大量减少票务管理人员，提高轨道交通系统的运行效率和效益。同时，通过该系统对客流量、票务收入等综合业务信息的汇总分析，可以强化客流分析预测的能力，合理地调配车辆，提高票务系统工作效率，进而提高网络化运营水平。

3. 票务系统的业务管理

票务系统的业务管理是借助于自动售检票系统来实现的。主要内容有票卡管理、规则管理、信息管理、账务管理、模式管理、运营监督等。

① 票卡管理。票卡就是乘客使用的车票，用于记载乘客的出行和费用信息，是乘车的有效凭证。票卡管理就是对票卡的发行、使用、更新等全过程进行的有效管理。

② 规则管理。为保证票务系统能够在多部门和多环节高效运行，就必须制定一整套科学、严密的规则、流程，包括票价策略、结算规则、权限管理和操作流程等。

③ 信息管理。信息化是自动售检票系统的一个基本特征，为进行有效的管理和为决策提供可靠的信息，需对系统收集的基础数据进行深度挖掘、加工，开展统计分析并发布信息。

④ 账务管理。账务管理就是对系统内的票务收入进行汇缴、清算、入账等过程的管理，包括账户设置、票款汇缴、登账稽核、收益清算、资金划拨和对凭证进行有效管理等。

⑤ 模式管理。模式管理就是针对不同的运营状况条件所做出的相应操作行为的选择和实施，包括正常运营模式、降级运营模式以及相配套的运营管理。

⑥ 运营监督。运营监督就是通过系统设备以及所具有的完整、严密、及时的信息流对运营状况进行实时跟踪监督，以提高运营质量和服务水平，它包括信息传输状况监督、客流状况监督、车票调配监督、收款监督及收益监督等。

5.1.3 轨道交通自动售检票系统

1. 自动售票系统功能

轨道交通自动售检票系统是通过对计算机、统计、财务等专业知识的综合运用，来实现轨道交通的售票、检票、计费、收费、统计、清分结算和运行管理等全过程自动化的系统，同时也为决策提供客流、收入等各类信息支持。

自动售检票系统需要根据轨道交通规划、客流量需求、票务管理需求，进行系统方案的设计，选择合适的技术平台，实现乘客的自助售检票和信息处理的自动化。

作为轨道交通运营管理重要子系统之一的自动售检票系统，有其丰富的内涵。主要体现在以下几方面。

1）人性化

自动售检票系统为乘客设置了符合人体工程学的售票机和检票闸机等终端设备的人机界面，设计符合乘客习惯的操作方式；设计合适的出入口通道，方便轮椅、推折叠式婴儿车的乘客；方便乘客的购票和检票过程，同时提供符合地方特色的操作方式，并能向乘客提供更多服务。

2）客流导向

自动售检票系统可方便地实现乘车路径和优惠票价管理，可以通过票价设定来为乘客提供导向性服务，实现柔性的乘客对出行路径或时段的自主选择，合理调整客流分布。

3）社会效益

一方面可通过自动售检票系统形成对区域交通客流状况的调整，对社会生活产生影响；另一方面可通过自动化的设施影响人们的行为模式，规范管理模式，克服票务工作中的舞弊行为。通过自动售检票系统，增加了轨道交通与乘客的操作交互性和乘客的主动性，良好的应用效果可以提升运营企业和所在地区的形象。

4）提供信息支持

自动售检票系统能够提供客流量、票务收入等统计信息，为轨道交通的运营、规划和管理决策提供信息支持。

5）提高运行效率

轨道交通运营单位可根据自动售检票系统的客流信息及时调整运行组织、合理安排运能，提高运行效率。

6）强化安全管理

借助自动售检票系统付费区的封闭条件，可对乘客在车站内的行为进行管理。在紧急情况下，可通过闸机的禁行和放行措施疏导人群，实现安全管理。另外，还可通过闸机的关隘作用，协助社会治安管理。

2. 自动售检票系统与票务管理的关系

自动售检票系统与票务策略的对应关系主要表现在客流、票制、统计与结算、票务处理等方面。

1）客流

自动售检票系统可根据交易信息，为决策或规划提供客流信息。自动售检票系统可通过其良好的票务管理水平和高效的客流信息处理能力，成功实现低成本、高效率的系统运作。

提高信息利用率、增强系统的决策分析能力是自动售检票系统的发展方向之一。应强化系统整理分析原始数据和信息的能力，把票务系统与其他的信息管理系统相结合，通过票务系统的信息挖掘，可以进一步了解区域客流特征，为管理提供量化的决策依据，也可为相关的经济行为提供客流行为支持，提高服务或管理决策的针对性和准确性。

2）票制

自动售检票系统根据票务政策的计费原则和计费方式进行售票、检票和统计。对单一票制、计程票制、混合票制，应结合不同的票制原则以及相应的优惠措施制订执行方案。

单一票制是根据乘车次数（即完成一个完整的进、出站检票过程计为一次）进行计费，与实际乘坐的距离长短无关。

计程票制是经进、出站检票，严格按照实际乘坐距离长短（里程或乘坐车站数）并根据票价计费标准计算乘车费用。

混合票制也称为分区域（区间）计程制，即将运营线路总长度分为若干个区域（区间)，根据票价计费标准，在各区域（区间）内采用同一票价。实际运营距离跨越一个或多个区域（区间）时，根据占用的区域（区间）数进行计费。

3）统计与结算

票务统计与结算的基础是交易数据，线路每天的客流量是该线路各站的单程票、储值票及许可票的进站数及换乘至该线人数之和；各线日车票收入以单线各站的单程票发售收入与储值票的出站扣值及当天补票收入之和，减去退票款后，按乘客在各换乘线路乘坐的情况核算。

自动售检票系统可对客流量、票务收入以及单程票的使用进行统计和分析，并编制相应的报表。

自动售检票系统对不同线路或不同的收益主体进行票务收入的清分，对路网系统与其他兼容系统进行清分，并可通过银行结算系统进行及时结算。

4）车票处理

车票处理包括对单程票、储值票和许可票的处理。

一般情况下，单程票是当日当站使用，通常要制定退票规则，包括是否允许退票、退票时间要求、手续费的收取等；储值票有记名和不记名之分，不记名票通常不挂失、不办理退票，当储值票不能正常使用时，由车站受理，交专门部门进行查询、分析和作相应的处理；许可票不能正常使用时，由专门部门受理，进行查询、分析和作相应的处理。

5.1.4 自动售检票系统运营模式

1. 运营模式分析

自动售检票系统运行模式包括正常运营模式和降级运营模式两种形式。

① 正常运营模式。通常情况下，自动售检票系统在正常运营模式下自动运行。正常运营模式主要包括正常服务状态、关闭状态、暂停服务状态、设备故障状态、测试（或维修）状态及离线运行状态等。

② 降级运营模式。包括故障模式、进出站免检模式、时间免检模式、日期免检模式、超程免检模式、紧急放行模式。

除上述六种降级运营模式外，可能出现的模式组合如下：

① 超程免检模式 + 时间免检模式（相互独立运作，出站检票机扣费方式按照超程免检模式下的扣费方式处理）；

② 超程免检模式 + 日期免检模式（相互独立运作，出站检票机扣费方式按照超程免检模式下的扣费方式处理）；

③ 超程免检模式 + 进出站免检模式（相互独立运作，出站检票机扣费方式按照超程免检模式下的扣费方式处理）；

④ 时间免检模式 + 日期免检模式（相互独立运作）；

⑤ 时间免检模式 + 进出站免检模式（相互独立运作）；

⑥ 日期免检模式+进出站免检模式（相互独立运作）；

⑦ 超程免检模式+时间免检模式+日期免检模式（相互独立运作，出站检票机扣费方式按照超程免检模式下的扣费方式处理）；

⑧ 超程免检模式+时间免检模式+进出站免检模式（相互独立运作，出站检票机扣费方式按照超程免检模式下的扣费方式处理）；

⑨ 时间免检模式+日期免检模式+进出站免检模式（相互独立运作）；

⑩ 超程免检模式+时间免检模式+日期免检模式+进出站免检模式（相互独立运作，出站检票机扣费方式按照超程免检模式下的扣费方式处理）。

2. 运营模式实施

在各组合模式下，车票的处理按照模式的并集方式处理，即各个模式情况均单独作用。进入某种模式的时间表，运营模式下达，模式转发运营监督中央计算机系统即刻转发给路网中央系统，从而在路网中央系统可以监控到全路网的进出站某时刻的累计客流、当前周期内通过的客流等信息。换乘客流的监控信息来源于交易的处理，在对每笔交易进行处理的同时同步更新共享内存中的累计数量，从而可以监控全路网的客流变化情况，客流的监控从理论上可以精确到秒级，但考虑到占用内存的大小，一般可以分钟级（或更大）为间隔统计。断面客流是客流监控中非常重要的部分，通过对断面客流的监控，可以基本准确地确定每一个时间段内，在不同的运行区间内列车上的乘客数量。断面客流的统计和监控是依赖于分时的OD信息。所谓分时的OD信息就是按乘客的起点和终点组合作为分类依据，在确定的时间段进行统计获得的信息。在中央系统的数据库中将建立专门的表用于存储分时的OD信息。分时的OD信息由线路中央系统统计并上传路网中央系统。全日的运营时间被划分为以分钟（或一定周期）为单位的时间段，对每一时间段的每一种OD组合都将保留一条专门的记录。使用OD信息可以方便地进行断面客流的统计。断面客流的统计将以图形化的形式（如分时折线图）输出，从而清晰地体现出断面客流的变化情况。同时，通过对流量监督设置一定的阈值，当流量突破阈值时系统报警，提醒运营管理人员予以关注。

5.2 车站行车管理

车站行车管理主要包括站台作业、票务作业、客运服务和安全管理及站务外的住站环节管理工作。

城市轨道交通车站以安全、高效地疏运乘客为宗旨，车站应该根据行车计划、施工计划及客运组织计划等生产任务的要求建章立制，合理设置岗位及组织排班，并有序安排各岗位员工履行职责，协调运作。除车站的站务工作外，城市轨道交通车站通常还有维修、商铺、公安等外单位（部门）驻站人员。车站日常运作以车站运输组织为核心，维修人员、商铺人员、公安人员等应以服务于车站运输组织为前提开展工作。

5. 2. 1　站台作业

轨道交通站台有着列车停靠时间短（以秒计）、乘客乘降数量多及车门、屏蔽门（安全门）等设备联动控制等特点。站台设备一般纳入信号系统联锁，要求都很高，因此站台作业是站务员行车工作的重点。

1. 站务员接发车与乘客乘降

站务员的站台作业主要是接发车与组织乘客乘降，工作重点是保证列车接发的安全与效率。站务员上站台岗前，领取工作钥匙、对讲机、手提广播等备品，与前一班站台岗交接，认真巡视一遍站台，检查客运、行车设备和设施状态。站务员在站台接发列车时按“三部曲”步骤作业：

第一步，列车进站前，站台岗人员应站于车站客流集中的站台一端靠近紧急停车按钮附近位置接车，手持手提广播，密切注视站台乘客动态，组织乘客排队候车，防止乘客拥挤、超越黄色安全线、倚靠屏蔽门（安全门）等动作。引导乘客先下后上注意安全，发生影响进站列车行车安全的突发事件时应立即按压紧急停车按钮。

第二步，列车关门时，应站于站台扶梯口附近，阻止乘客在关门时往车上冲，维护站台秩序，监督司机关门，门关好后确保门关闭正常，注意有无人员、物品超越安全线（无屏蔽门车站），以及屏蔽门（安全门）与车门间的空隙有无夹人、夹物情况等。

第三步，列车动车时，应站于靠近紧急停车按钮附近，遇突发紧急情况时立即按下紧急停车按钮，用对讲机呼叫司机停车，到现场给予妥善处理。

手信号指挥行车。当前轨道交通的列车控制和车站屏蔽门（安全门）控制一般都实现了自动化，正常情况下站台站务员接发车工作以客运组织为主，不需要介入行车相关工作，只有在自动控制出现故障等异常情况下才需要站务员介入行车工作。站务员按照行车值班员命令，显示手信号，指挥列车在站台到发作业。手信号是借助信号旗、信号灯或直接徒手显示的行车指挥号令，站务员需熟练掌握显示方法，严格按车站行车值班员的指令向司机显示正确信号。站务员需掌握的手信号一般包括停车信号、紧急停车信号、发车信号、引导信号以及“好了”信号等。使用信号灯或信号旗显示的手信号见表5–1。遇紧急情况，不能及时取得信号灯或信号旗时，也可使用徒手信号显示，其显示方法见表5–2。

表5–1　信号灯或信号旗显示的手信号

序号	手信号类别	显示方式	
		昼间	夜间
1	停车信号；要求司机停车	展开红色信号旗，无红色信号旗时，两臂高举头上，向两侧急剧摇动	红色灯光，无红色灯光时，用白色灯光上下急剧摇动
2	紧急停车信号；要求司机紧急停车	展开红旗下压次数，无信号旗时，两臂高举头上，向两侧急剧摇动	红色灯光下压数次，无红色灯光时，用白色灯光上下急剧摇动

续表

序号	手信号类别	显示方式	
		昼间	夜间
3	发车信号；要求司机发车	展开绿色信号旗上弧线向列车方向做圆形转动	绿色灯光上弧线向列车方向做弧形转动
4	引导信号；准许列车进入车站	展开的黄色信号旗高举头上左右摇动	黄色灯光高举头上左右摇动
5	“好了”信号；某一项工作已经完成	信号旗向列车方向做圆形转动，或者用徒手向列车方向做圆形转动	白色灯光向列车方向做弧形转动

表 5-2　徒手信号显示

序号	徒手信号类型	显示方式
1	紧急停车信号（含停车信号）要求司机紧急停车	两手高举头上，向两侧急剧摇动
2	三、二、一车信号，告知司机距离停车点为三、二、一车（66、44 及 22）	单臂平伸后，小臂竖直连续下压，反复三次为三车，两次为两车，一次为一车
3	“好了”信号，某一项工作已经完成	单臂向列车运动方向上弧线做圆形转动

2. 车站交通服务

一般来说，轨道交通车站的服务按内容不同可以分为票务服务、导乘服务、行车服务、问询服务、特殊服务、应急服务、服务承诺与监督等几大类别。

① 票务服务。凡是涉及车票、票务政策等票务内容的服务一般都可以叫做票务服务。一般情况下，售票处（机）或其附近应有醒目、明确的车票种类、票价、售票方式、车票有效期等信息，以方便乘客购票；自动售票机、充值机上或附近应有醒目、明确、详尽的操作说明；人工售票、充值或售卡过程中，站务员应唱收唱付，做到准确、及时、规范；对符合免费乘车规定，持有效乘车证件的乘客，应验证后准乘；自动检（验）票机或其附近应有相应的标志或图示，以方便乘客检（验）票。必要时，应及时采取人工检（验）票方式进行补充服务。在特殊情况下应及时采取有效措施为乘客提供必要的票务处理。

② 导乘服务。导乘服务主要是指通过轨道交通车站的导向标志、各种导乘广播、各种信息的发布等为乘客提供的导向服务。如在车站出入口外周边 500 m 范围内的道路上设置导向牌，以引导乘客到车站乘车。通常每隔 100 m 设置一个指向车站的导向牌，并在导向牌上注明离车站的距离与方向，如图 5-1（b）、（c）所示为站外导向牌。导向牌应有轨道交通企业的形象标志，以便给乘客非常直观的印象。

在车站的出入口应设置出入口标志，注明车站名称及出入口名称以便于乘客辨认。如图 5-1(a) 所示为出入口标志牌。

在车站出入口、售票处等醒目处应公示本车站首、末班车时间、列车间隔时同、各车站运行时间等信息，以便乘客合理安排出行。

（a）地铁车站标志

（b）地铁标志　　（c）地铁方向引导标志

图 5-1　地铁标志

在车站出入口通道、站厅等醒目位置应设立乘客公告栏，见图 5-2，以公布乘车常识和注意事项，如线路图、票价表、主要的票务政策、车票的购买及使用说明、城市轨道交通内禁止的行为等，必要时应通过广播等方式向乘客宣传乘车的常识和注意事项。

图 5-2　乘客公告栏

车站应在出入口、进闸处等地提供即时、准确、有效的乘车信息、公告、告示等有关服务信息，如图 5-3 所示为车站各出入口信息图。

车站应在站厅各出入口通道分岔处、站厅醒目位置公布车站出入口周边街区图（见图 5-4）、公交线路、地面道路、建筑物等信息，以便于乘客离开轨道交通车站后能顺利转乘其他交通工具或到达目的地。车站站务员应熟知轨道交通沿线的标志性建筑物、商业、旅游、体育场所等地，以便给乘客提供咨询服务。

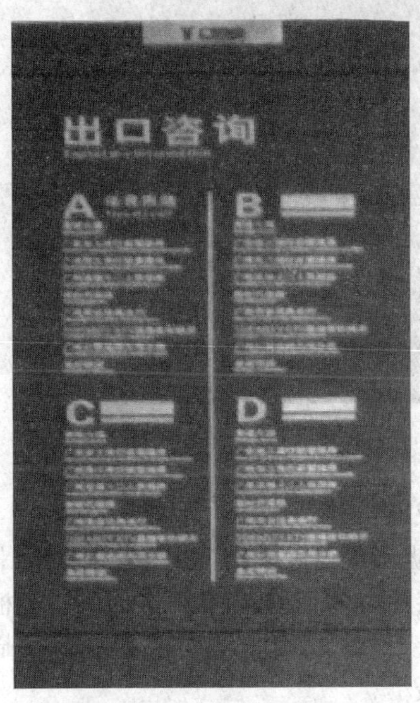

图5-3　车站各出入口信息图

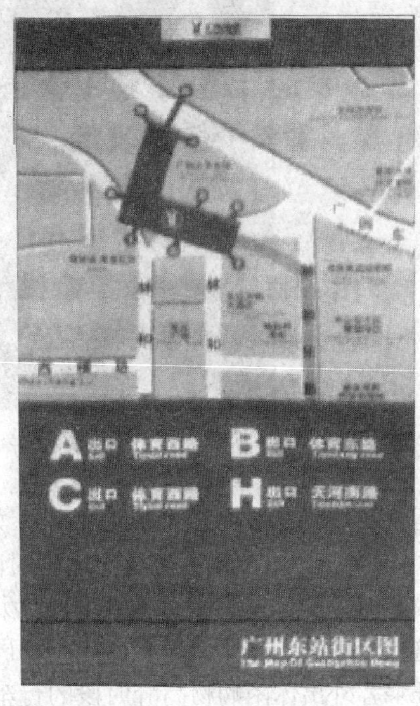

图5-4　出入口周边街区图

应在车站站厅醒目位置设置站内设备的指引牌，以指引乘客到相关设备区域进行购票或进站乘车等，如图5-5所示为自动售票机指引牌。

此外，车站应在公共区域内设置提醒及警示标志，以引导乘客文明乘车，如图5-6所示为公共区警示牌。

图5-5　自动售票机指引牌

图5-6　公共区警示牌

在车站及列车上，应向乘客提供列车运行方向、到站换乘等清晰的广播或图文信息，如图5-7所示为乘客信息系统。

列车运营计划变更或列车运行不正常，对乘客造成影响时，应及时通知乘客，必要时，应采取有效措施疏导乘客。如因系统或设备故障造成列车晚点时，要在列车上、车站内及出入口通过广播及告示告知乘客晚点的原因，进展及相关车票处理办法等信息，以便于乘客掌

图 5-7　乘客信息系统

握列车运营及故障等情况，并据此做出继续等待或退票出站等决定。

③ 行车服务。城市轨道交通的运营时间应根据当地居民的出行规律及其变化来确定和调整，调整前应及时公示。如遇节假日及大型社会活动，应适当延长服务时间，并根据客流特点调整行车间隔。一般情况下，周一到周五上、下班的高峰期行车间隔应最小，周六、日则应保证乘客外出休闲购物高峰时段的行车间隔最小。

城市轨道交通应根据列车运行图有序地组织列车运行，并应根据客流变化合理调整，调整后应通过公告牌、广播等及时向乘客公布。

列车行驶应做到平稳，到站时适时开关车门。列车运行发生故障时，应视情况采取救援、清客、继续运行到目的地等处理措施。

④ 问询服务。为了方便乘客对城市轨道交通的了解，加强乘客与轨道交通企业之间的沟通，城市轨道交通经营单位应在互联网上开通官方网站，公布相关的行车信息、票务政策，开设乘客信箱；应设有乘客服务中心，开通咨询、投诉热线，安排专人接听电话，解答乘客问题，解决乘客投诉事件；在车站票务处、站厅等安排人员提供现场问询服务。

⑤ 特殊服务。城市轨道交通属于公共交通系统，有其公益性的一面，应当承担社会公益责任。因此，在对老、幼、病、残、孕等特殊群体服务时，应该完善相关的服务，制定相关的政策及特定的服务措施，提高服务质量。

对于老年人、学龄学生及盲人等残疾人，城市轨道交通单位一般会在票价基础上给予一定额度的优惠政策。

为协助残障乘客顺利乘车，为其提供必要的服务，城市轨道交通须设置盲导带（见图 5-8）、临时通道门盲文导向牌（见图 5-9 ）、出入口盲文导向牌（见图 5-10），液压电梯（见图 5-11）、残疾人牵引机等助残设施。盲导带应从出入口开始铺设，通过出入口的楼梯或液压电梯，进入车站站厅，经过临时通道门或专用进闸机进入付费区，通过楼梯或液压电梯到达站台正对车门的候车位置。

图5-8　盲导带

图5-9　临时通道门盲文导向牌

图5-10　出入口盲文导向牌

图5-11　液压电梯

为了便于盲人顺利乘车，每个车站站台盲导带的设置也应该相互配合、对应，即盲导带应设置于同车门对应的位置。

城市轨道交通还应提供协助寻人、寻物等附加服务。发现走失的儿童，应带领其至安全场所，并通过广播等方法联系其监护人或报警；接到失散人员的求助，应通过本站广播帮助寻找；如找到乘客丢失的物品时，应暂时代为保管，并尽快寻找失主，一般情况下，如无人认领，则须交公安人员处理。

城市轨道交通车站应设有简易药箱及担架等救护物品，当遇到乘客身体不适时，应进行简单救治或拨打120等救助电话。

5.2.2　车站自动售检票设备操作

车站自动售检票设备操作主要包括闸机操作和自动售票机操作两部分。

1. 闸机的操作

闸机作为乘客进、出车站付费区时的检（验）票口，位于车站的付费区与非付费区之间。站务员在日常工作中，需掌握对闸机各种状态和模式的识别，加强对闸机的巡视检查，确保闸机能正常提供服务。同时，对闸机票箱更换、简单故障处理、重启等基本操作也应熟练掌握。

一般情况下，闸机根据系统设置的运营开始及结束时间自动进入正常运营模式和停止服务模式。每天开始运营之后，系统启动，闸机进入正常运营模式，方向指示器显示［↙］图标，乘客显示器显示“请出示车票”。闸机根据事先定义的进闸机、出闸机、双向闸机运行模式运行，处理车票并打开、关闭扇门，如图 5-12 所示。当进入设定的结束运营时间或闸机出现故障等异常情况时人为对闸机进行关闭后，闸机进入停止服务模式，不再处理车票，扇门处于关闭状态，方向指示器显示［×］，乘客显示器显示“暂停服务”，如图 5-13 所示。

图 5-12　闸机运行模式

图 5-13　闸机停止服务模式

1）闸机重启（开关机）操作

在日常运作中，一般的闸机软件故障均可通过重启设备进行处理，重启工作可由站务员完成。具体的操作顺序为：打开维修面板→关闭配电盘的开关（见图 5-14）→打开通道维修门→打开电源开关→打开配电盘的开关。关机时，将钥匙沿顺时针方向转动，打开维修面板，输入操作员号（ID）和密码，将配电盘的开关打向 OFF 方向，如图 5-14 所示。

开机时，将钥匙插入并沿顺时针方向转动，向上、向外倾斜提起并打开维修门，将电开关打向 ON 方向，将配电盘的开关打向 ON 方向，打开配电盘开关，如图 5-14 所示。

2）闸机票箱更换操作

出闸机设有单程票回收系统，有效单程票通过出闸机时，会被回收进闸机票箱内，由于票箱具有一定的容量，在票箱将满或已满时，闸机会发出报警提示，以提醒车站人员及时对票箱进行更换。如果没有及时更换，闸机将进入停止服务模式。一般情况下，车站需在出闸机票箱将满时或已满时进行更换，也可根据实际需要进行更换，更换闸机票箱时，打开闸机的维修门后，按面板显示要求输入正确的操作员号（ID）和密码，验证成功登录后，双手取出票箱，更换上空的票箱，推进并关好维修门，设备读到不同的票箱 ID 后计数器清零，

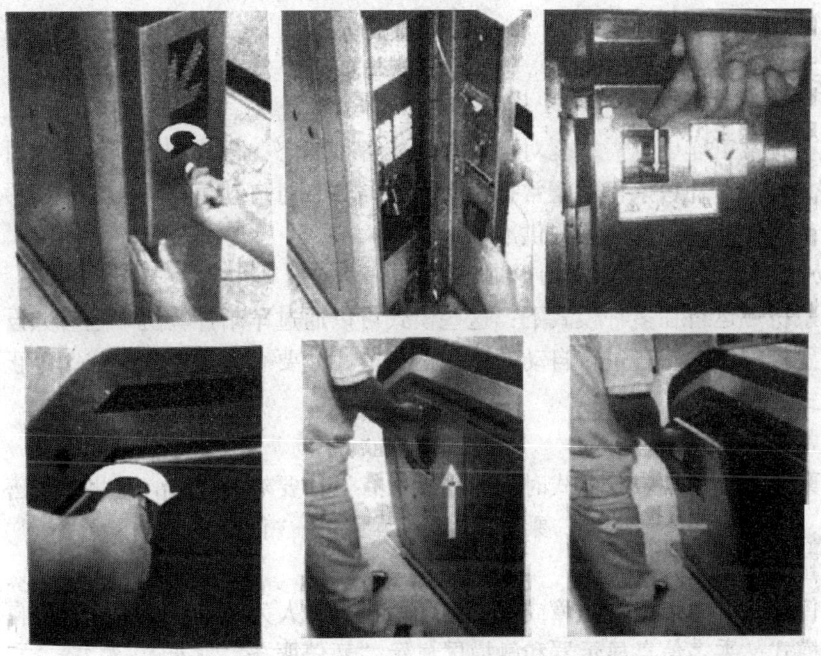

图 5-14　打开维修面板，关闭配电盘的开关

完成票箱更换工作，随后站务员将换出的票箱运回点钞室进行清点。更换票箱时要注意爱护票箱，轻拿轻放，避免损坏票箱，同时注意要双手操作，以避免刮伤手。

3）几种简单故障的处理

闸机在日常运作中，由于自身系统问题或其他原因会出现一些故障。闸机一般有卡票、进出闸模块异常、系统死机等几种简单故障，车站站务员可对故障进行简单处理。当不能处理时，需及时报专业维修人员到现场进行处理。

① 卡票的处理。卡票是指单程票在经出闸机单程票回收系统导入相应的票箱过程中，因车票问题，如边缘变形、过厚等，导致车票不能顺利导入票箱，卡在导入系统的某个位置的现象。发生卡票故障后，闸机将不再接收单程票，但能正常处理储值票。处理卡票问题时，站务员应先查看投票口及单程票通道，将卡住的单程票取出，并重新启动闸机。若仍不正常，需联系专业维修人员进行处理。

② 进出闸模块异常的处理。进出闸模块异常通常表现为两种情况：一种是可以验票但显示异常，不能显示票价、余额等信息，闸门能正常开启、关闭；另一种是不能验票，闸门不能正常开启、关闭。此时，站务员可通过重新启动闸机进行处理。若仍不正常，需联系专业维修人员进行处理。

③ 系统死机的处理。系统死机是指闸机因自身系统故障而导致死机，停止运行，不能分析任何车票，进入暂停服务模式。此时，站务员可通过重新启动闸机进行处理。若仍不正常，应与专业维修人员联系。车站员工操作闸机过程中要注意避免触电，进行清洁工作时，若用湿毛巾擦拭，必须防止水流入闸机内部。闸机上方正对送风口时，要确保不会有风口水滴通过特殊票指示灯或者读卡面板流入闸机内部，以免损坏设备。发生故障需要进行断电、送电操作时，要注意自身安全。对无法排除的故障需及时上报相关负责人，尽快安排专业维

修人员进行处理。

2. 自动售票机的操作

站务员在日常工作中，需掌握对自动售票机各种状态、模式的识别，加强对自动售票机的巡视检查，确保自动售票机能正常提供服务；同时，对自动售票机乘客购票界面的操作也应熟练掌握，以便能为乘客购票提供准确指引。

1）自动售票机常见运营模式的识别

自动售票机可运行在多种模式下，这些模式可以通过车站计算机下达参数设置，也可以根据自动售票机模块的状态进行自动调整。运行模式主要有正常服务模式、停止服务模式和限制服务模式3种。

（1）正常服务模式

自动售票机处于正常服务模式时，能提供所有设计要求的服务，单程票发售、储值票充值功能可用，支付方式不受限制，乘客信息显示器显示“正常服务，××××”等字样。

（2）停止服务模式

当自动售票机发生卡票等故障或运营结束后或车站人为设置停止服务后，自动售票机进入停止服务模式，乘客信息显示器和触摸屏显示“暂停服务”字样。

（3）限制服务模式

当自动售票机内部各模块中任一模块状态不良而其他模块正常时，自动售票机会自动进入限制服务模式，只具备部分功能，一般包含只售单程票、只收硬币、只收纸币、不找零、只充值几个子模式。当自动售票机充值功能模块无法使用时，进入只售单程票模式，只能发售单程票，不充值，乘客信息显示器显示“只售单程票”字样，此时，站务员应引导需要充值的乘客去票务处充值。当纸币接收器和储值票模块无法使用时，进入只收硬币模式，不接收纸币购票，乘客信息显示器显示“只收硬币”字样。此时，如果乘客没有硬币，站务员应主动引导乘客到票务处兑换。当硬币接收器和储值票模块无法使用时，进入只收纸币模式，不接收硬币购票，乘客信息显示器显示“只收纸币”字样，如乘客没有携带相应币种的纸币时，站务员应主动引导乘客到票务处兑换相应纸币购票。当找零模块发生故障时，进入不找零模式，购买单程票时不能找零，当投入金额超过应付金额时，多余金额给下一笔交易使用，乘客信息显示器显示“不找零”字样，此模式涉及乘客利益，国内轨道交通一般不使用该模式。当纸币接收器、硬币接收器、单程票发售模块和找零模块无法使用时，进入只充值模式，不能发售单程票，只接受充值业务，乘客信息显示器显示“只充值”字样。

2）自动售票机乘客操作界面的使用

AFC系统是自助型系统设备，城市轨道交通车站内会有部分乘客对该系统的操作不熟练，站务员应主动、热情地提供操作指引服务。因此，站务员应熟练掌握自动售票机的购票操作。指引乘客使用自动售票机购票、充值时，通过乘客操作界面实现点选操作。

其中，地图区域能清晰显示线网地图，用中文、英文双语表示城市轨道交通车站名称，为外国乘客提供了极大的便利，能实现地图的缩小、扩大及水平移动。当乘客点击某车站时，以该车站为中心的附近几个车站会被放大显示，以便于乘客正确选择目的地站购票。选择线路区域提供了按线路分类的按钮，当乘客点击选择要乘坐的线路时，该线路在地图区域放大，方便乘客快速、准确地点选目的地站。运营及票卡选择区域可以实现按票价直接购票，对熟悉轨道交通票价的乘客提供了便利。时间区域能实时显示当前的日期与时间。功能选择区域提供了供乘客选择或确认的按钮，如中、英文切换按钮和充值操作按钮等，实现相应的功能选择。信息提示区域主要用于向乘客显示相应情况下的信息。状态区域显示了 TVM 当前运营状态的信息。

通过乘客操作界面，可实现按目的地购票和按票价购票两种方式。按目的地方式购票时，可通过点选地图区域或选择线路区域进行，乘客点击主界面的地图区域或选择线路区域时，地图区域会放大显示所点击车站周围的线网或所选择的线路，乘客可以在放大后的地图区域点选目的地。具体购票流程大致分为选择目的地→选择车票购买数量→支付金额→发售车票→找零等几个步骤。按票价方式购票时，可通过主界面选择对应目的地站的票价，地图区域显示出对应票价的所有车站，乘客确认目的地站正确后便可投币进行购买。具体购票流程大致分为选择对应目的地站的价格→选择车票购买数量→支付金额→发售车票→找零等几个步骤。

乘客从开始购买车票后到没有支付全部金额之前都可以取消交易，点击交易取消按钮或者一定时间内没有任何操作时返还乘客所投的金额，并返回初始界面，取消交易。

乘客使用现金在自动售票机上进行储值票充值时，自动售票机通常可接收 50 元和 100 元两种币种充值。具体操作流程大致分为选择充值按钮—插入储值卡—支付储值卡充值金额—设备对储值卡充值—返还储值卡等几个步骤。

乘客从开始充值后至支付充值金额之前都可以取消交易，单击取消按钮或者一定时间内没有任何操作时返还投入的储值票并返回初始界面。

5.3 车站客运组织

5.3.1 车站日常客运组织

轨道交通车站作为运输乘客的载体，客运组织是最基本的业务之一，也是最重要的业务之一。车站在进行客运组织时既要坚持一定的原则，又要灵活处理。

1. 日常客运组织

轨道交通车站要根据本车站的客流特点及设备和设施的设置情况，制订日常的客流组织方案，确保客流顺畅，尽量使进、出站客流不交叉，车站设备和设施得到充分利用。进行客运组织时要坚持的基本原则一般为安全、及时、有序；现场遵循“能疏导，不控制”的原则。

2. 换乘站的客运组织

换乘站客运组织以“安全、可控、统一”为原则，应急情况下现场遵循“谁故障，谁为主”的原则，即故障线路的值班站长担任整个换乘站的指挥者。一般来说，换乘车站要重点通过以下环节控制：确保站台安全性；确保换乘顺畅；实现设施、导向、广播、告示、人员服务标准一体化；当站台客流量达到容量临界点（车站根据自身情况而定），车站实施一级客流控制；由于运输能力不匹配或出现故障，导致一条线站台客流激增，可在故障线路站厅实施一级控制；如一级客流控制仍无法缓解客流压力，则实施二级、三级客流控制。同时通知控制中心下达命令，要求列车或其他车站播放引导乘客通过其他方式或其他车站进行换乘的引导广播。换乘站客流控制遵循“由下至上，由内至外”和“先控制进站，再控制换乘”的原则。

3. 突发大客流的客运组织

在节假日或社会重大活动中，轨道交通车站通常会发生一些突发性大客流，为此，车站需要提前做好客流组织的预想，制订大客流的组织方案，做好人员安排，避免造成客流失控。

1）客流控制

发生突发大客流时一般采取三级客流控制措施：第一级为控制站台客流，控制点在站厅与站台的楼梯（或电动扶梯）口；第二级为控制付费区客流，控制点在入闸机处；第三级为控制非付费区客流，控制点在车站出入口处。

在日常客流组织过程中很多车站的付费区面积较小，客流缓冲能力不足，且付费区主要功能为疏导乘客到站台候车，乘客滞留时间较短，如果在控制客流过程中将付费区、站台作为独立部分考虑，分别采取一级、二级客流控制，容易延误客流控制时机，出现安全隐患。因此也可把三级客流控制简化为二级客流控制措施：第一级为控制站台客流，控制点在入闸机处；第二级为控制非付费区客流，控制点在车站出入口处。

当发生突发事件时，需第一时间按生产程序汇报。具体可根据情况报控制中心、直接报上级及拔打110，119和120等电话。

2）应急支援

由于突发大客流对车站的正常运营会造成很大的影响，这就需要对突发大客流的车站进行支援。按对车站所受影响的大小，应急支援的先后次序为：事发车站、换乘站、需清客车站、大客流车站；提供的支援人员由车站值班站长安排，原则上按照从低岗到高岗的顺序；当车站提出请求支援时，必须明确：需要支援的人数、岗位、备品要求（如手提广播器和对讲机等）；当车站接到去其他站支援的请求时，必须马上进行安排；因车站运作无法提供支援人员时，必须当即答复请求支援的车站；提供支援人员的车站应考虑事件可能对本站造成的影响，调出人员后要能维持本站的基本运作；支援人员必须按要求时间到达：列车服务未中断时，应在行车间隔及运行时分再加3 min内到达，列车服务中断或大晚点时应乘出租车或其他快捷的交通工具前往；支援人员到达后，按以下程序投入支援工作：到车站控制室签名；接受工作安排；迅速到指定岗位，与区域负责人联系，投入工作；支援结束后带齐备品签名回站。

3）大客流组织程序

① 行车值班员按生产程序汇报。

② 安排专职广播员，及时做好广播工作。

③ 安排各区域负责人，确保负责人通信畅通（原则上区域负责人为本站员工）。

④ 在换乘通道口设置导向指引，并在通道内设置分流栏杆。

⑤ 在关键换乘区设置“制高点”进行换乘宣传。

⑥ 设置临时票务中心，售卖预制票，以加快购票速度，如车站票务系统无法应付大客流，申请预制票调配或售卖纸票。

⑦ 在进、出闸通道设置“制高点”引导，并在进、出闸机安排员工指导乘客过闸，以加快进、出闸速度。

⑧ 根据客流情况，及时采取相应的客流控制措施。对进站、进闸及下站台的客流进行分批控制；大客流时，向控制中心申请加开列车，同时增设引导岗，加快换乘速度；通过设置栏杆、安排员工引导等方式控制乘客流向，避免客流交叉，以达到“有序、可控”的局面；在站厅设置栏杆，隔离购票区、等候区、进站区、出站区、咨询区等，避免客流交叉；通过人工引导、设置栏杆（屏风）等方式，引导乘客从少客流的区域进、出站，避免客流交叉；在闸机、扶梯临近点安排员工引导，避免客流交叉；改变扶梯方向，使得客流流向单一，避免客流交叉；大客流情况下，可设置双向闸机，出入口只进不出或只出不进，确保客流疏导顺畅，避免客流交叉；当车站的大客流已超出车站的承受能力时，应通过广播或告示建议乘客退票出站或换乘其他交通工具；如换乘客流过大，超出车站承受能力时，可要求行车调度员安排列车不停站通过本站。

⑨ 当车站无法应对大客流且无法保障乘客安全时，值班站长应尽快疏散车站乘客，并在公安人员配合下关闭出入口，停止服务，车站安排人员到出入口做好乘客服务解释工作，摆放安民告示。

5.3.2　车站安全－故障条件下行车组织

1. 车站信号故障下行车组织

一般情况下，车站信号设备出现故障时的行车组织工作有 ATC 故障而联锁正常时的车站组织和联锁故障时的车站组织两大类内容。

1）ATC 故障而联锁正常时的组织

目前，各个城市的轨道交通均采用列车自动控制系统（ATC）控制列车运行，且一般在 ATC 之外还后备一套较简易的信号系统，至少具备联锁功能，ATC 出现故障时可全线降级到后备联锁模式组织行车，即车站、联锁站排列行车进路，列车采用人工驾驶，按地面信号显示行车。在后备联锁模式下，人员介入的程度增加，列车运行没有 ATP 保护，安全风险大大增加，这种情况下合理安排好人员组织行车，控制好安全关键点，确保行车安全是轨道交通车站值班站长的首要任务。

后备联锁模式下由各车站、联锁站排列行车进路，值班站长须安排操作员专人排列进路，并指定人员监督其作业。一般情况下操作员由当班行车值班员担任，监督工作由客运值班员或有相应资质的站务员担任。

因列车采用全人工驾驶，按地面信号显示行车，行车的风险大大增加，值班站长应安排站台岗与司机做好站车联控工作，提醒司机注意出站信号机的开放情况。因全人工驾驶时需要监督司机安全作业及协助司机开关屏蔽门，进入后备联锁模式时车站需安排人员登乘列车，值班站长应安排好有资质的人员登乘，以确保安全驾驶。除行车方面人员安排外，后备联锁模式下的行车效率远低于正常水平，通常都将导致行车间隔大大增加，列车晚点较多，因此，大客流车站、联锁站的值班站长可请求就近的小业务量车站人员支援。

因为目前城市轨道交通信号系统可靠性较高，发生故障的情况较少，ATC 故障时，员工心理压力大，行车安全风险很高，值班站长对行车关键点的控制将起到举足轻重的作用。因此，作为轨道交通车站的值班站长在 ATC 故障情况下的工作要做到合理安排。值班站长要做好优先安排好行车岗位人员，做好安全预想和安全交底，准备好后备联锁模式行车组织的规章、程序、时刻表、安全措施、行车备品等，监视各行车岗位严格按章作业；排进路时操作员与监控员执行“呼唤应答”互控程序，“一人操作，一人确认”，确保进路正确，按规定向相邻车站、行车调度员报点；监督行车值班员、站台岗与司机执行站车联控程序的情况等工作。

后备联锁模式通常都将导致行车间隔大大增加、列车晚点较多，值班站长需安排好对乘客的晚点信息发布以及宣传解释工作，安排人员播放列车晚点广播，摆放相关告示，安排车站售票员为有需要的乘客办理退票。当运输能力满足不了实际运行要求时，还必须做好客流疏导以及客流控制工作，确保车站客流组织、票务组织有序可控。

2）联锁故障时的组织

信号设备基本联锁功能出现故障时，轨道交通企业通常采用电话闭塞法或电话联系法等人工方法组织行车，该类人工行车方法效率很低，安全性较差，作为轨道交通车站的值班站长须统观大局，合理安排岗位，对行车关键环节做好盯防，在确保安全的基础上尽量提高行车效率。

发生联锁故障时，在人员安排上一般要做好以下工作：若本站进路需要人工排列时，车站值班站长与一名车站站务员（或值班员）下线路排列进路；安排行车值班员在车站控制室办理行车闭塞手续；车站客运值班员到站厅负责客流组织、晚点信息发布、退票服务等工作；安排车站站务员（或值班员）递交路票、行车调度命令等行车凭证；通知就近车站或休班的员工到本站支援。

发生联锁故障时，一般采用人工手段组织行车，值班站长应先参与人工办理进路工作，确保进路正确及尽快恢复列车运行；进路办理完后值班站长应到车站控制室监督行车值班员办理行车闭塞手续，确保行车安全；值班站长还要积极跟踪、配合车站控制室信号系统的故障处理、恢复、确认等，尽快恢复联锁行车。

轨道交通车站的值班站长在联锁故障的情况下，除了要做好行车组织工作，还要安排播放晚点广播，填写、摆放告示，向乘客做好解释工作；安排并准备好退票的人员、备用金等；在客流较多，行车工作无法满足乘客需求，导致站内拥挤时，启动相关晚点大客流组织预案，做好人流控制工作，防止拥挤、混乱；跟踪支援人员到位情况等。

2. 车站降级运营模式下的票务应急处理与组织

当轨道交通在运营过程中出现列车故障、火灾、电力供应中断等意外故障时，自动售检票系统的中央计算机或者车站计算机可以下达命令，将某个车站或者全部车站设置到AFC系统降级运营模式，配合车站降级运营情况下的票务组织和客流组织，提高轨道交通降级运营时的处理效率和管理水平。常见的AFC系统降级运营模式主要包括列车故障模式，进、出站次序免检模式，乘车时间免检模式，车票日期免检模式，车费免检模式，紧急放行模式几类，主要由车站值班站长及以上级别人员进行决策，并在车站计算机上设置。

1）列车故障模式

当列车出现运营故障而使部分车站暂时终止运营服务时，暂停服务的车站需要将本站AFC系统设备设置到“列车故障模式”，由值班站长在车站计算机上进行设置。

在值班站长设置该模式后，系统一般按以下规则处理：已经购买单程票的乘客，可以在一段时间内（时间段通过中央计算机设置）继续使用该车票，乘坐符合票值的车程；已经进站的乘客，在通过出闸机出站时，出闸机将更新车票上的进、出站标志，并且不收取任何费用。

2）进、出站次序免检模式

当车站的进闸机全部故障无法立即修复，或由于车站出现突发大客流，进闸机能力不足，大量乘客在非付费区聚集并等候进站的情况下，可以允许乘客不通过进闸机进入付费区。为了便于此部分乘客能正常离开车站，值班站长需要在车站计算机上设置“进、出站次序免检模式”，允许乘客使用一张未编上进站信息的车票出闸。

在进、出站次序免检模式下，当对某个车站的车票实行免检时，对于所有未编上进站信息的储值票，系统均自动认为它是由指定车站进站的车票，进闸机将自动扣除相应的车费，而单程票则检查购票车站，如果是指定车站，则不检查进、出站次序，并回收（但票值必须相符，否则也要补交相应的手续费）。当对于所有车站的车票实行免检时，对所有车站都不检查进、出站次序，储值票将被扣除最短程车费，单程票将被收回并且不检查票值。

3）乘车时间免检模式

如果由于轨道交通企业自身的原因，引起列车延误或者乘客进站后在系统停留的时间超过系统设置的乘车时间，那么为了使这部分乘客能正常离开车站而未受影响，值班站长需要在车站计算机上设置“乘车时间免检模式”在这种情况下，出闸机将不检查车票上的进站时间信息，但是仍然检查车票的票值，所有车票按正常方式扣值。

4）车票日期免检模式

若由于轨道交通企业自身的原因导致乘客所持车票过期，值班站长可在车站计算机上设置AFC系统“日期免检模式”，在此模式下允许过期的车票继续使用。

5）车费免检模式

如果某个车站因为事故或者故障而关闭，导致列车越过该站后才停车，有部分乘客的车票可能会出现超程。在这种情况下，值班站长需设置AFC系统的“车费免检模式”，出闸机将不检查车票的余值，并且回收所有的单程票，对于储值票则扣除最少的车费。

6）紧急放行模式

当车站出现危及乘客生命安全、需及时疏散乘客出站的紧急情况时，车站值班员或值班站长需立即通过车站计算机或车站控制室内的紧急按钮设置“紧急放行模式”。放行模式下，车站内所有闸机将不对车票进行处理，同时闸机的扇门全部打开，方便乘客紧急疏散，乘客不需要使用车票，可直接快速离开车站。

在系统设置为紧急放行模式时，车站内的进闸机都将显示“禁止进入”标志，同时所有的自动售票机自动退出服务；车站计算机将车站被设置为紧急放行模式的信息传送到中央计算机，中央计算机将向其他的车站广播这一信息，并记录被设置为紧急放行模式的时间。

由于在此种情况下乘客不需要通过检票就可以离开车站，系统将允许这些车票在一段时间内能正常使用。例如，在设置紧急模式期间，在该车站购买的单程票能在所有车站使用，以乘坐与车票票值相符的车程；在该车站进站的所有车票，在下一次进站时进闸机将自动更新车票上的进、出站标记，并不收取任何费用；在当天设置紧急模式前，在其他车站进站而没有出站的所有车票，在下一次进站时进闸机将自动更新车票上的进、出站标记，并不收取任何费用。系统允许受影响车票正常使用的时间将通过中央计算机设置，并下载到所有车站，超过系统规定的时间后，这些车票只能通过半自动售票机更新。

降级运营情况下，值班站长是车站事故处理主任，也是 AFC 系统降级运营模式的设置者和决策者，因此值班站长应熟练掌握和灵活运用这些模式。

5.3.3 车站客运组织方法

1. 轨道交通客运组织的原则

城市轨道交通主要通过合理的客运组织来完成其大容量的客运服务。客运组织是通过合理布置客运有关设备、设施及对客流采取有效的分流或引导措施来组织客流运送的过程。客运组织的主要内容包括：车站售票机位置的设置、车站导向的设置、车站自动扶梯的设置、隔离栏杆等设施的设置及车站广播的导向、售票机数量的配置、工作人员的配备、应急措施等。

城市轨道交通客运工作的特点决定了客运组织应以保证客流运送过程中的安全、畅顺，尽量减少乘客出行的时间，避免拥挤，便于大客流发生时的及时疏散为目的。为此，在进行客运组织时应特别考虑下面两方面的原则。

① 合理安排售检票位置、出入口、楼梯，行人流线简单、明确，尽量减少客流交叉、对流。与乘客换乘的其他交通工具之间顺利连接。

② 完善诱导系统，快速分流，减少客流聚集和拥挤现象。满足换乘客流的方便性、安全性、舒适性等一些基本要求。如：适宜的换乘步行距离；恶劣天气下的乘客通行保护、气候调节；对残疾人士专门设计无障碍通道；又如照明、开阔的视野以及突发事件应急等。

2. 车站客流组织方法

城市轨道交通车站的规模应能满足远期预测客流集散量的需求，并设置与之相适应的出入口数，以方便乘客出入。车站的大小很大程度上取决于站台的长度，而站台应能满足远期预测客流的要求，而站台的宽度取决于高峰小时（繁忙时间）的客流量。因此，在进行车站及站台的客流组织方法的设计过程中，在依照客流组织的原则下，宜因地制宜依据不同的车站形式来确定车站及站台的客流组织方法。

以中国香港为例，由于车站的选址、规模在轨道交通建设时已经确定，一般不能再改变；出入口及通道宽度、大堂及站台的规模一般在建设时根据预测客流量确定，因此在运营管理中如何正确设置售检票位置，合理布置付费区，进行合理的导向对客流组织起着很重要的作用。一般要以符合运营时最大客流量，保持客流的畅通为原则，因此一般按以下要求进行布置。

售检票位置一般不设置在出入口、通道内，并尽量保持与出入口、楼梯有一定的距离，从而保证出入口和楼梯的畅通。

保持售检票位置前通道宽敞。售检票位置一般选择大堂内宽敞位置设置，以便于售检票位置前客流的疏导，售检票位置应适当保持一定距离，避免排队时拥挤。

售检票位置根据出入口数量相对集中布置。因中国香港地铁车站一般有多个出入口，为了减少乘客进入车站后的走行距离，一般设置多处售检票位置，但过多设置售检票位置容易造成设备使用的不均衡，降低设备使用效率，并且不易于管理，因此售检票位置应根据车站客流的大小相对集中布置。应尽量避免客流的对流，客流的对流减缓了乘客出行的速度，同时也不利于车站的管理。因此车站一般对进出客流进行分流，进出车站检票位置分开设置，保持乘客经过出入口和售检票处位置的线路不至于发生对流。

车站具有多种形式，在确定站台客流组织方法时，应使行人流动线简单、明确，尽量减少客流交叉、对流。对不同的车站采取灵活的策略。

换乘站一般客流比较大，同时客流流线复杂，客流组织相对于其他车站较为复杂。换乘站根据不同的换乘方式在客流组织管理上应注意采用不同的方法，总的原则在于应组织好换乘客流，缩短换乘路径，减少换乘客流与进出站客流的交叉、干扰。

5.4 站务人员

车站一般成立站内综合治理小组，各个驻站单位（或与车站运作相关单位）参加，综合治理小组的组长由站长担任。综合治理小组的主要任务是协调解决车站内的综合治理工作。综合治理小组成员相互通报相关信息。尤其在重大节假日或大型活动前，车站应将有关运营服务信息及站内客运应急方案通报各单位。发生特殊情况时，由值班站长负责指挥处理，可以调动站内的维修人员、商铺人员、公安人员协助处理。

5.4.1 站务人员构成及主要任务

地铁站务人员主要包括从事城市轨道交通行车组织及调度组织、客运组织、客运服务工作等轨道交通运营综合管理工作的人员，一般由车站值班站长、车站值班员、车站站务员、行车调度员、值班主任等岗位工作的人员构成。

站务人员的主要任务是对车站日常运营管理各环节进行负责，为乘客提供优质运输服务，良好的卫生环境及安全的运行环境。此外，由于地铁车站是一个开放的场所，除运送乘客还有商业经营，还有公安、维修等单位驻站人员。因此，车站的各相关单位要进行综合治理，统一规范，确保日常运送乘客高效服务。在大型活动、节假日等特殊时间段里，站务人员要在站长指挥下，形成辖区内员工合理组织，完成乘客在车站通行相关环节的安全高质服务。

售票岗的主要职责通常包括负责当班票务处的售票工作，完成本班票务报表的填写和当班票款收益管理，处理与乘客相关的票务事务，负责本班票务处内的设备、备品的管理，对本班票务处内的卫生工作及安全工作负责，完成上级布置的票务工作等。

厅巡岗的主要职责是回答乘客问询，引导乘客购票、乘车；巡视站厅各种设备和设施、告示、贴纸等的状态，发现异常应及时报车站控制室；巡视车站的各个出入口，检查出入口的状态是否正常；巡视站厅乘客进站乘车情况，制止不符合轨道交通车站安全、票务、服务政策的行为；处理乘客事务，指引乘客到票务处进行车票的处理等。

站台岗的主要职责是巡视站台消防设备和设施的状态；检查站台的行车备品状态是否良好；留意站台乘客的候车动态，及时提醒特殊乘客注意安全；处理各种紧急情况，如站台火灾等。

5.4.2　车站管理制度

轨道交通车站作为直接向乘客提供运输服务的生产单位，需要严密、规范的管理。轨道交通车站通常都具有一套完整的排班制度、信息汇报制度、会议制度、巡视制度、文件管理制度、钥匙管理制度、车站控制室管理制度、考评管理制度等。这保障了轨道交通车站日常的生产秩序，为乘客提供优质的服务，顺利完成生产任务。

1. 排班制度

轨道交通车站按照工作的需要对车站各岗位实行定岗定员，紧凑、合理、科学地排班确保能以精简的人员满足运营的需要。普遍采用轮班制，车站员工根据排班表的安排上岗。车站排班一般按定员定岗标准执行，不能擅自增加或减少岗位。特殊情况下，如临时改变行车方案或大客流需做合理化调整时，需及时通知员工并上报上一级领导。排班时要注意执行国家《劳动法》的规定，要确保员工每月休息时间符合国家规定，班与班的时间间隔至少有12 h。排班时要考虑新老搭配、业务搭配和性别搭配。员工因个人原因调班，一般需要提前提出书面申请，说明原因，经批准后方可调班。员工上岗必须持有本岗位资格证，不允许低岗顶高岗。

2. 信息汇报制度

车站每天有大量生产信息需要向外反馈，必须有清晰的汇报流程，以确保信息的反馈能及时有效并得到合适的处理。通常需汇报的信息可以分为一般生产信息和重要或紧急情况信息两类。一般生产信息可以每天汇总，按照规定逐级反映到相关部门处理；发生重要或紧急事件时，由车站当班值班站长根据事件的具体情况，按照相关规定立即向相关负责人进行汇报，并做好记录。一般信息汇报实行逐级汇报，由下至上的顺序依次为：站务员→值班员→值班站长→站长。在非正常情况下可越级汇报。要做好提前预想，对于可能发生的重要或紧急事件，需要制定汇报程序，规范信息管理。当需要向外部门或外单位汇报时，由当班值班站长将事件原因和概况按流程汇报给站长和上级主管部门。

3. 会议制度

为了传达近期工作重点和重要文件精神，总结本班运营工作情况，培训相关知识，轨道交通车站一般在早班和中班员工交接之前召开车站交接班会议，确保重要生产信息的传递顺畅，保障车站各岗位员工明确各项生产任务的目标、要求。当班值班站长是车站交接班会议的组织人和会议记录人。车站的交接班会议是车站当班员工获知各种信息的重要途径，也是培训、学习业务知识的关键时机。轨道交通车站普遍采用交接班会议，一方面保证了信息的有效传达，特别是一些需要车站全部员工了解和熟悉的重要信息；另一方面也保证了当班员工在当班期间要注意的关键点得到明确和重视。

除了交接班会议外，轨道交通车站通常还设有全站员工大会、综合治理会、专题会议等。这些会议制度在车站信息传达、业务培训、综合治理等方面起到了重要作用。

4. 巡视制度

轨道交通车站作为一个开放型的公共场所，服务对象的群体具有流动性、临时性、复杂性、不确定性等特点。为保证运营时间各种设备和设施的正常运行，确保正常的运营服务，车站各层级人员，包括值班站长、值班员、站务员等岗位需要在日常工作中进行巡视，以保证场所、设备和设施、人身及财产的安全。轨道交通车站通常对车站巡视工作制定制度，明确各岗位的巡视范围和巡视要求。巡视可以根据巡视内容的不同分为不同的类别。巡视内容通常可以分为人员服务、设备和设施、治安情况、乘客动态等。人员服务主要包括人员的服务态度、仪容仪表、作业流程等是否符合车站的相关管理规定。设备和设施方面主要包括各种设备和设施的运行状态是否有异常等。治安情况主要包括车站的保卫和综合治理情况等。乘客动态主要包括乘客候车情况、客流情况、所携带的物品情况等。巡视人员在巡视前和巡视后应及时通知车站控制室，并注意做好个人人身安全的防护。对巡视发现的问题不能现场解决时，应及时报告车站控制室的值班人员，由值班人员安排处理，不要与外部人员发生冲突而导致事件的升级。

5. 文件管理制度

文件是轨道交通车站日常管理中涉及内容最多的一项，也是生产信息传递的重要形式。文件、规章是轨道交通车站日常运作的“指挥棒”。为规范车站文件的分类、归档、更新以及保管和使用等内容，轨道交通车站一般都制定文件管理制度，并由车站专人负责进行文件分类、归档管理工作。在轨道交通车站，文件通常按照安全、票务、服务、人事、党群等类别进行分类。尤其需要重视的是对各类规章的管理，如修订、更新等，以避免由于管理不善而导致生产环节出错。

6. 钥匙管理制度

轨道交通车站的结构布局通常比较复杂，设有多个设备房间来满足正常运营的需要。为此，车站的设备房间管理显得尤为重要。为了保证设备的正常运作，日常工作中设备的维修人员以及设备使用人员经常需要进出设备房间，因此要保证车站设备房钥匙的状态正常、良好。为确保安全及紧急情况下快速处理，车站通常要保留站内所有设备与管理房间的钥匙用于日常使用，并保留一套备用钥匙，以便发生紧急情况时供车站应急处理使用。车站任何房间的开启必须得到车站管理部门同意，由使用人员向车站管理部门借用相应的钥匙，用完后及时归还。轨道交通车站都会定期安排人员进行设备房间钥匙的测试，及时发现无法使用的钥匙，以避免紧急情况下无法打开设备房门而造成更大的损失。

7. 车站控制室管理制度

车站控制室是车站监督、指挥车站运作的核心地点，车站控制室内集中了车站设备控制系统以及行车指挥系统等重要设备，因此必须严格管理，确保车站控制室内的人员和设备安全可控。因工作原因进入车站控制室必须佩戴有效证件并说明原因，在征得当班人员同意后方可进入，不可在车站控制室内做与工作无关的事情；进入车站控制室的人员禁止大声喧哗、吵闹，不得影响当班人员的工作；进入车站控制室的人员未经当班工作人员的允许严禁擅自启动、操作任何设备和设施；车站控制室的值班人员作为车站控制室的负责人，负责车站控制室的安全。

8. 考评管理制度

在车站日常行政管理过程中，为增强员工安全生产的意识，鼓励员工参与安全生产的积极性和创造性，维护正常的生产秩序和工作秩序，促进车站员工队伍的良性发展，通常需要建立员工绩效评价体系，对员工工作量、完成工作的质量、工作态度、岗位技能、安全与纪律等几个方面进行评价，评价结果运用于车站员工的晋升及续签劳动合同等工作中。通过建立一系列的激励、约束机制来公平公正地评价员工工作业绩，调动员工的积极性和主动性，形成优胜劣汰的环境，不断提高车站的生产效率和运作管理水平，保障安全生产。

5.4.3　岗位技能

1. 值班站长岗位技能

值班站长的服务内容一般包括日常工作内容和特殊情况下的工作内容两部分。

1）日常工作内容

值班站长在上岗前要对本班员工的仪容仪表进行检查，确保穿齐工装、戴齐佩饰，保持良好的精神面貌。到车站控制室与上一班员工交接，学习最新文件，了解上一班的安全生产信息，客运服务情况和本班需跟踪事项，了解当班员工情况、位置和本班的客流与服务特点。

当班期间，值班站长整体负责车站当班客运服务工作，履行当班监督、指导的职责，检查当班安全、票务、服务、客运组织等各项工作的落实情况，做相关记录并跟踪整改情况；负责当班各项工作的安排处理；按照站长的指令安排相关工作，并及时将当班情况、工作中的问题及困难反馈给站长；负责当班员工思想动态的跟踪和汇报；负责当班乘客事务的处理、跟踪和反馈；负责对当班员工服务工作进行指导和点评；做好车站客流组织，在关键位置设置导向、指引设施，安排员工引导；负责车站乘客受伤事件的处理；在紧急情况下负责车站应急组织的指挥，按照应急预案，做好乘客服务工作；在接受授权后负责接待媒体。

下班前，与下一班员工交接本班的安全生产信息、客运服务情况及需要下一班跟踪完成的工作。

2）特殊情况下的工作内容

（1）处理乘客事务

处理乘客事务时，要求在3 min内赶到现场处理乘客问题，如接到通知后预计不能及时赶到，必须马上安排有能力处理的员工代理；对乘客的建议（投诉）内容要详细记录，并在调查处理后给予乘客合理的回复；如经过调查确认车站负有责任，则对当事员工进行批评、教育并立即安排整改；如乘客对回复不满意，则报上级人员处理、回复；将投诉及处理情况交班，并向站长汇报。

（2）处理列车误点事务

列车延误10 min以内时，值班站长要安排专职广播员播放列车延误信息；做好应急退票准备，安排员工为有需要的乘客退票。

列车延误10 min以上时，要向控制中心了解延误原因，并及时告知乘客；安排专职广播员播放列车延误信息，告知乘客延误原因，建议有急事的乘客改乘其他交通工具；在出入口、票务处、闸机、自动售票机等处摆放告示（各单位可根据实际情况设定摆放告示的时机，一般为延误20 min以上）；组织好应急退票工作；做好客流的引导与组织。

当列车中断服务达30 min及以上时，城市轨道交通经营单位一般要与地面公共交通系统联系，安排公交车进行接驳，将中断服务的车站接驳起来。当车站收到控制中心开始公交接驳的指令后，值班站长应做好公交接驳准备工作，主要包括：安排公交接驳负责人，将公交接驳备品拿到相应的公交接驳口，安排专人佩戴证件等候接驳乘客、接驳车；在站厅设置公交接驳告示，确保沿途指引清晰、明确；准备好相关乘车凭证；播放公交接驳广播；安排行车值班员做好与相邻车站的沟通，确定接驳车的位置，并于接驳车在邻站开出后通知接驳口负责人；接驳口负责人做好乘客的解释、安抚工作，维持好候车及上下车秩序；接到控制中心停止公交接驳的指令后，确定最后一班接驳车的到站时间，尽量确保接驳口的乘客均可乘坐接驳车离去；停止播放公交接驳广播，撤除相关告示、指引并撤离工作人员。

若轨道交通已暂停服务，须安排行车值班员按生产流程汇报，并根据实际情况播放广播；组织车站的清客工作，并做好乘客解释工作；在公安人员配合下关闭出入口，并在出入口张贴安民告示。

（3）乘客受伤的处理

城市轨道交通发生的乘客受伤事件主要有掉下轨道受伤、列车撞轧受伤、搭乘扶梯摔伤、车门或屏蔽门夹伤、闸机扇门夹伤、站内或车上摔伤、脚插入站台与列车缝隙受伤、设备和设施缺陷或人员误操作导致受伤、第三方过失导致受伤、人员拥挤踩踏导致受伤等。乘客受伤时车站的处理流程如下：当车站收到乘客在车站受伤的信息时，值班站长应在 2 min 内到现场处理，安排人员对伤者进行包扎等处理，并组织现场员工及时寻找目击证人；值班站长到现场后马上组织调查、取证工作，取证时可使用照相机、录音笔，取证时“事情经过”要按要求进行记录，目击证人填写事件经过时应注明姓名、详细及真实的联系电话、家庭地址、身份证号码等；车站工作人员及目击证人在记录事情经过时要完整，注意细节，一般应当包括以下基本要素：时间（月、日、时、分）；地点，如车站名；上、下行线；站台、站厅（付费区及非付费区）、车站出入口；设备编号（如车次号、扶梯号、闸机号等）；事件发生的原因；事发时周围的环境、设备状况等（如设备是否有异常、缺陷，若设备异常或有缺陷，是否有相关的提示警示标志等）。

乘客需要到医院治疗，未完成笔录，值班站长需要安排一名值班员以上员工到医院跟踪处理。原则上车站不需派人员陪同乘客到医院，乘客要求到医院治伤的，经取得乘客同意，则统一帮乘客报 120 急救中心。在 120 救护车到达之前，要安排人员陪同伤者，安抚伤者的情绪，并采取适当的措施防止受伤情况进一步恶化。

发生乘客受伤情况后，值班站长应及时了解乘客受伤的原因、乘客伤势、设备（现场）情况、目击证人情况等，并向保险公司、控制中心、站长、部门负责人报告。同时根据受伤位置或原因报设备管理部门（如扶梯维修人员等），请设备负责部门及时安排人员到站检查设备，并保存好设备检测报告。

值班站长在完成调查、取证后向站长、部门负责人汇报具体情况和乘客是否提出索赔要求。调查、取证的资料由车站保管。

（4）票务管理

值班站长作为当班票务工作负责人，全面负责车站票务管理工作，确保本班票务运作顺畅。通常要负责检查、监督、审核值班员和站务员层级员工的票务工作，并具体负责本班车票、现金、票据、票务工具和器具等的安全管理及点钞室闭路监视系统的日常管理和监控等工作。同时，在发生设备故障、列车延误等特殊情况时，担任事故处理主任，全面指挥车站票务运作，根据现场实际情况，合理安排各岗位票务应急处理，确保车站现金、车票安全。票各管理的主要工作内容包括：票务检查、票务审核、AFC 设备发生故障情况下的票务应急处理；降级运营模式下的票务应急处理。

（5）安全工作

值班站长是当班期间的一站之长，全面负责车站当班期间的安全管理工作，主要有以下几方面职责。

① 组织好车站日常消防巡查及消防管理工作，确保消防安全。消防安全管理是车站值班站长安全工作中的关键点之一，值班站长是车站当班期间的消防责任人，当班期间负责防火巡查、火险及火灾处理等工作，在日常管理工作中还要担负消防建档、预案编制、防火教育、业务培训、演练组织等重要工作。

② 监督值班员组织行车、施工作业，确保行车安全。督促车站各岗位员工做好乘客人身安全防护工作。

③ 在发生火灾、行车事故以及治安事件等突发情况时担任事故处理主任，组织和协调

车站内各级员工展开应急处理工作。当发生突发事件时，轨道交通车站应坚持“以人为本，先通后复”的原则，第一时间控制住事态的发展，尽量避免事态恶化，以乘客人身安全为第一位，尽可能减少人员和财产的损失。在轨道交通运营单位突发事件的处理中，值班站长承担的责任重大，在事件初期要担任事故处理主任，就地组织应急抢险、救死扶伤、人员疏散等工作，相关专业人员到位后，要继续配合专业队伍抢险、抢修，要尽可能维持运营，给乘客提供运输服务。

2. 值班员岗位技能

车站值班员是车站行车工作的组织者和指挥者，在车站安全生产工作中处于十分重要的地位。车站值班员主要有以下行车相关工作职责。

① 负责按照运营时刻表和调度命令组织列车运行，接收和执行调度员发布的各种调度命令，将调度命令传达给司机。

② 监控行车设备、消防设备、环控设备、自动售检票设备等车站设备的运行状态，设备发生故障时，及时报告给相关专业调度员。

③ 负责车站维修施工的管理，主要是对各种设备和设施的维修施工作业进行登记，对轨行区的施工进行清点、线路防护。对各类施工作业安全进行监控。

④ 不能由信号系统自动控制列车运行时，负责按行车调度员的命令，以替代行车法组织列车运行。

为了做好这一系列工作，车站值班员除了需要熟悉相关设备的操作以外，还需要具备一定的行车理论基础知识、施工组织理论知识和具体操作技能。

轨道交通车站值班员是间接为乘客提供服务的人员，按工作内容不同主要包括行车值班员和客运值班员。在服务工作中行车值班员主要负责广播的播放及信息汇报等，客运值班员主要负责票务钥匙、票务备品、车票、现金、票据、票务台账的保管和交接，负责票务设备的相关操作和乘客票务事务处理，协助值班站长开展客流组织工作。

值班员需要掌握的服务知识主要包括应急情况下的本岗位职责、广播管理、告示管理、值班员岗位基本服务技能等。

1）行车值班员

行车值班员岗的服务内容包括：上岗前、当班期间、下班前三部分。

上岗前，行车值班员要做仪容仪表检查，确保穿齐工装，戴齐佩饰，保持良好的精神面貌。穿戴整齐后在轨道交通车站控制室与上一班员工交接，了解上一班的安全生产信息、客运服务情况，检查车站控制室摆放的客运服务备品是否齐全且状态良好，了解当班员工情况及位置。

当班期间，行车值班员应通过监视器监视车站的客流情况，当车站出现大客流，乘客排长队购票、进站等情况时，行车值班员应积极采取措施，播放广播疏导客流，并通知值班站长采取增加引导人员，增加预制票售卖点等措施，让乘客顺利购票和进、出站。当乘客通过车站控制室“对讲处”询问时，要礼貌、热情地向乘客解答；同时监控当班员工服务工作，发现问题应及时提醒；在尾班车开出前 5 min 时要播放停止服务广播；尾班车到站后播放关站广播。

下班前，行车值班员需与下一班员工交接本班的安全生产信息、客运服务情况，配合相关备品交接，接受当班车站值班站长的服务点评。

2）客运值班员

客运值班员岗的服务内容包括上岗前、当班期间、下班前三部分内容。

车站客运值班员在上岗前应穿齐工装，戴齐佩饰，保持良好的精神面貌；在点钞室与上一班员工交接；了解上一班的票务信息、客运服务情况，检查票务备品是否齐全且状态良好。

当班期间，车站客运值班员需监控 AFC 系统设备状况和票务处情况，确保设备正常和票务处零钱、车票、票据充足；当车站出现大客流时应积极采取措施，加开窗口，安排员工疏导乘客；在可预见的大客流来临前做好准备工作，如提前配票，准备好充足的零钱和车票，确保设备状态良好等；处理乘客事务时应 3 min 内到达现场；遇突发大客流，应及时增设临时售票处；自动售检票系统出现故障时，客运值班员需配合故障设备的检查、维修工作；发生突发事件时，须组织好退票、张贴告示等相关工作。下班前，车站客运值班员需与下一班员工交接本班的票务信息、客运服务情况，配合相关备品交接，接受当班车站值班站长的服务点评。

3）值班员日常服务基本内容

（1）礼仪服务

遇到乘客在车站控制室外需要咨询、帮助时，行车值班员要根据车站控制室的实际情况，起立或端坐原位解答问询；看到乘客后应面向乘客，微笑、点头，并以单手斜抬起，指向对讲处，示意乘客靠近对讲处对话，对话以“您好”开始，与乘客对话时，上身应尽量前倾靠近对讲机，以表示对乘客的尊重；处理完乘客事务后，以“请慢走”结束，并以单手斜抬起作为送别的礼仪。

当乘客反映自动售票机出现少找零、少出票、吞币等情况时，值班员应礼貌回复：“请您稍候，我立即查看设备记录。”查询记录的同时摆放“暂停服务”牌，如查询记录与乘客反映情况一致，则按规定办理；如查询记录与乘客反映情况不一致，则礼貌地向乘客解释，避免与乘客发生争执，如乘客不接受，应通知上级人员到场处理。

当发生乘客受伤事件时，值班员要及时了解乘客受伤的原因、伤势情况、设备（现场）情况、目击证人情况等，并向保险公司、控制中心、站长、部门相关负责人报告；同时根据乘客受伤位置向相应设备管理部门报告，请设备管理部门及时安排人员到站检查设备，并保存好设备检测报告。对受伤乘客进行安抚，进行简单的伤口包扎处理，必要时帮助乘客拨打 120 求助电话。

（2）票务工作

作为车站当班值班员，除按车票安全管理相关规定做好对票务处、点钞室车票的监控和管理外，还负责直接与车票配发和回收部门之间的车票交接、站间车票调配交接、自动售票、补票及车票盘点等管理工作。

① 车票交接管理

车站与配送部门之间的车票交接管理主要包括配送部门给车站配送车票和回收车票两个方面，车站需严格按照车票交接规定接收和上交车票，确保账面一致。车票配送是指车票配送部门根据需求计划，将车票配送到指定车站。配票人员到达车站后，与车站值班员在点钞室监视仪监视状态下进行车票交接，车站值班员根据配票明细单与配票人员当面清点各类车票，确认无误后签收，并在车站售票、存票日志和值班员交接班本上做好记录。车票上交是本站将设备产生的废票、可循环使用的车票、与结算相关的车票统一上交给相关部门处理的过程。车站需上交的车票由车站值班员与另一名车站站务员共同清点加封，注明种类、数量，并填写车票上交单，配票人员到站后，根据车票上交单的记录清点各车票的加封数量，确认无误后签收。

② 现金管理

作为当班值班员，除按现金安全管理相关规定做好对票务处、点钞室现金的监控和管理工作外，还负责对自动售票机补币和清点钱箱，负责为售票员配票、结账，计算车站每日运营票款收益，并将票款存入银行专用账户及与银行沟通兑换零钱以及票款收益结算管理、车站与银行之间的票款交接等工作。

(3) 设备操作

车站值班员日常工作中主要操作的自动售检票设备包括自动售票机和车站计算机。

① 自动售票机的操作

自动售票机是向乘客发售普通单程票和办理储值卡自动充值的专用设备，值班员在日常工作中需熟练掌握对自动售票机补充单程票，补充找零硬币，更换钱箱，交易查询几个方面的操作，实现对自动售票机的服务和收益管理。

② 车站计算机的操作

车站计算机可完成对车站客流、设备的监控及车票收入监控等工作，在车站票务管理中发挥着极其重要的作用。值班员在日常工作中需加强对车站计算机的监控，通过车站计算机监控车站客流情况及站级设备运作情况，当发现客流变化异常或设备发生故障时，应及时通知相关人员。同时，需掌握对车站计算机数据查询、报表打印、设备监控等基本操作。SC 系统为每个操作员都设定了唯一的操作员号（ID）和密码，任何人使用设备时，必须首先使用 ID 和密码登录设备，才能进入设备的操作界面并进行业务操作。

3. 站务人员岗位技能

轨道交通车站站务员一般在站厅、站台担任服务岗位。在站台区域工作时除了一般工作之外，还须承担部分行车相关工作，需具备熟练操作站台行车设备、排列进路等工作技能。站务员主要有以下行车相关职责。

① 按行车值班员指挥安全、有序地接发列车和组织乘客乘降。

② 按行车值班员指挥正确、及时显示行车信号。

③ 车门出现故障时负责协助司机处理。

④ 安全、快速处理屏蔽门故障。

⑤ 信号设备出现故障时配合值班站长人工排列进路。

4. 票务和安全工作岗位技能

站务员日常票务工作主要是负责当班的售检票工作，并完成相应票务报表的填写，同时，保管当班报表、单据、现金、车票、票务钥匙及票务处相关备品，并负责其安全。

售检票是站务员最重要的工作职责，售票工作的主要流程为：先到点钞室领取车票、备用金，然后到票务处登录半自动售票机进行售票作业，售票完毕，回点钞室进行结账。通常情况下，售票工作在各车站的票务处进行。当车站出现大客流或自动、半自动售票机故障，售票能力不足时，会安排人员在临时票务处人工出售单程票，以缓解售票能力不足的现象。售票时间通常情况下安排在车站最早一列载客列车到达前至最后一列载客列车开出后。

1）领票

领票是指站务员在到票务处售票前，先到值班员处领取各种车票、备用金的过程。值班员需在站务员到岗售票前配置一定数量的车票、备用金，填写售票员结算单，并由值班员签名确认，放置到专用售票盒内。在站务员到点钞室领票时，需与值班员双人共同清点所配的各类车票、备用金，确认数量是否与售票员结算单上记录的开窗张数、备用金数量一致，核对无误后，站务员在售票员结算单上签收确认。

2）售票

领取完各类车票、备用金后，站务员到票务处开始售票工作。站务员到岗后，需检查票务处设备、备品的数量和状态，并在相应的台账上记录检查情况。确认半自动售票机正常，站务员需使用本人 ID 和密码登录半自动售票机进行操作，开始进行车票的发售、充值、更新等操作。售票时必须遵守“一收、二唱、三操作、四找赎”的程序，即收取乘客购票的票款后要报出票款金额，重复乘客要求的购票张数和车票类型，如未听清乘客的要求，应主动礼貌地询问，然后正确、迅速地检验钞票真伪，正确、迅速地在 BOM 上选择相应操作，并清楚地说出找赎金额和车票张数，将车票和找赎的零钱一起交给乘客。

3）结账

站务员结束本班售票工作后，需立即在半自动售票机上签退，确认退出半自动售票机。携带本班所有现金、车票及各类报表回点钞室，按照结账程序的要求与值班员结账，并归还票务处门钥匙。

4）其他职责

站务员在售检票过程中需要严格执行相关的票务规章制度及设备操作规范，根据实际情况如实收取乘客票款，真实反映当班期间的票款收益，不得蓄意侵占公司票款收益或蓄意导致公司票务收益流失。

站务员在公共区的工作中，应对风险高的设备和设施、人群、施工作业做好引导、防护，尽量防范乘客受伤。轨道交通主要客运设备和设施（如扶梯、电梯、轮椅牵引机等）都是电动、大功率的设备和设施，操作、使用时存在一定风险，须严格遵循相关安全操作规程。例如，开关扶梯时需确认梯上无人，做好拦截，扶梯遇故障要立即停用，使用轮椅牵引机时需站务员操作，慢上慢下，电梯因故障困人时站务员需能进行简单的救援等；客运设备和设施（如扶梯、电梯、楼梯等）遇故障、维修时，须摆放停用、维修警示牌，用栏杆做好围蔽，防止乘客误用、误入导致伤亡；轨道交通车站在运营时间对公共区天花板、地板、楼梯、墙体等维修施工或较大设备的安装、维修，或动火、用电的维修施工，须做好围蔽，设置警示标志，现场安排专人防护，防止乘客伤亡；雨雪天气时出入口附近地面湿滑，要做好相应引导和告示。另外，轨道交通车站发生人潮拥挤时乘客人身安全风险很大，极易造成群死群伤事故，车站应有完善的预案和完整的应急应对体制。

5）注意事项

轨道交通车站站台是安全风险较高的区域，直接导致乘客死亡的事件一般都在站台轨道发生。国内的轨道交通企业中，未装屏蔽门（安全门）的线路上每年均发生乘客跳轨自杀或意外坠轨导致伤亡的事故，甚至已装屏蔽门的线路也曾发生过乘客夹在客车与屏蔽门之间的缝隙时客车动车，导致乘客死亡的事故。因此，站务员在站台作业时须特别注意以下事项。

① 站台岗在接车间隙要巡视整个站台，不得固定站立在某一个位置。巡视时，保持不间断地观察乘客的候车动态，要及时提醒乘客不要越出黄色安全线，按秩序排队上车。

② 站务员在站台发现异常情况时须立即向行车值班员报告，行车值班员通过站台监视器做好监视，进行联动处理，同时站台站务员也必须注意收听列车进站广播和关门广播的播放内容，互相联控。

③ 站台岗发现屏蔽门（安全门）故障时，立即用对讲机通知司机，并按车门、屏蔽门（安全门）有关故障处理的程序办理，张贴好故障提示贴纸。当有屏蔽门（安全门）故障不能关闭时，站台岗应在故障屏蔽门（安全门）附近巡视，阻挡乘客靠近，防止乘客从敞开的屏蔽门（安全门）坠入轨道。

④ 站台岗做好对乘客的监控，引导下站台的乘客到人较少的地方候车，提醒乘客不要越出黄色安全线，尤其应注意提醒正在打电话、玩游戏机、看书报的乘客。

轨道交通车站内还有其他突发情况可能导致乘客伤亡，如乘客纠纷、盗抢等治安事件，特殊气象条件下，如大风、结冰、暴雨等乘客被吹落物品击伤或滑倒受伤，甚至乘客丢弃的果皮、呕吐物等都可能导致乘客受伤。站务员是第一时间在现场防范、处理的人员，需要多巡多看，提前预想，因地制宜，发生异常情况时灵活应对，应急处理时须将乘客人身安全放在第一位，保护好人民群众生命、财产安全。

*5.5 列车运行计划和能力

5.5.1 列车运行计划

1. 人员配备计划

轨道交通公司主要包括运营部门，设备部门以及辅助部门，其中运营部门人员主要是乘务员和站务工作人员；设备部门人员配备对象主要是车辆设备检修工作人员、变电站、触网、轨道等维护人员；辅助部门人员配备对象主要是从事信息、数据及研究工作的人员。管理部门人员配备应本着精简的原则，参考国内外有关公司的经验，结合自身情况，从实际出发予以确定。运营部门人员配备主要包括以下内容。①驾驶员的配备。驾驶员的配备分为包乘制和轮承制，前者如北京地铁，优点是驾驶员对车辆的性能情况较为熟悉，有利于保养维修，缺点是人员配备较多。后者如上海地铁，它的优点是大幅度地降低了驾驶员的配置，减少了人工成本，提高了公司效益，不利因素是驾驶员对车辆的性能不是很了解。②站务工作人员配备。站务工作人员配备可参照国内外有关轨道交通公司的经验，确定平均每个站所需要的工作人员定额，然后根据车站总数确定总人数。③设备部门人员配备。设备部门维修人员分为车辆设备维修人员和其他设备维修人员。前者所需的人数参照有关经验，先确定平均每节车厢所需的工作人员定额，然后根据车辆总数确定；后者所需要的人数可先根据有关经验确定平均每公里营业线路所需的工作人员定额，然后根据营业线路长度确定。

2. 列车折返方式

列车折返方式根据折返线的布置分站前折返和站后折返两种方式。站前折返方式是列车经由站前渡线折返，如上海地铁1号线锦江乐园站。站前折返的优点是列车空车走行少，折返时间短，乘客能同时上、下车，缩短停站时间；缺点是出发、到达列车存在着进路交叉，影响行车安全和站台秩序；站后折返方式分为站后环形线折返、站后尽端折返线折返和站后渡线折返。站后折返具有列车出站速度快，有利于提高运行速度。

3. 列车交路计划

在轨道交通线路的各个区段客流量不均匀的情况下，采用合理列车交路安排是运输计划的一个重要组成部分。列车交路计划规定了列车的运行区段，折返车站，并为按不同列车交路运行的列车提供方便。因此采用不同列车交路相结合的列车运行方式，能使行车组织做到经济合理。

列车交路可以分成长交路、短交路和长短交路三种。长交路主要适用于各区段客流量比较均匀的情况，其行车组织简单，如目前的上海地铁1号线；短交路主要适用于各区段客流量相当不均匀的情况，其运营比较经济；长短交路适用于各区段客流量不均匀，或在高峰期间各区段客流量比较均匀，而在低谷期间各区段客流量相差悬殊时，它的特点是既能满足运输要求，又能提高运营效益。例如上海莘闵线，它在莘庄—金平路形成短交路，在莘庄—天星路形成长交路，构成长短交路。

4. 日常运输调整计划

由于途中运缓、作业延误或设备故障等原因会造成列车晚点，而城市轨道交通具有行车密度高、间隔小、对安全要求高的特点，因此需要根据列车运行的实际情况，按照恢复正点和行车安全兼顾的原则，对运输计划进行调整。

列车运行是运输生产活动的重要环节，在日常运输活动中，为了保证列车运行安全和按图行车，需要设置专门人员，调整运输计划。

日常运输计划调整的主要方法如下。

① 始发站提前或推迟发出列车。

② 根据车辆技术状态、线路允许速度，组织列车提高速度恢复正点。

③ 组织车站快速作业，压缩停站时间。

④ 组织列车放站运行。

⑤ 变更列车运行交路，具备条件时在中间站折返。

⑥ 停运部分车次的列车。

⑦ 车站应确定客流警戒线，密切关注客流变化情况，特别是早晚高峰时段的客流变化情况，当客流达到或超过警戒线时，及时采取措施保证乘降秩序和运营安全。

——在客流达到车站最大通过能力 70% 时，采取分流限售措施。

——在客流达到车站最大通过能力 90% 时，采取暂时停止售票措施。

——在客流骤增超出车站最大通过能力时，采取临时封闭车站进口措施。

5. 列车运行图格式与分类

列车运行图是轨道交通行车组织工作的综合性计划，是地铁和轻轨行车组织工作的基础。它规定了各次列车占用区间的顺序和时间、列车在各个车站的到发及通过时刻、区间运行时分、停站时分、折返站列车折返作业时分、列车出入车辆段时分、设备保养维修时间和驾驶员作息时间等。列车运行图不仅把沿线各车站、线路、供电、车辆、通信信号等技术设备的运用联合成一个统一的整体，而且把所有与行车有关的部门和单位都组织起来，严格地按照一定程序有条不紊地进行工作，从而保证列车安全、正点运行。

1) 列车运行图概述

(1) 列车运行图的图解表示

列车运行图是用坐标原理来表示列车运行的一种图解形式。列车运行图上用横坐标表示时间，纵坐标表示距离，水平线代表各车站中心线位置，斜线称为列车的运行线，其中上斜线代表上行列车，下斜线代表下行列车。列车运行线与水平线的交点，就是列车在每个车站到、发或通过的时刻。

(2) 列车的分类

在运行图中的列车运行线，按照列车的不同类别规定不同的表示方式，如城市轨道交通列车一般分为运营列车和施工列车。运营列车即有关地铁和轻轨的载客列车；施工列车即地铁或轻轨的工程车，主要有架线车、工务车、内燃机车等。列车的运行，必须根据线路上、下行来制定列车车次。上、下行的规定一般由各公司根据线路位置及城市地理位置的具体情况而定。例如上海地铁 1 号线以开往上海火车站的方向为上行列车，开往莘庄站方向为下行列车；莘闵线以开往天星路方向为上行线，以开往莘庄方向为下行线。

(3) 列车运行图的分类

根据列车的运行速度，上、下行方向的列车数量，列车的运行方式等条件，列车运行图可分为以下几类。

按照区间正线数目的不同分为单线运行图和双线运行图。前者是指上、下行方向的列车都在同一正线上运行，多用于运量不大的市郊铁路；后者上、下行列车在各自的正线上运行。上、下行列车的运行互不干扰，可以在区间内或车站上交汇。

按照列车运行速度的不同分为平行运行图和非平行运行图。平行运行图表示在同一区间内，同一方向列车的运行速度相同，因而运行线相互平行，并在区段内没有其他列车运行。非平行运行图在轨道交通系统中，除市郊铁路外，其他很少使用。

按照上、下行方向列车数目的不同分为成对运行图和不成对运行图。上、下行方向的列车数目相等的是成对运行图；反之为不成对运行图。

按照同方向列车运行方式的不同分为连发运行图和追踪运行图。在连发运行图上同方向列车的运行以车站区间为间隔。在追踪运行图上，同方向列车的运行以闭塞分区为间隔，一个站区间内允许几个列车同向同时运行。

地铁多采用双线、追踪、平行、成对运行图。

2）列车运行图的组成要素

（1）时间要素

① 区间运行时分。指相邻车站间指定的运行时分。

② 停站时分。列车在办理乘客上、下车及列车开、关门和到、发作业等所需要的时间。

③ 折返时分。列车行驶到该次列车的终点站后，办理折返作业的时间。

④ 出入段作业时间。从车辆段停车库到达与其相接正线车站或折返的作业时间。

⑤ 营业时间。地铁或轻轨运行线路运送乘客的时间。

⑥ 停送电时间。每天的营业开始前送电和营业结束后断电等所必需的操作和确认时间。

（2）数量要素

① 全日分时段客流量分布。

② 列车满载率：在编制列车运行图时，应尽量提高列车满载率，并留有一定的余地，以适应那些不可预测的因素。同时，也要考虑乘客乘车的舒适性。

③ 出入段能力：指车辆段与正线间出入段线，每小时出入段列车通过该段线路入段或出段的最多次数。

④ 列车最大载客量：如上海地铁 1 号线近期六节编组，远期八节编组。

（3）其他相关因素

① 与其他交通线路的衔接：包括港口、机场、公交枢纽等。

② 列车检修作业：为保证列车状态完好，需要均衡安排列车运行与检修时间使每列列车均有日常保养维修时间，同时确保各列车日走行公里较为接近。

③ 列车试车作业：检修完的列车需要上正线安排部分项目的正线调试。

④ 驾驶员休息时间安排：根据驾驶员的休息制度、交接班地点与方式均衡安排。

⑤ 车站的存车能力：在地铁线路上有些车站可以存放一定数量的列车，尤其是折返站、终点站，在日常运行时可作维护、援助之用，在夜间可存放列车以减少空驶里程。

3）运行图的编制

列车运行图的编制步骤如下。

① 按照有关指示及规定的编制原则确定编图注意事项。

② 按运行图的组成要素，收集资料并计算，查定各要素的数值。

③ 根据客流资料及列车编组定额载客量分时段确定列车运行间隔时分。

④ 确定全日行车计划。

⑤ 计算所需的运用列车数量。

⑥ 征求有关部门意见。

⑦ 修改运行方案。

⑧ 根据方案绘制详细的列车运行图。

⑨ 编写运行图说明书。

目前，绝大多数的地铁采用了 ATC 设备，大大简化了运行图的编制。

6. 编制列车运行图应考虑的问题

1）合理地使用车辆

根据客流量的变化安排车辆的编组计划，当车辆不足或客流量增长较快的情况下，充分挖掘潜力，加速车辆周转。例如对高峰时段和非高峰时段安排不同的编组形式，可适当压缩列车在折返站的停留时间。

2）方便乘客

编制运行图时要考虑为乘客提供方便，这是衡量服务水平的重要标志之一。具体表现为乘客时间的节约，它包括乘客候车和换乘等几个环节的时间。因此在考虑列车运行方案时，要认真排定头班车和末班车的到发时刻。在清晨和夜间不能只追求列车满载率而使列车间隔太长。另外，还应规范停站站名，合理规定停站时间，以便提高运行速度，减少旅客在车厢内乘车时间。同时，在可能的情况下，应对连接几个线路方向的换乘站，衔接好到发时刻以及与地面交通的配合。

5.5.2　列车运输能力及影响因素

1. 运输能力及调整

运输能力是通过能力和输送能力的总称。随着城市经济的不断发展，市民出行需求的不断增加，客流往往呈现逐年增长的态势，线路能力不足的问题随之出现，导致的后果是增加开行列车受到限制，有限的列车过分超载，车站上下车乘客拥挤，乘车环境恶化，服务质量下降；另一方面，拥挤的人流使上下客秩序混乱，影响列车的正常发车，打乱列车运行图，最终导致恶性循环。由此可见，一方面要有计划、有步骤地采取有效措施，加强运输能力，不断适应客流增长的需要；另一方面，通过采用新的技术设备或加强现有的技术设备，引用先进的管理方法，以降低运输成本，提高劳动生产率，改善劳动条件，有利于真正实现“以人为本”的服务宗旨。

2. 通过能力

1）定义及计算

线路的通过能力是指在采用一定的车辆类型、信号设备和行车组织方法的条件下，轨道交通系统线路的各项固定设备在单位时间内（通常是高峰小时）所能通过的列车数。通过能力按照以下固定设备进行计算。

① 线路。其通过能力主要取决于信号系统的构成、列车运行控制方式、车辆的技术性能、进出站线路的平纵断面情况、列车停站时间标准和行车组织方法等。

② 列车折返设备。车站折返线的布置方式、信号和联锁设备的种类、列车在折返站的停站时间标准、列车在折返站内的运行速度等起到决定作用。

③ 车辆段设备。车辆的检修台位、车辆停留线等设备的数量和容量起主要作用。

④ 供电设备。牵引变电所的座数和容量起主要作用，一般 2 ～ 3 个站设置一个牵引变电所，例如上海莘闵线全长 17. 2 km，共有 11 个站，全线共设 6 个牵引站。

2）加强线路通过能力的措施

线路通过能力是由追踪列车间隔时间的大小决定的。根据追踪列车间隔时间计算的原理，可以通过缩短列车的运行时间，加减速附加时间和停站时间等措施来最终达到缩短追踪列车间隔时间，加强线路通过能力。具体方式可分为对线路、车辆、车站、通信和信号等方面的改造。

① 对线路的改造。可采用在既有线路上扩建线路或改造线路平纵断面两种方式来提高行车速度。但改造过程可能影响到正常的行车，因此在既有轻轨或地铁线路情况下，一般倾向于采用新型车辆，只有在对旧式有轨线路改造时才少量使用。

② 对车站的改造。在客流量较大的中间站（侧式站台）修建侧线，使单向运行列车能在站台两侧轮流停靠，缩短列车停站时间；在客流量较大的中间站（岛式站台）增建站台，使乘客能从两侧上下车或上下车分开，缩短列车停站时间。

③ 对车辆的改造。可通过使用运行性能良好的新型车辆，缩短运行时间或改进现有车辆设计，如增设车门达到缩短列车停站时间的目的。

④ 通信、信号方面的改造。采用先进的列车运行控制系统，如 ATC；将固定闭塞改为移动闭塞，使前行列车和后行列车始终保持一个自动控制程序规定的最小安全间隔距离，以代替固定闭塞规定的必需的若干个闭塞分区所形成的安全距离。

⑤ 其他方面的改造。采用跨站停车的列车运行组织方式，减少列车停站次数，提高线路通过能力；加强乘客组织管理，通过站台客运的组织，使列车内的乘客尽可能分布均匀，减少停站时间。

5. 5. 3 日常调度和提高运输能力的措施

1. 日常调度

城市轨道交通是一个复杂的、技术密集型的公共交通系统，具有多项作业和需要各部门、各工种协同工作的特点，城市轨道交通运营生产活动需要统一指挥，因此城市轨道交通运营企业一般都设立了集中的调度指挥机构。

调度指挥机构是轨道交通日常运营组织工作的核心机构，是轨道交通运营系统的信息收发中心和通信联络中心，凡与列车运行有关的各部门都必须在该机构的统一组织和指挥下进行日常运营生产活动。在国内轨道交通企业中，调度所和控制中心是较常见的调度指挥机构。

1）调度指挥机构的职责

调度指挥机构主要承担以下职责：

① 负责轨道交通企业运营日常行车组织和指挥工作，按照列车时刻表的要求组织列车安全、正点地运行；

② 负责组织行车设备的检修作业（除机车车辆外）；

③ 作为轨道交通企业运营信息收发中心和联络中心，代表企业领导组织运营生产工作和与外界的协调联络工作；

④ 负责监督、调节环控、电力等系统的运作；

⑤ 负责组织处理在运营过程中发生的各种故障、事故。

2）调度指挥机构的分类

调度指挥机构按布置地点的不同，通常分为分散式和集中式两种。分散式是指在每条线路上设置指挥中心，负责本线路的运营调度指挥。集中式是将线网各线路指挥权集中到一个统一的指挥中心来指挥。

调度指挥机构根据运营生产活动的性质，设置了不同的调度工种，实行分工管理。通常设置行车调度、电力调度、维修调度、环控调度等工种。轨道交通系统调度指挥机构常用组织架构如图 5-15 所示。

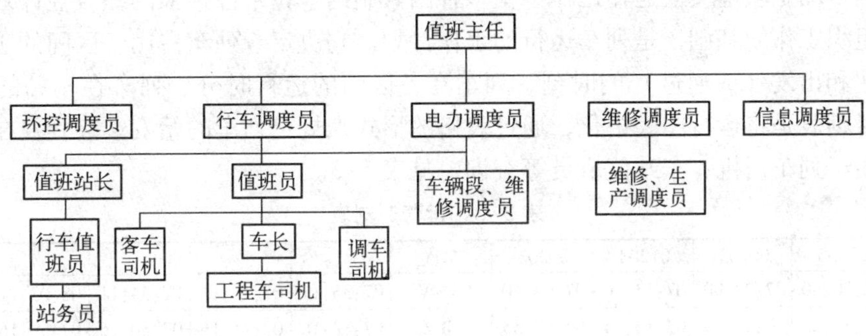

图 5-15　轨道交通系统调度指挥机构常用组织架构

3）行车调度员的主要职责

行车调度员是列车运行的组织者和指挥者，其主要工作如下：

① 负责运营线路的日常行车组织、指挥工作，按照运营时刻表的要求组织行车，实现安全、准点和优质的运营服务；

② 协调不同线路之间的客流组织；协调环控和供电系统的运作；

③ 负责组织、实施正线辅助线范围内的行车设备检修以及各种施工、工程车开行作业；协助维修调度进行维修组织、抢险组织工作；

④ 负责组织各种故障、事件、事故情况下的降级运营，协助现场指挥做好应急处理工作。

2. 列车运行图与时刻表

列车运行图是运用坐标原理来描述列车运行的时间、空间关系，表示列车在线路各区间运行时间和在各个车站停车和通过时间的线条图。列车运行图的横坐标表示时间，纵坐标表示车站，斜线表示列车，斜线上的数字表示车次。根据用途不同，列车运行图按时间坐标可分为2分格运行图（即垂直线每格表示2min）、10分格运行图和小时格运行图，见图5-15、图5-16。

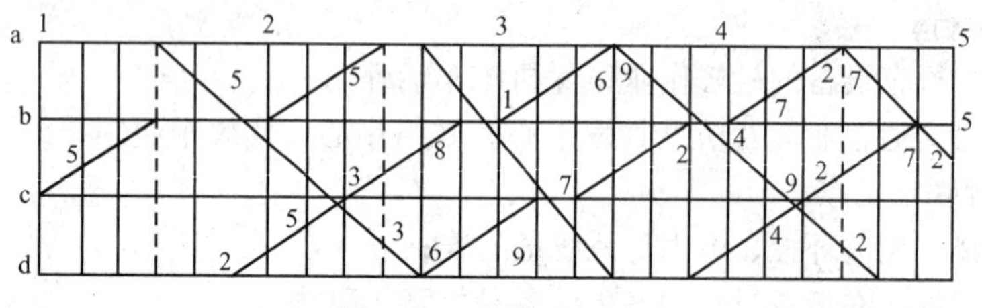

图5-16　分格运行图

在轨道交通企业组织旅客运输的生产过程中，列车运行是一个极为复杂的环节，它要利用多种轨道交通技术设备，通过多个部门和工种之间的相互协调、相互配合才能保证行车安全和高效，列车运行图在此发挥着极其重要的作用。为了保证轨道交通运输生产过程的协调一致性和计划性，使各列车运行能彼此很好地配合，保证列车运行与乘客服务工作的协调一致，保证安全、快捷、经济、准确地运送乘客，合理有效地利用轨道交通技术设备，充分利用轨道交通通过能力，轨道交通企业必须编制列车运行图。

列车运行图是轨道交通运输工作中受多种因素制约、技术性很强的综合性计划，是轨道交通行车组织工作的基础，是列车运行的工作计划。它决定着列车占用各区间的顺序、列车在车站到达和出发（或通过）的时刻、列车在各区间的运行时分、列车在车站的停车时分等。运营时刻表是将运行图表格化，通过表格的形式来规定列车的始发、终到及在中间的停站时分，便于列车司机、车站值班员等查询，见表5-3。

表5-3　运营时刻表

00505	00405	00303	01203	00203	车次					
07:39:30	07:30:40	07:22:00	07:13:10	07:04:10	WSW	07:36:11	07:45:11	07:54:11	08:03:11	08:12:11
07:43:15	07:34:25	07:25:45	07:16:55	07:07:55	GUZ	07:32:16	07:41:16	07:50:16	07:59:16	08:08:16
07:43:50	07:35:00	07:26:20	07:17:30	07:08:30		07:31:41	07:40:41	07:49:41	07:58:41	08:07:41
08:22:36	08:13:46	08:05:06	07:56:16	07:47:16	HUG	06:52:25	07:01:25	07:10:25	07:19:25	07:28:25
08:23:16	08:14:26	08:05:46	07:56:56	07:47:56		06:51:45	07:00:45	07:09:45	07:18:45	07:27:45
08:26:26	08:17:36	08:08:56	08:00:06	07:51:06	JAM	06:48:35	06:57:35	07:06:35	07:15:35	07:24:35
08:27:01	08:18:11	08:09:31	08:00:41	07:51:41		06:48:00	06:57:00	07:06:00	07:15:00	07:24:00
08:30:06	08:21:16	08:12:36	08:03:46	07:54:46	JIZ	06:45:20	06:54:20	07:03:20	07:12:20	07:21:20
⋮										
						00504	00604	00702	00804	00904
00:08:50	00:08:40	00:08:50	00:09:00	00:09:00	行车间距	00:09:00	00:09:00	00:09:00	00:09:00	00:09:00

3. 常见行车组织方法

城市轨道交通是有轨交通，列车在区间行驶时，具有运行速度高、质量大、制动距离长、不能避让的特点。为确保列车运行安全，必须保证列车之间有足够的安全间隔。向区间（或闭塞分区）发车时，必须确认区间（或闭塞分区）内没有列车，并需遵循一定规律来组织行车，这种行车的方法一般称为行车闭塞法，或简称闭塞。通俗地讲，闭塞就是指把一段线路封闭起来，同一时间内只允许一列列车占用，列车进入闭塞分区后，闭塞分区两端都不再向这一区间发车，不准其他列车进入，以防止列车相撞或追尾。区间闭塞示意图如图 5-17 所示。若甲站和乙站间为一个闭塞分区，则甲站和乙站的上行线或下行线的站间区间都只能有一列列车进入（轨道交通车站与区间的划分通常以站台端墙为界）。

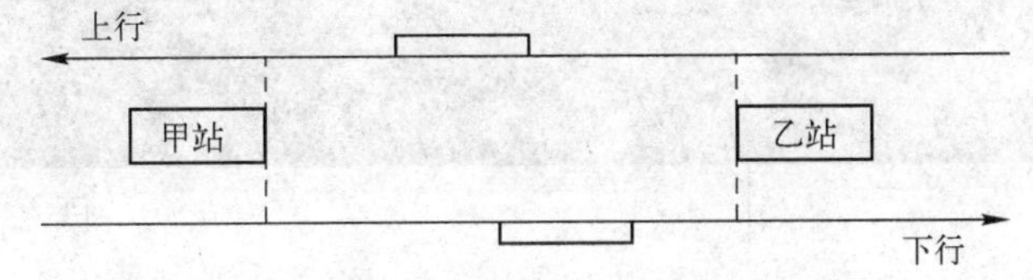

图 5-17　区间闭塞示意图

以上描述的闭塞是通过空间间隔来实现的，行车组织还可使用时间间隔实现，即列车按照事先规定的时间由车站定时发车，使前行列车和追踪列车之间保持一定时间间隔的行车方法。这种行车方法因追踪列车不能确切得到前行列车的位置，所以运行安全保障度较低，目前只有少数轨道交通企业在其信号系统出现故障时才采用。绝大多数轨道交通企业都采用空间间隔法（也称距离间隔法），把线路划分为若干区间或分区，在每个分区内同时只准许一列列车运行，使前行列车和追踪列车之间保持一定距离。这种行车方法有两个明显的优点：一是能严格地把列车分隔在不同的空间，有效防止列车追尾和正面碰撞事故的发生，确保列车运行安全；二是因在一个分区同一时间内只允许一列列车运行，列车可按规定的较高速度运行，提高效率，加速车辆运转。以下所说的“闭塞”都是指空间间隔法。

运行列车间必须保持的空间间隔至少应满足后车制动距离的需要，还要考虑适当的安全距离和确认信号、触发制动过程中列车的运行距离。

1）自动闭塞

自动闭塞是由信号系统自动实现的闭塞，不需人工介入办理闭塞手续。根据列车控制系统采取的不同控制模式，会产生不同的闭塞制式，从闭塞制式的角度来看，闭塞可分为固定闭塞、准移动闭塞（含虚拟闭塞）和移动闭塞三类。

（1）固定闭塞

在轨道交通中，为保证列车运行安全，须保证列车间以一定的安全间隔运行。前面已经提到，线路通常被划分为若干闭塞分区，以不同的信号表示该分区或前方分区是否被列车占用。列车则根据信号显示运行。不论采取何种信号显示制式，列车间都必须有一定数量的空闲分区作为列车安全间隔。固定闭塞中运行列车间的空间间隔是若干个闭塞分区，闭塞分区数依划分的速度级别而定。固定闭塞的追踪目标点为前行列车所占用闭塞分区的始端，后行固定闭塞制式下，系统无法知道行车在分区内的具体位置，因此列车制动的起点和终点总在某一分区的边界。为充分保障安全，必须在两列列车间增加一个防护区段，这使得列车间的安全间隔较大，影响了线路的使用效率。

（2）准移动闭塞

准移动闭塞方式的列车控制系统采取目标距离控制模式，又称连续式一次速度控制。目标距离控制模式根据目标距离、目标速度及列车本身的性能确定列车制动曲线。不设定每个闭塞分区速度等级，采用一次制动方式。其原理图如图 5-18 所示。目标点相对固定，在同一闭塞分区内不依前行列车的走行而变化，而制动的起始点是随线路参数和列车本身性能不同而变化的。显然其追踪运行间隔要比固定闭塞小一些。

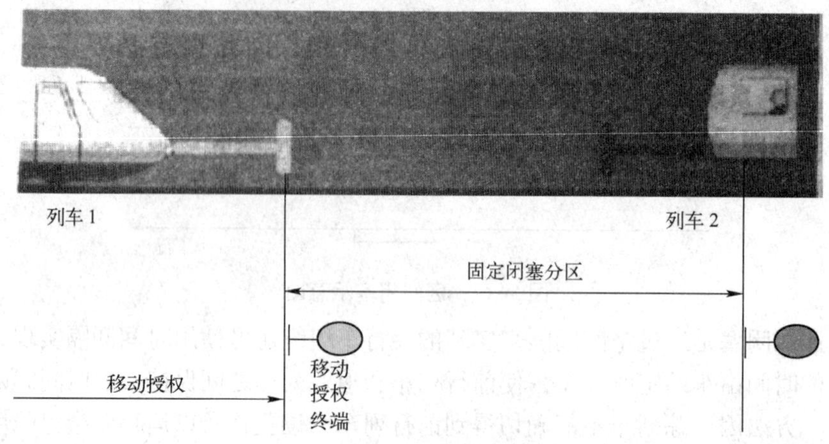

图 5-18　准移动闭塞原理图

一般情况下，闭塞分区是用轨道电路或计轴装置来划分的，它具有列车定位和占用轨道的检查功能。准移动闭塞在控制列车的安全间隔上比固定闭塞更加先进。它通过采用感应式轨道电路或环线来判断分区占用并传输信息，信息量大；可以告知后续列车继续前行的距离，后续列车可根据这一距离合理地采取减速或制动，列车制动的起点可延伸，在保证其安全制动的地点的前提下，从而可改善列车速度控制，缩小列车安全间隔，提高线路利用效率。但准移动闭塞中后续行车的最大目标制动点仍必须在前行列车占用分区的外方，因此它并没有完全突破轨道电路的限制。

（3）移动闭塞

移动闭塞的线路取消了物理层次上的分区划分，而是将线路分成了若干个通过数据库预先定义的线路单元，每个单元长度从几米到十几米，移动闭塞分区即由一定数量的单元组成，单元的数目可随着列车的速度和位置而变化，分区的长度也是动态变化的，如图 5-19 所示为移动闭塞原理图。

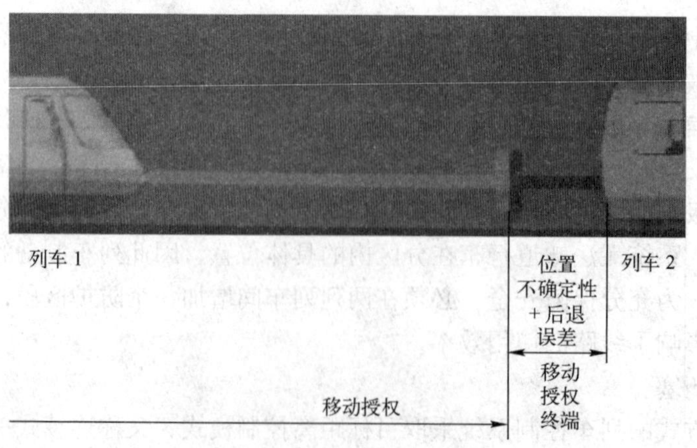

图 5-19　移动闭塞原理图

移动闭塞技术通过车载设备和轨旁设备连续的双向通信，可以根据列车实时的速度和位置动态计算列车的最大制动距离。两个相邻的移动闭塞分区就能以很小的间隔同时行进，这使列车能以较高的速度和较小的间隔运行，从而提高运营效率。

移动闭塞系统中列车和轨旁设备必须保持连续的双向通信。列车不间断地向轨旁控制器传输其标志、位置、方向和速度，轨旁控制器根据来自列车的信息计算和确定列车的安全行车间隔并将相关信息（如先行列车位置、移动授权等）传递给列车，以控制列车运行。

目前，世界上诸多信号供应商均开发出了各自的闭塞技术并已在全球广泛应用。但由于城市轨道交通的特殊条件，对安全的要求更加严格，因此很有必要配备列车自动保护（ATP）系统。ATP 系统通过列车间的安全间隔、超速防护及车门控制来保证列车运行的安全，ATP 系统的地面设备以一定间隔或连续地向列车传递速度控制信息，该信息至少包含两部分，即分区内最高限速和目标速度（下一分区的限速）。列车根据接收到的信息和车载信息等进行计算并合理运行。速度控制代码可通过轨道电路、应答器、感应环线或无线通信等传输，不同的传递方式和介质也决定了不同列车控制系统的特点。

2）代用行车法

城市轨道交通是有轨交通，列车在区间行驶时，有运行速度高、质量大、制动距离长、不能避让等特点，故须在自动闭塞系统内运行，且须具备列车自动保护功能（ATP）。目前，国内外城市轨道交通企业基本上都是采用自动闭塞系统。当信号设备发生故障时，自动闭塞行车组织将无法实现。为了在自动闭塞设备发生故障时仍能维持运营，一般城市轨道交通的信号系统设计有降级后备功能，降级后备功能一般建立在轨道电路或计轴设备基础上，只具有基本的联锁功能，不具备列车自动保护功能（ATP）。

联锁是在信号机、道岔及进路之间建立的相互制约的关系。联锁进路建立后，可防止其他列车进入该进路，从而保证该进路的行车安全。只具备联锁后备功能时，一般需要车站值班员在设备上排列进路，司机驾驶列车按地面信号机的显示行车，因不具备准移动闭塞或移动闭塞功能及列车自动保护功能（ATP），列车运行的安全性和效率都大大降低。

当信号系统降级后备功能也发生故障时，为了保持轨道交通运营的持续性，各城市轨道交通企业通常还设计了一些应急的人工组织办法，以便在信号设备发生全面故障时也可维持运营，确保列车运行安全。这种行车组织方法称为代用行车法，它主要包括电话闭塞法、电话联系法和领航员行车法。代用行车法主要由车站值班员组织实施，是值班员岗位必须熟练掌握的业务技能。

4. 提高运输能力的方法

1）地铁行车间隔缩短，各线加密发车班次

例如，深圳地铁罗宝线延长早晚高峰时间段，同时蛇口线、环中线以及龙岗线也相应缩短了行车间隔，加密发车班次。结合地铁网络化运营以来的客流需求，为更好地方便乘客出行，延长了早晚高峰时间段，同样能达到提高该线列车发车班次和运载量的作用。

2）跨站运行

（1）双方向 AB 跨站停方案

双方向 AB 跨站停方案是将线路上开行的列车分为 A、B 两类，列车隔一站停一次，在一些客流大的车站都停，如图 5 - 20 所示（黑圆为停车）。

跨站停的方案与线路上车站的特征以及客流的特点相关，考虑到列车的服务水平，不停车站的数量不能太多。

② 单方向 AB 跨站停方案是在双方向 AB 跨站停的基础上，在线路同方向的一部分开行 AB 跨站停列车，而其他部分开行站站停列车，如图 5 - 21 所示。

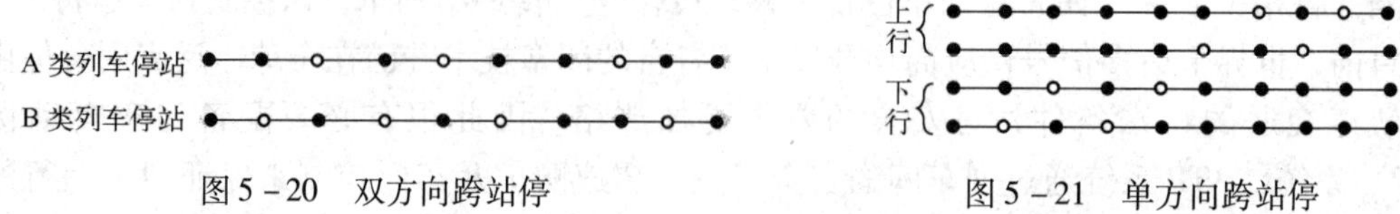

图 5 - 20　双方向跨站停　　图 5 - 21　单方向跨站停

这里以法国巴黎市域地铁 RER B 跨站运营方式分析为例，该线路跨站运营主要分布与巴黎近郊，在市区内（大小相当于上海内环内）并没有跨站运营的例子市区内，RER 作为 Metro 的补充。在市郊，根据客流情况的大小，开行跨站列车、直达列车等方便郊区居民的通勤。列车名对应一种运营方式，由 4 个字母表示，显示在列车前方。工作日高峰时刻运营有 5 种运营方式：①ULLE；②PLAN；③KJAR；④UBAN；⑤SVIC。两个不同支线方向来的列车，高峰时间时，两个支线上不存在跨站运营，支线汇总后的几个站点存在跨站运营。ULLE 是直达，12min，PLAN 停靠后面的 3 站，弥补了 SVIC（站站停至另一支线 Robinson）不停的站，KJAR 也是直达，但多停 La Courneuve 和 La Plaine 两个客流比较大的站，即减少了郊区乘客的入城时间，同时服务了两个大站。在客流低谷时段，只有 3 种运行方式。

复习思考题

1. 谈谈你对日常调度的理解。
2. 提高运输能力的措施主要包括哪几个方面？

6 第6章 轨道交通网络化与运营管理

本章概述

本章重点介绍了轨道客运组织一体化管理和轨道客运站点换乘衔接组织优化两方面内容。并从轨道客运一体化产生的背景、客运一体化的内涵与基本特征、客运一体化的实现途径等方面详细讲解轨道客运组织一体化管理；通过对换乘衔接的组织优化原则和措施、衔接组织一体化实例分析、城市公共交通信息一体化建设的介绍，辅以香港尖沙咀车站的出入口分布及连接地区分析实例，对轨道客运站点换乘衔接组织优化进行了详细的剖析。

本章还对客运一体化的内涵及构成要素；客运一体化的实现途径；交通换乘衔接组织的内涵、组织原则及组织措施；利用实例分析换乘衔接一体化；城市公共交通信息一体化内涵、系统体系结构；中国香港尖沙咀车站的出入口分布及连接地区进行了分析。

本章学习重点

1. 了解客运一体化的实现途径，大型交通枢纽一体化的换乘衔接系统组织措施，城市公共交通信息一体化建设。

2. 掌握换乘衔接的组织优化原则和措施、衔接组织一体化实例分析。

6.1 轨道客运组织一体化管理

从城市客运系统考虑轨道客运组织，应加强一体化管理。所谓一体化是指城市中的各种客运方式运营组织和接待高效衔接运转的一体化管理相关的内容。

6.1.1 轨道客运一体化产生的背景

经济快速发展带来的城市化、机动化迅猛发展使得大城市机动车保有量均呈现较大幅度提高，从一定程度上方便出行的同时，也致使城市交通运行状态和停车问题日趋紧张，同时造成了交通事故、环境污染等不容忽视的社会症结，严重影响着人居环境的改善，这必将制约全社会的可持续发展。大力发展公共交通已然成为解决现代交通问题的共识。无论是在质量上还是在数量上，公共交通都面临巨大挑战。其原因如下。

① 城市的扩张导致了从市郊到郊区和从市郊到市中心的交通迅速增长。虽然中国的城镇化率比世界平均水平要低，但增长迅速。

② 家庭购买力的增长和私人车辆的普及造成私家车拥有水平的迅速上升。近年我国不少城市机动车的年增长率超过 15%，在许多城市甚至达到了 30%。

③ 道路系统的迅速发展同样也鼓励了私家车的使用。在中国，城市道路的长度在过去 20 年里以每年 10% 以上的速度增长。

④ 人们生活方式的改变导致了休闲旅行和购物次数的增多，而这些出行往往不依赖公共交通。由于大量流动人口的快速增长，产生了更大、更多样的流动性需求，流动性的方式也在改变。而现在日益增长的服务性经济也使人们要求有更广泛、更灵活的交通服务以供选择。人们不仅要求频率更高、范围更广，而且也要求更高质量的服务。

因此，20 世纪 80 年代起一些发达国家相继提出建立一体化交通系统的战略思想，将公共交通、公路交通、个体机动化交通和非机动化交通全部纳入统一的规划和管理范畴。在城市交通建设过程中，其一体化进程必然是分阶段、分步骤实施。作为城市交通的主体，满足大多数人出行需求的公共交通系统应首先确立一体化的发展模式。公共交通要取得任何重大的进步，就必须增加其服务性能。它必须提高服务质量，提高准时性、频率、吸引力和舒适性。这意味着要针对每个出行者的要求提供更大范围的灵活服务，而这些服务的整合就是公共交通系统成功的基础。

6.1.2 客运一体化的内涵与基本特征

客运一体化思想的内涵丰富，简言之，其核心就是同步与协调。同步强调了一体化是一个过程而非一个完成的结果，其贯穿并渗透于系统建设的整个过程、各个环节。协调则体现出一体化的目的，其最终要达到各个系统、各个部分彼此间的和谐匹配，只有实现系统各要素的协调匹配、有效集成，方能产生系统整体性能“质”的飞跃。

城市客运一体化是在推动不同交通方式合理服务功能发挥的基础上，根据交通工具技术特性，引导人们合理地选择出行方式，以实现客运体系运行的安全、高效与可持续发展。

客运交通的发展要以可达性、机动性、宜居性为指导，通过协调各级管理部门、基础设施、管理措施、价格调整及土地利用等因素来发展交通，实现包括私人汽车、公共交通、自行车交通及步行等方式的综合效用，从而整合城市各种资源，优化配置交通资源，形成交通价值最大化的交通发展模式。

城市交通的高效运行依赖于硬件（Hardware）、软件（Software）和组件（Orgaware）三方面的紧密组合。硬件是指轨道、道路、停车场和枢纽站等交通设施的组合；软件是指公共交通、个体交通和货运交通等组成城市交通的多种运行方式；组件是指规划、投资、建设、运营、收费、定价以及体制与法制等综合管理手段。因此，客运一体化的构成要素可以概括为：整合交通设施，协调交通运行，实现综合管理。

1. 整合交通设施

交通设施是城市交通的物质基础，决定着城市交通的供需规模、运行模式和服务水准。道路是城市交通最基本的交通设施，城市道路系统是组织城市各种功能用地的骨架，又是城市进行生产和生活等经济活动的动脉。建设轨道交通是解决大城市交通问题的主要途径，因此，轨道也是大城市重要的交通设施。随着供需规模的扩大，枢纽设施的地位将逐步提高，将成为交通政策关注的重点。停车设施与动态交通设施同等重要，布局合理和规模适宜的停车设施不仅是交通畅达的基本保证，而且是调节交通需求分布的有效手段。管理设施是实施科学交通管理的技术保障，其作用在于发挥交通设施的综合效益和提高交通运行的服务水平。城市交通设施的整合如图 6-1 所示。

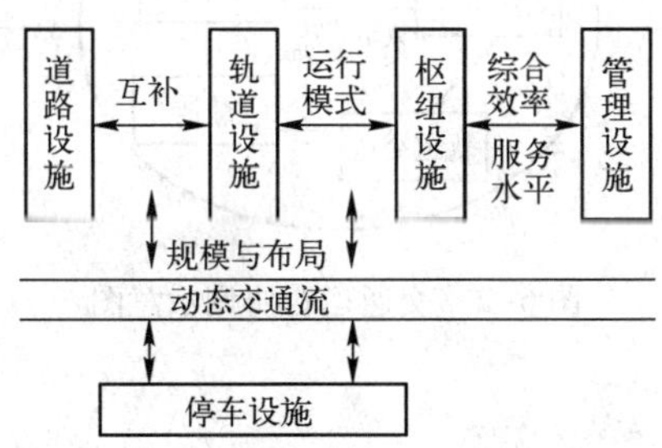

图 6-1　城市交通设施整合示意图

交通设施的变化是城市交通发展的直接反映，而交通设施的建设重点也将随着城市交通的发展而逐步转变。以上海市为例，20 世纪 90 年代初，上海交通建设的重点是道路设施，建成了一大批高等级道路，从而初步缓解了道路拥挤的矛盾；20 世纪 90 年代末，交通建设的重点则转向了轨道设施，近期轨道网络规模化提升了客运服务水平。目前，面对交通多元化的趋势，枢纽换乘设施、停车设施和管理设施的建设受到越来越多的重视，尤其是在一体化交通战略中，已经将枢纽设施视作最关键的交通设施。要在持续建设道路系统、大力发展轨道系统的同时，加强枢纽设施、停车设施和管理设施的建设。建设以快速路、主干路为骨架，次干路和支路为基础，保障公交优先通行，充分重视慢行交通的道路运行系统。

2. 协调交通运行

交通运行是城市交通服务的重要过程，其宗旨是要为城市发展和市民生活创造优质、高效、安全和舒适的交通空间。货运和客运是交通运行的两个组成部分，城市交通鼓励客货分流，包括空间上的分流（如规划货运通道）和时间上的分流（如货车夜运）。客运中包括慢行交通、个体机动交通和公共交通等多种形式。慢行交通是依靠人力的交通方式，主要是指步行和自行车，适合短距离出行，并为机动方式提供接驳服务。个体机动交通主要指小汽车、摩托车和助动车，满足了长距离出行的需要，并具有较强的灵活性，但是受到交通、环境和能源等因素的制约，必须在宏观需求管理下有序发展。公共交通主要是指轨道列车、公共汽车和出租车，是最体现公众利益和运行效率最高的交通方式，在城市交通中处于优先发展的地位。随着城市化进程的加快，出行距离将不断增加，一方面将刺激交通机动化水平的提高；另一方面越来越多的出行将依赖于多种方式紧密组合的方式链。换乘是将各种方式紧密衔接的关键环节，方便的换乘应该具备空间紧密、时间紧凑和收费优惠三个基本特征，国际上大城市采用的多模式接运为城市发展和市民生活创造了优质、高效、安全的交通空间。通过大力发展轨道交通，优化地面公交网络和提高出租车运行效率，不断增强公共交通对市民的吸引力。通过交通需求管理，在实现车行畅通的前提下，保持小汽车与道路容量的平衡增长，有序拓展小汽车的运行空间。引导慢行交通的合理运行，发挥其短距离出行和为公交接驳服务的功能，构筑人性化的慢行交通空间。如图 6–2 所示为交通运行协调示意图。

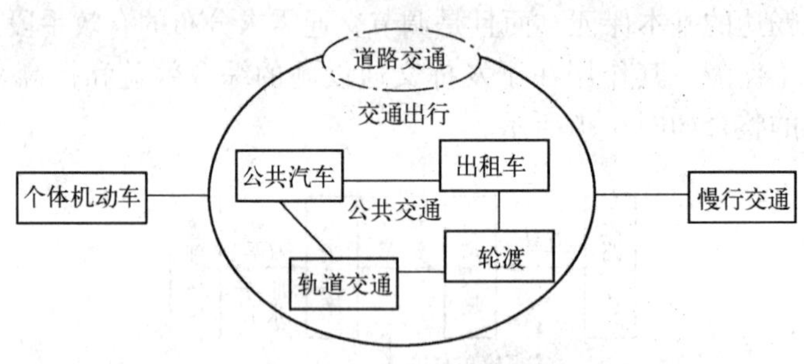

图 6–2 交通运行协调示意图

3. 实现综合管理

交通综合管理面向政府部门、交通决策者和交通经营者，主要涉及规划投资、运输管理、定价收费、环境保护和体制建设等多方面内容，是城市交通发展的关键因素。

国际化大城市交通的综合管理要求高效、协同和统一。为了确保城市交通政策与规划的顺利实施，首先要建立一个强有力的权威机构，该机构将统一协调各部门的工作，统一负责城市交通政策的编制和实施，并对交通投资、交通立法具有决策权。其次要确保资金投入，使各项行动措施的资金得到落实。再次要为城市交通政策提供充分的理论依据，尤其是要应用科学研究成果来解决争论问题。最后要鼓励公众参与，广泛听取各方意见，增强城市交通政策的社会接受程度。公共客运服务的运营模式，大到大运量捷运设施的供给方式（是公营还是私营），小到公共汽车的发车频率、出行时刻表的制定，都将直接影响公共服务效率的高低，并间接地作用于客运交通体系的组成结构。

城市客运一体化的基本特征可概括如下。

① 交通系统的一体化是对交通系统资源的整体优化。

② 交通系统的一体化是对交通需求的统一管理。

③ 一体化交通系统的外延要求它与其环境系统协调。

现在国内外已经出现经济一体化的趋势，作为社会经济的子系统，交通运输系统必然走向一体化。交通运输系统一体化的前提是保障社会经济系统的持续协调发展。因此，一体化交通系统的建设和发展还强调它与其环境系统的持续协调发展。

6.1.3　客运一体化的实现途径

客运一体化最重要的要求就是使“门到门”的行程时间具有竞争力，使它尽可能成为一种无缝的或不间断的过程。公共交通网络的有效性必须依赖于使用的简易性。当系统由几个服务或方式组成，以及像现在日益增多的例如由几个运营商组成的情况，最关键的就是确保这些服务之间的连贯性和网络运营的连续性。整个系统必须高度成功，而不只是其中某一部分成功。这就意味着在联合运输和整合方面有更多的工作要做，因为出行要求越来越高，出行的方式也日趋复杂，而且合作伙伴也日益增多。联合运输要求在公平、长期合作的基础上建立新型的合作关系，旨在满足出行者的要求并提供全面的交通系统，不仅包括传统的公共交通服务，还包括个人出租车，公租车共用、车辆共用、大众交通等。它要求交通运营商和主管部门采取更具体的措施以提高公共交通在联合运输方面的吸引力。

1. 整合区域规划是关键

整合的区域性规划是这一方法中的关键因素。这可以通过使用组合式区域以留住居民和就业机会来控制人们的居住和活动的范围。为此，建议在城市规划和交通政策之间保持一定的一致性。城市规划蓝图应将建筑限定在城市周边的空地上，同时增加人口密度，主要在停靠点和车站附近。土地使用和交通的整合对城市流动性的任何协调政策都是一个先决条件。

例如，慕尼黑市的所有新建项目都必须整合 25% 的住房区域以减少流动性需求。开发新区时，例如 Messestadt Riem（慕尼黑的新城区），在规划时的综合使用原则就是一个重要部分。同时在规划新地区时也考虑了旨在减少个人交通方式的创新概念。在许多欧洲城市，如德国的汉堡、慕尼黑和科隆，整合的城市交通规划使稠密的居民区和商业区都聚集在公交站点附近。在国家政策方面，例如英国政府就发布了规划政策的指导方针，强调以下几点：①房地产开发点的安置应产生大量的本地区出行情形并配备良好的公共交通；②限制新开发点提供的停车设施；③鼓励当地运营商更负责地影响出行需求。

赫尔辛基的所有新社区都是通过城市各部门之间的紧密合作来进行完全规划的。每个新开发点从项目策划开始时就将公共交通考虑了进去。在开发新社区时首先启动的工作之一就是建设公共交通的基础设施。之后，其他城市设施（学校、文化中心等）及主要建筑物、住房才建立起来。这样，首批入住的人们就已经不用依赖私人交通方式了。

另一个例子来自美国 20 世纪 70 年代，俄勒冈州实施了一项综合规划以开发波特兰大都市地区。这个规划包括：①控制开发区域以控制城市的扩张；②通过严格的地块划分来控制房地产；③开发绿地；④建设公共交通系统以满足流动性的需求。这样做的结果是波特兰建立了服务其大都市地区的轻轨系统，并启动了高频率服务。今天，波特兰人口中 75% 都拥有私家车，但大多数人在某些出行上选择公共交通。

2. 不同交通方式之间的衔接

整合的一个重要方面在于交通方式的选择和它们之间的衔接：在郊区和农村的铁路和公路网络中，从高速列车至随叫随到的出租车，同时也要考虑汽车、自行车和步行。这些组合交通方式的连接必须根据客户要求、技术性能、相关领域和财务参数加以不同层面的改进或修改。

在轨道交通方面，将新老电车的线路与现有区域性铁路相结合可以在相当广的范围内提供无缝的交通衔接。第一个这种类型的项目是 20 世纪 70 年代初德国区域性铁路（科隆—波恩—爱森巴恩）和科隆和波恩的轻轨网络之间的衔接。之后，这一理念在卡尔斯鲁厄得到进一步发展，在德国铁路网络各部分之间运营双模式的车辆。由于卡尔斯鲁厄的主要铁路车站不在市中心，而市中心主要靠电车提供交通通勤，电车可以运行在区域性火车使用的同一根铁路线上，这样就将市中心与外部区域连接起来。乘客从这一快速的轨道出行中获益，可不用换乘便进入市中心。卡尔斯鲁厄的这一显著成功使欧洲其他城市，如萨尔布吕肯，纷纷仿效，也证明了区域性铁路和轻轨之间的兼容性问题完全可以解决。

3. 换乘点的优化

公共交通系统的舒适性和吸引力很大程度上依赖于公共交通方式之间和车辆之间的换乘质量。统计数据表明：公共交通乘客和车辆用户中相当一大部分每天都要经过交通换乘点。因此，联合运输中通过换乘点和转乘点的优化，使其既具功能性又有舒适性是至关重要的。

换乘点优化建设包括三个方面。

① 换乘枢纽基础设施设计与建设。包括交通方式间的转换空间、等候空间等基础设施同步规划与建设，这些空间应同时具有安全性、可识别性和方便性，体现人性化设计思想。

② 交通方式之间的能力匹配与组织。交通换乘枢纽中的不同交通方式的运行时间要求统一进行协调，相互换乘的交通方式间要求运能匹配，运能低的交通工具要求能够快速地为运能高的交通工具进行交通集散，避免换乘站的旅客滞留。

③ 旅客信息服务系统。建设先进的信息服务系统以满足不同层次管理的需要，及时准确地采集、处理、分析、存储、传输运行过程中所产生的各种信息，使乘客在出行中了解可选择的交通工具，判断最佳的交通组合，能为旅客提供行车的时间、行车路线等，方便乘客换乘。实践中，经常采取的措施如下。

- 将换乘距离降至最短，一个较好的例子是为相同线路上行驶的公共汽车分配同一个站台，便于乘客在这些连接站内部换乘，避免出现乘客耗费时间寻找正确站台的情况；
- 设置规范的安保监督设施，如在所有人行道旁、站台安装良好的照明设备等；
- 改善换乘环境，提高旅客舒适度；
- 设计良好的接待和营销服务；
- 提供高质量的诱导与服务信息。

例如，荷兰铁路把整合策略应用于所有铁路车站，因为他们认为：①与铁路车站之间没有良好的交通是人们不愿意使用公共交通的最重要原因。②人们非常不愿在等待上耗费比乘车更多的时间。这一策略包括自行车修理、自行车租用、公共汽车和铁路车站的重新设计，尽可能地缩短行走距离，在等待时间里提供零售服务等。

换乘点已渐渐成为人们的生活空间，这是一个日益清晰的发展趋势。换乘点适当地融入周围的环境中，为乘客提供日常的商业和其他服务。便利服务诸如电话和报纸亭、自动售货机和更多样化的服务，如食品店、修理店、照相亭等。

事实上，旅客出行中的换乘可以被视为城市交通的一个焦点。它要求我们彻底地了解出行者的需求和期望并以此指导我们的服务。这需要几个交通运营商和服务提供商之间的合作，需要建立许多合作关系，尤其是财务方面的合作，它决定了为出行者提供服务的质量。

4. 提供高质量的“门到门”交通信息

成功的联合运输的交通系统中一个关键要素是提供高质量的“门到门”信息。通知客户已有的交通可能性，使人们可以确认并计划他们的行程，这在公共交通的改进过程中是一个重要阶段。为客户提供信息和高质量基础设施让他们知道可以选用哪种交通方式并在哪里使用，这对于一个企业来说是生死攸关的大事。研究表明，所有流动性出行中大约21%是仅仅因为没有足够的信息而未通过公共交通系统完成的。为此，信息必须在旅行之前（地点在家、工作单位或公共场所），在停靠点和旅行过程中（在车辆上实时提供，在换乘点及时提供）通过使用一套综合的信息工具（如印刷品、电话、网络等）提供给出行者以覆盖所有类型的用户。

如瑞典高森伯格的GOTIC交通信息系统被认为是世界上第一个在互联网上提供从所有车站发出的轻轨和公共汽车的实时信息的系统。他们的信息系统被用于规划公共交通系统的服务（时间表、交通信号的控制），影响交通流量（动态控制优先级，可选路线的信息），通知乘客和司机实时信息，包括线路中断和继续等（系统质量方面的统计数据等）。这一日趋发展的系统受到大量用户的青睐。他们在建立所有交通方式都包含在内的后台办公室方面也做了大量的工作：一间整洁的房间，同时又成为所有信息的协调中心。在这方面，运营商也是信息服务的提供商。还有一些服务中心或呼叫中心的成功例子，在这里你可以通过一个电话号码获得有关时间表、线路、交通方式选择以及公共交通服务的信息。信息还通过互联网和移动电话提供。荷兰的OVR系统是一个综合系统的典型例子，它是荷兰一个关于所有公共交通服务的独特信息源。

另一项有趣的方法就是建立“流动性”商店，你可以购买流动性商品并获得有关旅行和票务的大量信息。这种商店在欧洲越来越流行，通常建在公共交通网络的关键换乘点。

5. 车票和票价的整合

要获得零换乘的城市交通系统，关键的一项措施就是税费和车票的整合。对用户来说，为一次旅行购买几张车票是很麻烦的。因此，车费和票价的统一和整合便于公共交通的使用。这可以通过实施适用于所有运营商和交通方式的单一车票来完成。荷兰在20世纪80年代初就建立了全国统一的纸质车票系统，这种纸质卡可以用于全国所有城市和区域性公共交通以及部分铁路线路上。

在公共交通中，计算机技术和电信业的巨大发展起到了极为重要的作用，它可为乘坐者提供实时信息以确保顺利换乘，也可通过智能卡解决收费和分配的问题。智能卡不仅是合理调整票价、防止假票和统计交通量的有力工具，也是政治和商业杠杆，为公共交通创造了现代化形象。

1）应用案例

中国香港1997年引进了自动收费系统称为章鱼卡，又称八达通卡。它是一种无需接触的智能卡，可用于所有交通方式（郊区火车、地铁、轻轨、公共汽车和轮渡）。每个运营商都有自己的收费系统但车票是统一的。章鱼卡实际上是电子钱包，其付款可用于几种城市服务，包括公用电话、停车、购物等。现在，大约80%的香港人都使用章鱼卡。

德国不来梅则延伸了公共交通和车辆共用之间的合作。他们引进了一种无需接触的智能卡，可用于公共交通中的电子车票并用于电子支付方式的车辆共用。这种卡还可以在城市商店中作为电子钱包使用以及停车等。

芬兰赫尔辛基的公共交通运营商2003年引进了移动售票，即通过移动电话支付票款。每个移动电话的持有人在走近地铁站时就可以发送短信获取车票。在收到回复短信确认其虚拟车票并标明车票的号码和有效期后，持有人就可以使用这个网络。支付款直接进入电信运营商的财务系统。

2）整合措施

在票制票价方面，一体化客运发展模式下的整合措施有两种。

① 采用公共客运运营与票制系统分离的方式。每家公司有一个路线长度和运行时刻表，运营公司收入与票款收入无关，而是根据公司的营运里程和服务质量进行统一分配和给予政府补贴，并从总收入中提取部分资金用于公交事业的再发展。票制系统根据当地居民的收入水平、公共客运运营成本、不同车型配置及服务档次的不同等因素统一制定。

② 采用公共客运运营与票价收入挂钩的传统方式。票价可采用单一票价制、按站分段计价制、分区收费制等形式，运营公司在履行与政府签订的提供相应服务产品合同的前提下，在获取政府规定的合理利润情况下，自行决定票价，相关部门进行监管和控制。

在欧洲，对地铁、路面电车、郊外铁道等公共交通企业实施运营费补助是相当普遍的。地铁等公共运输设施，不仅其建设费用的偿还非常困难，而且随着人工费、燃料费的不断上涨导致运营费用增加，而又难以实现与其相应的票价上涨调整，因而难以依靠运营收入来全部偿还投资成本。对此，各国都采取了一些运营费补助措施，以维持公共运输的经营。

（1）一卡（票）通方式

所谓一卡（票）通是指在某个城市圈内，无论利用什么样的交通工具（国铁、地铁、私铁、公共汽车等），都可以使用通用车票自由选择线路的一种运输方式。最初是汉堡从

1967 年开始实施的。其基本方法是：将城市圈划分为若干个同心圆的环形小区域，在其小区域内或小区域间无论利用其中的哪种交通工具，按普通票、定期票的不同种类，以同一票价在一定时间内，包含换乘在内，可以乘坐任何交通工具。这种情况将引起企业之间的收入分配问题，由于各企业在接受分配后仍然需要大量的公共援助，所以企业本身的实质性收入与从前的、援助加上各企业的实际收入的总和并无太大的差异。

（2）橘黄卡方式（优惠票模式）

巴黎在 1975 年开始采用了橘黄卡方式。它与汉堡一样，将城市圈划分成同心圆形的环形小区域，采取了向在其中定期移动的人（主要是通勤、通学者，其他人也可以利用），出售橘黄色的高折扣定期票的政策，以谋求增加客流。旅客在规定的小区域内或小区域之间，可以利用任何交通手段，这一点与汉堡相同。没有橘黄卡的普通乘客则不能享受这种选择的自由。据报道，该政策实施后，公共运输手段的利用比例得到了上升，现在已有 60% 的乘客使用了这种橘黄卡。然而对交通企业来说，因其票价降低而收入下降，为填补其亏损，因而显著地增加了公共援助的需求额度。为此，采取了对企业征收运输税（税率为 0.2% ～ 0.5%），计算基础为工资总额的政策，以此税收作为对纳入巴黎城市圈橘黄卡系统中的法国国铁的巴黎近郊线、巴黎地铁、快速郊外铁道，以及公共汽车等各企业实施补助的资金。在美国华盛顿，票价政策方面采用了高峰时段的票价为非高峰时段票价的 1.5 倍的政策。日本与其正好相反，高峰期大部分乘客为通勤、通学者，而对通勤通学者却实施了定期折扣票价制度。加拿大的城市交通大体上与美国类似，但在大城市采取了与欧洲更为接近的交通政策。例如在多伦多，在旧多伦多市与周围市镇村合并构成大城市圈时，各公共交通工具（地铁 2 条约 60km，LRT 路线 11km，公共汽车、郊区铁路）采取了由多伦多公车局（TTC）实施一体化经营的政策。其票价为均一票价，运营费的亏损部分由政府给予补偿。在城市轨道交通的运营费方面，欧洲采取的是以公共援助为主，利用者负担为辅的政策；而日本采取的是利用者负担为主，公共援助为辅的政策。

6. 停车换乘（P + R）系统

联合运输的另一个重要方面是时间表的协调，使各交通方式之间的到达和出发时间尽量同步，目的是最大化缩短乘客的旅行和等待时间。“停车换乘（P + R）”方式的提供也是成功的联合运输交通系统的一个重要方面，它使驾车者可以将车停在市郊的停车场再优选路线乘坐郊区铁路列车、地铁或公共汽车出行，从而避免了交通堵塞。例如，“停车换乘（P + R）”的计划使英国牛津市大大地增加了公共汽车的使用率。这个城市于 20 世纪 70 年代早期规划的公共交通政策包括开发一个大型“停车换乘（P + R）”系统。城市的每个主要辐射方向的边缘建有四个大型的停车场。他们在早上高峰时段容纳五分之一的驶往牛津中心城区的汽车，每年转移驶往城市的车辆 130 万辆。专用公共汽车在停车场和城市中心之间来往，白天每 5 ～ 10min 一班，乘客数量非常之多，因此公共汽车的运营可以实现无津贴。即使是短途旅行，由于公共汽车在线路使用方面的优先权，使“停车换乘（P + R）”的计划同样可以节省金钱和时间。

7. 城市轨道交通在系统整合上起领导作用

在协调方案中，城市轨道交通在系统整合方面起到了组织和领导的作用。多年来，城市和区域性铁路网络的设计和建造都是为了将大量乘客送达或带离工作地点，为此还在辐射结构的周围开发了大部分铁路网络以服务城市的中心地区。由于早期城市轨道交通的作用仅限于运输功能，而并未考虑乘客的期望及系统与周围环境的相容性，因此这一理念显然已经落后了，较高的运输容量不再是评估地铁运营效率的唯一标准。实际上，城市铁路网络已从简单的运输系统转变为一种城市的成就，整个城市及其活动系统的建设和开发都将围绕它进行。地铁系统是每个可持续发展城市和流动政策的骨干。将地铁与其他公有和私有交通方式整合后，我们可以为市民提供综合的无缝流动性交通方案。流动运输各方之间的合作和新技术的开发也使整合成为一个现实。

6.2 轨道客运站点换乘衔接组织优化

随着我国城市化与交通机动化进程的加速发展，大城市现有交通基础设施逐渐不能满足急速增长的交通需求，因而产生了诸如交通堵塞、环境恶化等一系列交通问题。究其原因，一方面是城市交通需求总量的急速增长与交通设施供给滞后之间的矛盾导致；但更重要的是在既定的交通供给水平下，城市交通的整体化水平仍较低，已有的各种交通方式暂时没有实现有效的协调衔接，导致城市交通运转效率低，加剧了城市交通的供需矛盾。

公共交通枢纽在城市综合客运交通体系中的主要功能是集散各种客流，满足乘客中转换乘时高效、安全、便捷、舒适的需要，枢纽换乘衔接组织对于实现城市内各种交通方式间的无缝换乘，提高换乘效率具有重要意义。

6.2.1 换乘衔接的组织优化原则和措施

1. 交通换乘衔接组织的内涵

交通换乘衔接组织是指交通管理部门为保证交通对象能够实现出行目的，在不同交通方式或交通设施之间搭乘转换，以及在此过程中提供的载运接驳设施（如衔接通道及线路、换乘站厅等）等交通服务。客运交通换乘组织系统包括以下三个基本方面。

1）客运站点换乘基础设施

在站点换乘站的设计中，交通方式间的转换空间、等候空间等基础设施要求同步规划与建设，这些空间应具有安全性、可识别性和方便性，设计中要求体现人性化设计思想，以方便不同交通方式的搭乘转换。

2）交通方式间的运能衔接与组织

交通换乘站点中的不同交通方式的运行时间要求进行统一协调，相互换乘的交通方式间要求运能匹配，运能低的交通工具能够快速地为运能高的交通工具进行客流集散，以避免换乘站的旅客滞留。

3）换乘信息服务建设

一体化交通的发展要求具备先进的客运换乘信息服务系统，换乘信息服务系统应能满足不同层次的需要，能及时准确地采集、处理、分析、存储、传输客流转换过程中所产生的各种信息，使乘客在出行中了解何种交通工具可乘和如何选择最佳的交通工具组合方式，以便为旅客提供合理的行车时间与路线，方便乘客换乘。

2. 一体化的换乘衔接组织原则

一体化的设计理念是城市客运站点换乘衔接组织的一个重要原则。该理念是指综合考虑不同层面的交通联系、疏解与引导功能，通过优化整合各类交通资源及对各类交通方式流线的合理设计，实现铁路、航空、水运、公路、城市轨道交通、常规公交、小汽车等交通方式中至少两种方式间实现无缝换乘。一体化换乘枢纽能够保障城市客运交通系统的高效运转，为广大出行者提供便捷、安全、舒适的换乘条件。同时，在倡导公交出行方式以及增强公交运营单位竞争力，提高效益等方面发挥积极的支持作用。一体化换乘站点已成为大城市客运交通系统中具有重要意义和突出作用的组成部分，一体化理念以及一体化枢纽的规划建设，已经成为优化城市交通出行环境，缓解城市交通问题的关键环节。一般来讲，一体化换乘衔接组织设计主要包括以下几点。

1）换乘距离最短

布置枢纽时应尽量保证结构紧凑，充分利用空间，以缩短客流换乘距离，减少换乘时间。当枢纽设计位于十字路口附近时，应使其出入口分布在路口的四个方向，尽可能减少换乘客流横穿街道次数；使地面公交车站尽量靠近城市轨道交通枢纽出入口。

通过公交线路及站点的空间布局优化、客流与运能的合理配置，提高公共交通对私人交通方式客流的吸引力，使公交企业在客运市场的竞争中提高效率，获取更大的利润，以满足中转换乘的方便与舒适以及公交企业的利益。

2）交通分流

实现交通分流的主要手段是通过平面流线分离设置和立体设计。平面流线分离设置对地面空间的需求较大，并且不可避免的会产生各种交通流之间的交叉。

立体化设计理念的落实应以充分发挥各层面功能，保证设施的高效利用为基本原则；流线设计与换乘组织应本着安全、高效、便捷的思想，充分考虑人在枢纽中换乘时的需求及心理特征。

3）与周边交通体系协调

通过各种交通方式换乘系统的合理布局，促进动、静态交通的均衡分布。枢纽的地理位置及其周边道路的疏解条件，设施配套情况应与枢纽的功能、规模、能力相适应；设施与导向系统的配套应充分体现人文关怀，保证人在枢纽内行动的舒适、安全。减少公共交通与其他交通方式的相互干扰，使居民的出行选择由低效的私人交通工具向高效的公共交通方式转化，实现道路网络运送人流的最大化。

4）集中布置，统一管理

交通综合体系的建设应考虑将交通换乘与商业等功能相结合，在设计中应当通过潜在引导使得枢纽与相关物业相互带动，相互促进，并尽最大可能地充分利用地下空间，在控制地面土地利用规模的同时，创造通达便捷的集散吸引空间，结合周边条件刺激相关物业的开发。

综上所述，城市客运枢纽交通换乘衔接组织原则主要考虑两方面，一方面是物理上的一体化设计，即从布局上使换乘乘客的走行距离尽可能的短；另一方面是在运营管理上一体化换乘组织，使各种交通方式运能相互协调匹配，使交通参与者最方便利用换乘设施。

3. 大型交通枢纽一体化的换乘衔接系统组织措施

从一体化的角度，可以将换乘组织措施分为系统措施和细化措施。系统措施主要从规划布局角度考虑；而细化措施主要从运营体系来考虑。

① 系统措施。综合换乘枢纽的合理布局；公共交通线网的优化设计；公交车首末车站的合理布局；运能的合理配置；停车换乘系统的合理布局；小汽车和自行车停车场容量规模配置；公共交通站点的合理布局。

② 细化措施。换乘联系通道的布置与建设；共用站厅站台与换乘联系通道的布置与建设；站前广场等换乘设施的建设；建立城市内交通和对外交通联运体系，包括联运措施的建立、联运票价的制定、联运利益的合理分配方案；建立城市内交通的通票体系，包括通票的发行、价格制定；停车优惠政策及安全管理措施。通过细化措施提高轨道交通节点的换乘方便性以及与其他交通方式的线路连接。

1）提高轨道交通节点的换乘方便性

为使公共交通一体化并提高连续性，需要建设轨道交通与其他交通方式换乘的方便设施。这种设施的建设从空间利用的角度可分为以下两种类型。

① 街道空间利用型。街道空间利用型用于既有的高密度地区交通方式转换的地方（主城内车站）。为了增强轨道交通的吸引力和扩大服务范围，要重点处理好轨道交通与地面公交、自行车的衔接，同时要考虑为乘客提供最直接的公交运行信息。

② 站前广场。站前广场是大量的客流集散地，是代表城市、地区形象的空间。在汽车普及化时代，站前广场还具有促进站前地区的活跃发展的功能。现代化的站前广场具有交通结点功能、广场功能、形成城市重要地的功能。

站前广场根据有无这 3 个功能和站前广场的大小，分为城市重要地型和交通结点功能型。城市重要地形需要建设成综合性车站；交通结点功能型应建设成适合公共汽车、自行车、步行等功能的车站。每个站前广场都应配备公共汽车定位系统，并注意在新市区内的车站配置自行车停放场。

综上所述，国内很多城市目前正在或准备建设轨道交通，但要使轨道交通真正成为有竞争力的交通方式，还必须从规划、建设、运营和管理等方面综合考虑轨道交通的一体化，以及换乘的方便性。我国在这方面与发达国家还有很大的差距。上述对旅客换乘所作的一些分析阐述，可以为国内轨道交通的规划建设提供一定的参考。

2）与其他交通方式的线路衔接

（1）与公交线网的衔接

城市快速轨道交通线路与公交线网的关系应定位为主干与支流的关系。城市快速轨道交通是城市主要客流走廊，主要以中远距离客流为主，平均运距一般为 6 ～ 10 km，以发挥其大运量、快速，准时、舒适的系统特征。两者的衔接，一般的做法是：

① 在快速轨道交通沿线取消大的重合段长的地面常规公共交通线路，改而将其设在快速轨道交通线服务半径以外的地区。此项做法能更好地发挥轨道交通的作用，吸引更多的客流，同时缓解地面交通的压力。如某城市在兴建轨道交通的同时，调整公交线网，基本取消了与轨道交通线重合长度超过 6 km 以上的线路，为发挥轨道交通的效益创造了条件。

② 将快速轨道交通线路两端的地面常规公共交通线路的终点尽可能地汇集在轨道交通终点，组成换乘站。为与轨道交通运量大、客流密集的特点相匹配，在轨道交通起终点一般设置大型公交换乘站，甚至是全市性的客运交通枢纽站，以快速的疏解客流，同时方便乘客。

③ 改变地面常规公共交通线路，尽量做到与快速轨道交通车站交汇，以方便换乘。这种方案主要是在与轨道交通线垂直的公交线路上进行调整，使公共交通车站尽量与轨道交通车站靠近，缩小换乘距离，同时使轨道交通吸引更多的客流。

④ 在局部客流大的轨道交通线的某一段上，保留一部分公共汽车线，起分流作用，但重叠长度不宜超过 4 km。在城市某些繁华地区，客流集中，单靠轨道交通难以完全承担，地面的公共交通仍要起到辅助分流的作用。但根据初步的统计分析，地面公交与轨道交通重合超过 4 km，就失去了分流的优势。

(2) 与市郊铁路线的衔接

城市快速轨道交通与市郊铁路是两个不同层次的轨道交通系统，市郊铁路具有站距大、速度快、运量大的特点，是连接中心城市与卫星城或郊区重镇的地区性交通工具，对城市快速轨道交通而言，它是外延和补充。城市快速轨道交通和市郊铁路属于不同性质的轨道交通系统，它们的服务对象和区域都不同，所以在线网布置上，要有所侧重。目前我国市郊铁路的发展还没有形成足够的规模，与城市快速轨道交通如何衔接正处于研究探索阶段，还没有成熟的经验。国外一般有两种做法可以借鉴。

① 市郊铁路深入市区，在市区内形成贯通线向外辐射。在市区内设若干站点与城市快速轨道交通衔接，如巴黎 A、B、C 线等。

② 利用原有铁路开行市郊列车，一般不深入市区，起终点站设在市区边缘，在起终点车站上与城市快速轨道交通进行换乘衔接。

以上两种做法各有利弊，取决于城市的发展和经济实力。一般地说，第一种做法，对市区居民出行和换乘比较方便，但所需费用也非常大。第二种做法，完全利用既有铁路，投资小，但关键是要处理好在车站的衔接换乘关系。

3) 城市快速轨道交通车站与其他交通方式的车站换乘衔接

(1) 与地面铁路车站的衔接

地面铁路车站往往是一座城市的门户，其一般建筑悠久，周围各种设施齐全，聚集的客流量较大，进一步进行空间的开发受到各种条件的限制。城市快速轨道交通与地面铁路衔接时，要充分考虑到这一特点进行总体的规划设计，目前通常的方法有以下几种。

① 在既有火车站站前广场地下修建城市快速轨道交通车站，利用出入口通道与铁路车

站衔接。这是目前国内普遍的一种做法。根据线路走向可分为两种形式，一种是城市快速轨道交通车站与地面铁路车站平行布置，如目前北京火车站；一种是车站交叉布置，即城市快速轨道交通车站与地面铁路车站正交或斜交，线路穿越铁路站场。一般来说，前一种形式有利于与既有的火车站衔接，后一种形式为线路的延伸创造了更好的条件。以上两种形式优点是利用了火车站站前广场空间，明挖施工时不造成大规模的拆迁和改造，相对施工难度较小；但也要充分注意到施工期对车站客流的影响。在客流聚集比较大，广场规模容量有限时，要考虑分流措施。两种形式对客流的换乘条件一般，规划设计时要尽可能使城市快速轨道交通车站及进出站通道靠近地面铁路出入口，有条件时应设独立通道进行换乘。

② 在地面或高架修建城市快速轨道交通车站，进行客流的统一组织规划。城市快速轨道交通车站设于地面或高架时，一般会对火车站周围环境造成比较大的影响，在既有铁路车站设置时，不光会带来较大的拆迁，其换乘客流也不宜组织，应慎重对待。在火车站周围单独修建城市快速轨道交通地面或高架车站时，必须考虑景观问题，其通常的方法是将轨道交通车站置于地面铁路车站一侧或在广场前道路上与地面铁路车站平行布置，换乘客流一般通过地面或天桥疏解后进入地面铁路车站。

③ 在新建和改建的火车站中，将城市快速轨道交通车站一同考虑，形成综合性交通建筑，方便乘客换乘。此种方法是最好的一种客流衔接换乘方法，目前在我国新建的铁路车站中已逐步采用。如北京西客站，其是将整个地铁车站设于铁路站房下进行合建，地下一层为综合换乘大厅，地面铁路客流可直接通过换乘厅进入地铁车站，对乘客十分方便。在进行此种建筑规划设计时，最佳的方式是实现两种交通方式在站台的直接换乘，但目前我国由于体制、票制等原因，还不能做到这一点，是今后重点解决的问题。

（2）与公交车站的衔接

快速轨道交通车站与地面常规公共交通线路车站的衔接可分为 3 种等级和规模。

① 综合枢纽站。综合枢纽站一般位于城市对外交通进出口处，能吸引多种交通方式汇集的客运中心地段，公交线路一般呈放射型布置，可以多达十几条，站场规模一般在 10 000 m^2 以上。城市中的综合枢纽站一般不仅限于城市快速轨道交通和城市常规地面公交，有时还包括长途汽车、单位班车、地面铁路，甚至水运设施等，其具有客流集中、换乘量大、辐射面广等特点。这样的综合交通枢纽站，在设计时要进行综合的详细规划布局，一般采用先进的设施和空间立体化衔接，合理组织人、车流分离，使人流换乘便捷，车流进出顺畅，便于管理。目前我国正在积极进行这方面的研究和探索，但还缺乏足够的成功经验，国外的例子屡见不鲜，应注意吸收采纳，以提高规划设计水平。

② 大型接驳站。大型接驳站是指位于快速轨道交通首末站、地区中心及换乘量较大的车站的换乘点。在此布置的地面常规公共交通线路主要为某一个扇面方向的地区提供服务。公交车站可采用总站或规模较大的中途站两种形式，总站的规模一般在 3 000 ～ 5 000 m^2，中途站需提供 3 ～ 4 个车位或线外有超车功能的港湾式停靠设施。大型接驳站的布置宜设于快速轨道交通车站 200 m 范围内，有条件时，可考虑与快轨车站建筑结合。在规划设计时，除考虑尽可能减少人流、车流交叉外还要配备必要的营运服务设施和导向标志。

③ 一般换乘站。一般换乘站为快速轨道交通的一般中间站与地面常规公共交通线路的中间站的换乘点，其一般多位于市区。由于土地紧张，不可能也不必要进行大规模的站场布置。但在规划设计时，要充分考虑到快速轨道交通换乘量大的特点，将公交车站设置成港湾式停车站，尽可能靠近快轨车站出入口。

(3) 与私人交通的衔接

城市快速轨道交通与私人交通的衔接主要是指与自行车和私人小轿车的衔接。

① 与自行车的衔接。我国是个自行车王国，自行车在城市交通中仍然起着十分重要的作用，随着城市快速轨道交通的建设，许多人缩短了自行车的出行距离，转而骑车至轨道交通车站，然后换乘城市快速轨道交通到达目的地。北京地铁一、二期的客流调查充分证实了这一点。由于这一特点，在我国城市快速轨道交通规划设计时必须考虑这一需求。调查表明：自行车的换乘客流来源一般在距车站 500 ～ 2 000 m 的范围内，这样，在居民区和市区主要交叉口的车站均应考虑设置一定规模的停车场地。自行车的停车场地应结合车站出入口周围的用地和建筑物情况进行设置，目前北京地铁的一般做法是将出入口周围划出一片空地作为停车场地。但随着城市建设的发展，市中心的用地越来越紧张，这种做法越来越难以实施，这样在规模较大的车站可考虑利用地下空间设置停车场。

② 与私人小轿车的衔接。随着我国经济的发展，小轿车已经开始进入家庭，这不光给城市道路增加了压力，停车难问题更加凸现了出来。城市快速轨道交通的建设为缓解这一矛盾提供了契机。国外的经验表明，在市区周围快速轨道交通车站修建小汽车停车场，限制小汽车进城等是一种有效的做法。这类停车场一般与城市快速轨道交通有良好的换乘条件，因而被乘客所接受。我国受经济发展和人们出行方式的影响，是否采用这一做法还值得仔细研究，但在有条件时，在城市周围一些大的客流集散点做些预留还是可行的，以便为今后小汽车的换乘提供条件。

6.2.2　衔接组织一体化实例分析

1. 上海火车站

上海火车站是我国特大型铁路客运站之一，也是旅客集散中转枢纽之一。上海火车站枢纽为 1 个主方式的换乘枢纽，该站各种换乘交通方式的换乘组织符合 1 个主方式换乘枢纽的布局模型。上海火车站的换乘方式布置示意图如图 6-3 所示。从图 6-3 可以分析上海火车站枢纽换乘组织具有如下特点。

① 主方式铁路的涵盖区域与其他方式之间的换乘距离适中，并且与地铁、公交这两种换乘量较大的方式之间的换乘距离非常近，基本实现“无缝”换乘。

② 上海火车站客流量非常大，车站中央的通道及站前广场很好地起到安全缓冲的作用。

③ 车辆流线围绕站前广场，在车站门前进入地下与人流形成立体交叉；

④ 旅客换乘点都在站前广场周围，有效减少人流与车流的交叉。

因而可以看出，上海车站枢纽的规划较好地满足了一体化布局的要求。

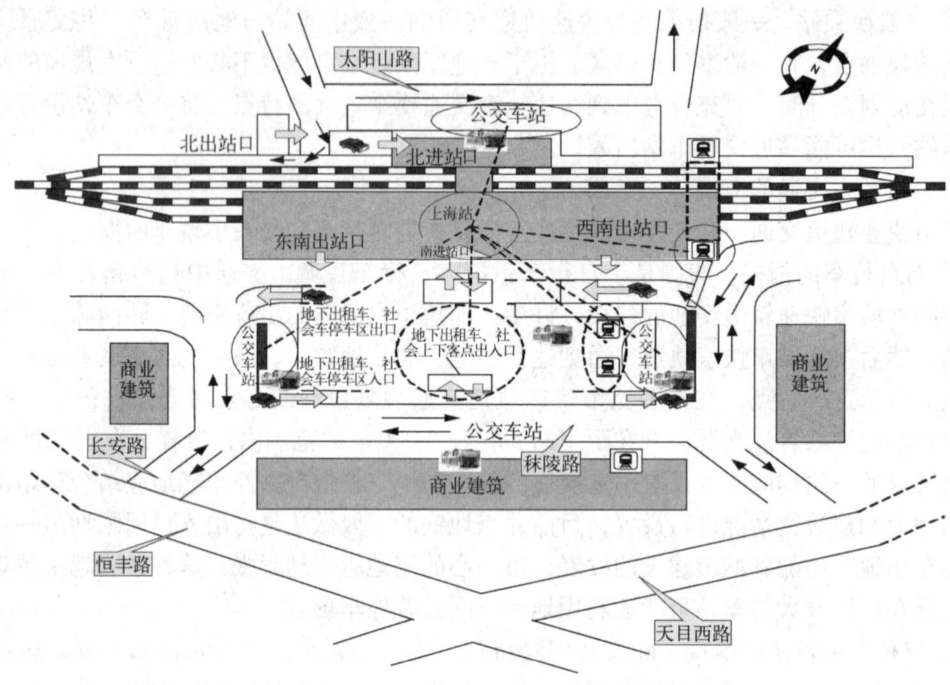

图 6-3　上海火车站枢纽换乘方式布置示意图

2. 北京南站

北京南站承担着京津城际和京沪高速客运专线的始发终到列车及部分普速列车的运输任务，并与地铁 4 号线和 14 号线相连，与市郊轻轨铁路和公交、出租车等市政交通设施相通。南站总体改造规划方案主要包括：新建站房、站场总体改造、修建客车检修和存车基地等。北京南站改造后，旅客候车及进出站，引导提示、标志标牌等配套服务设施将得到完善，其规划示意图如图 6-4 所示。

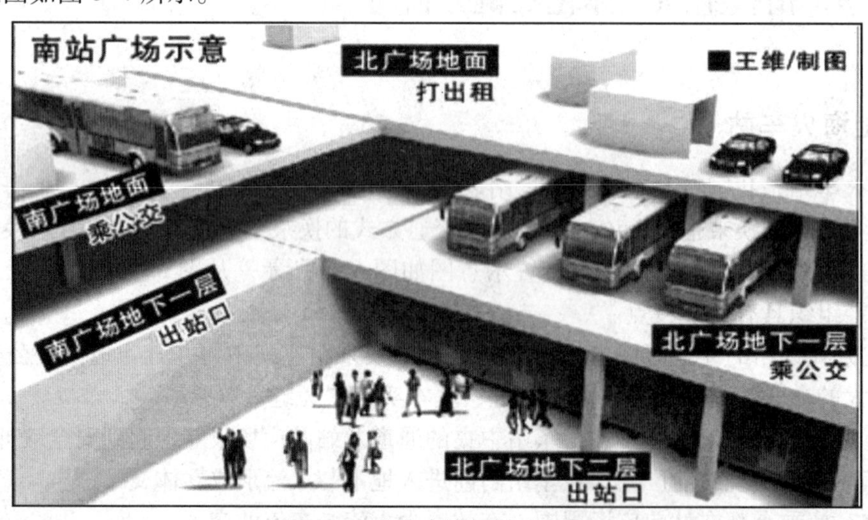

图 6-4　北京南站规划示意图

按照规划，改扩建后的北京南站站房建筑面积将达到 22. 6 万 m^2，包括能容纳 1 万多人的候车区域、地下换乘大厅、地下汽车库、地铁 4 号线和 14 号线车站。在各站台中部，设有通往高架走廊的旅客进站通道和通往地下出站厅的旅客通道，以方便旅客换乘地铁。规划新南站总共五层，由地上二层、地下三层以及 31 500 m^2 的高架环形车道组成。其中高架层东西宽 150 m，南北长 330 m，高架进站厅面积是 36 480 m^2。地面进站厅面积是 4 651 m^2，南北广场综合楼的面积是 12 530 m^2，地下一层交通换乘大厅的面积是 30 970 m^2。

6. 2. 3　铁路客运专线中心站的交通衔接组织模式

1. 车站与城市轨道交通间的衔接

城市轨道交通以其大运量、快速、准时、环保等优势正在逐步成为我国各大城市主要的公共交通工具，同时也将成为这些城市中车站旅客集散的主要解决手段。目前，几乎所有拥有城市轨道交通的城市，都把大型铁路客站作为一个重要的节点设站，但每座客站的轨道交通设站形式又有所不同。分析研究表明，铁路客运车站与城市轨道交通间的换乘主要有 5 种形式（见表 6-1）。

表 6-1　客运专线中心站与轨道交通的换乘形式及适用情况

换乘形式	特点、适用情况	
垂直线路	十字形	（1）站台至站台的换乘，换乘方便性好
		（2）车站以交叉点为中心，方便地通向交叉点四周的地区
		（3）适合于城市功能集中的地区，促进以车站为中心的均衡发展
	T 字形	（1）站台上的水平移动距离较长，方便性低于十字形
		（2）仅在无法采用十字形、客流集中于限定地区等条件下采用
	L 字形	（1）换乘设施布置在换乘站的交叉部，水平移动距离较长，换乘的方便性低于十字形和 T 字形
		（2）仅在无法采用十字形、T 字形和客流集中于限定地区条件下采用
平行线路	上下型	（1）换乘方便，是平行线路换乘的最优形式
		（2）可以适应于集中的换乘需求及全方向的换乘
		（3）如果引入相互进入的运行方式，则可在同一站台进行换乘
	平行型	（1）在同一站台换乘方便，但与其他反方向线路换乘性差
		（2）平行换乘站所需宽度较大，必须确保足够空间
		（3）在分阶段建设时，对后期车站的建设时期没有限制

换乘线路垂直相交时宜采用十字形，换乘线路平行时宜采用平行型或上下型。T 字形和 L 字形换乘由于方便性相对较差，仅在条件困难情况下采用。

2. 车站与常规公交的衔接

公交车是解决旅客集散的常规手段。公交车车体较大，占用道路和广场的空间较大，但爬坡能力不强，故一般将公交车场放在车站广场的地面层集中设置，并靠近进出站厅位置。对于常规公交与铁路客运专线中心站的换乘布局时，应注意以下原则。

① 当公共汽车从主要干道进出换乘站时，最好能提供公交车优先的专用道或专用标志。

② 公交停靠站和站台的数目，应由接驳交通工具的线路数目、车辆配备、乘客上下车所需时间、车辆停靠所需空间决定，并应为将来线路的发展留有余地。

③ 换乘线路应尽可能短，铁路客运专线中心站各种设施应布置紧凑以减少换乘步行时间。

④ 当人流在广场汇集时，可采用地下步行通道或地下步行广场与客运专线中心站衔接。其衔接应有利于人流沿站台均匀分布并符合客流量需求。

⑤ 铁路客运专线中心站与地面公交顺利换乘，应使公交车站尽可能靠近客运专线中心站出入口。

根据最简单的组合模式，一般常规公交与铁路客运专线中心站衔接换乘的接驳形式有以下几种。

1）路边停靠站

路边停靠站是为公共交通车辆停靠及驶离的设施。公交线路路边停靠站有一般路边停靠站和港湾式停靠站两种。一般停靠站选址应充分考虑乘客上下车和与客运专线中心站换乘方便程度，选择在客流集散点进出站通道附近。一般停靠站应纳入城市道路、交通工程项目统一规划、建设，在规划上不要求预留用地。公交中间站即常规公交直接在路上停靠，利用地下通道或天桥与客运专线中心站衔接，如图 6-5 所示。

图 6-5　常规公交路边停靠换乘

（1）一般路边站的布置形式

大量的公共汽车站均沿路设置，利用人行道或道路分隔带作为乘客候车区域。除了公交站牌，可能设有候车棚，并允许布置一些广告。沿人行道边设置公交车站示意图如图 6-6 所示。

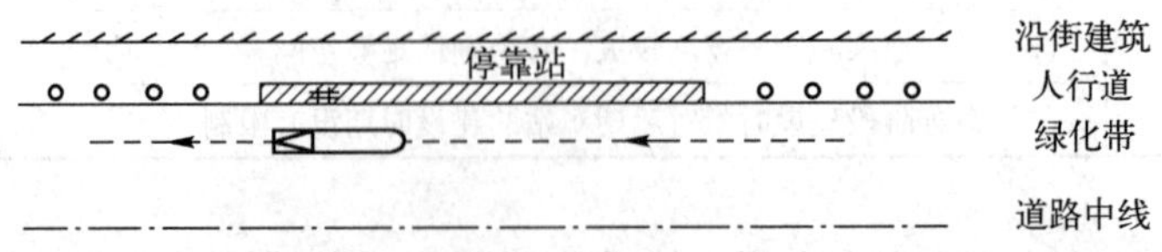

图 6-6　沿人行道边设置公交车站示意图

传统的公交站牌标明线路名称、沿线站点和当前站名、下一站名，以及线路首、末班车时间。如果线路车辆装备了定位系统和计算机调度系统，具有接收、显示功能的电子站牌就能够预告下一辆车的到达时间。这类装置在欧洲使用比较广泛，深圳也已经开始应用。在气候寒冷的城市，往往需要为乘客提供封闭的候车空间，使乘客能够容忍等待下一车的时间。

(2) 港湾式停靠站的布置形式

港湾式的停靠站，如图6-7所示。使用该种形式车辆停站时可不占用车行道，也不影响其他车辆的通行。港湾两端的形状应按行车轨迹来确定。港湾的长度根据车型或以能容纳两辆车为宜。在客运专线中心站建议采用此种换乘形式。

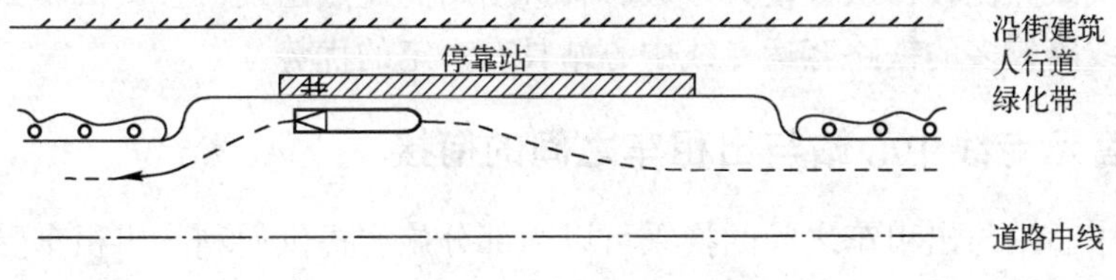

图6-7　港湾式停靠站

2) 大型接驳站

铁路客运专线中心站配置的部分公交线路，完全可以采用路边停靠站，减少建设的投资。但大型客运专线中心站因连接众多的公交线路，路边停靠站已远远满足不了要求。易采用大型接驳站的方式，大型接驳站宜设于客运专线中心站200 m范围内，有条件时可考虑与客运专线中心站合站。站内形成多个站台的方式，每个站台均有地下通道与客运专线中心站相联系，其到发场设置又分为分设和合设两种方式，如图6-8和图6-9所示。

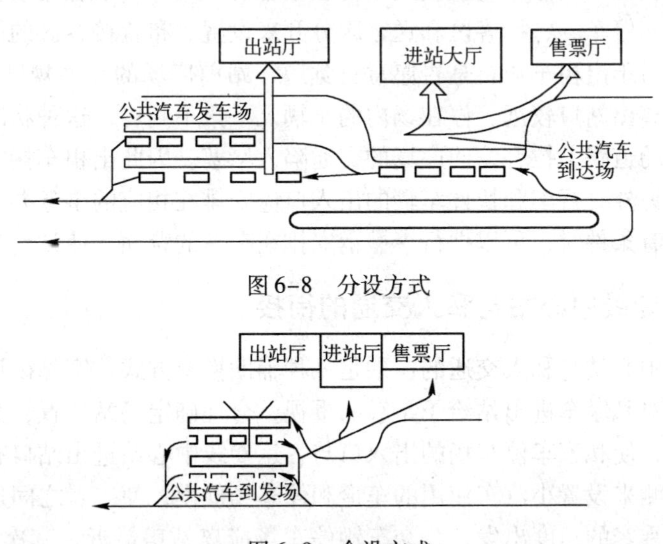

图6-8　分设方式

图6-9　合设方式

公共汽车大型接驳站两种布置方式的优缺点对照说明如表6-2所示。

表 6–2　分设合设方式优缺点比较表

设置方式	分设	合设
优点	1. 旅客进站、出站客流分开；公共汽车场内下车与上车客流分开、流线通畅、功能明确。避免两股反向客流交叉； 2. 铁路旅客换乘便捷、效率高，步行距离短。	1. 公共汽车到发场集中便于管理，节省人员； 2. 市民换乘不同路线公共汽车方便。
缺点	1. 公共汽车到发场分散，增加公交管理人员； 2. 市民换乘不同路线公共汽车不方便； 3. 多条公交路线车辆到达过于集中时，车站主入口易于拥塞。	1. 旅客进站、出站和公共汽车下车、上车两股反向客流在公共汽车场内交叉干扰； 2. 铁路进站旅客步行距离长。

根据以上优缺点比较，从方便大多数旅客进出站的观点出发，公共汽车到、发场分设的方式，在公交线路较多的铁路客运专线中心站具有一定的优势。

3. 铁路客运专线中心站与出租车之间的衔接

客运专线中心站与出租车之间的换乘可以为部分旅客提供便利。出租车受上下坡和转弯半径的影响较小，在客运专线中心站可以利用高架匝道或地下坡道把出租车的上下客区域放在更加靠近进出站的位置，形成立体交通方案。但应注意控制好下客区所需的空间规模和上客区出租车等候区的规模，对远离城市中心的中心站应考虑出租车下客之后回到上客区的流线设计。

出租车是比私人汽车更高效的交通工具，因而对它的重视也要体现在布局上，出租车停车场应尽量靠近候车大楼并且在乘客的视距范围内。如该停车场面积不足，应另外提供一个合适的、在可视范围内的场地。

布置形式可以考虑采用停车场与接送站台相结合的方式。对于客流量较大的客运专线中心站，一般把出租车停车场、接客区和送客区分开来设置。布置接客区的位置时应注意，出租车接客区的位置对于出租车司机是否愿意自觉遵守站前广场的交通规则起到关键的作用。如果出租车接客区离出站口较远，停在场内的车辆几乎接不到客，这种状况容易导致大批出租车违章停在站前的道路上拉客，使广场的交通陷入堵塞。因此出租车接客区应设在尽量靠近出站口的位置。另外，行李和快件车辆的出入口应安排在相应的事务办理处附近，而且出入口不应在一处。有条件时，可以把行李搬运安排在车站的背面，使站前广场不受干扰。

4. 铁路客运专线中心站与私人交通的衔接

铁路客运专线中心站与私人交通的换乘是一种辅助换乘方式。客站设计中，在坚持公交优先的原则下，要对私家车进出站给予足够的重视，合理确定场站位置，为私家车的使用提供便捷的流线组织，使私家车停车场的出入口与客运专线中心站进出站口有较方便的衔接关系，并按照交通预测来设置小汽车使用的车道和停车场规模，使二者之间形成良好的换乘条件。从方便大多数乘客的角度出发，公交车辆停车场应离站房最近，其次是出租车停车场，最后才应该是私家车车辆停车场。但是实际布置中，经常出现由于公交车辆较为庞大，用地较大，常常被布置在广场的边缘，私家车停车场反而布置在最靠近站房的位置上的情况。因此也可以将私家车停车场还是设在靠近站房的位置，但通常的做法是私人车辆停车场和出租车辆停车场并列排放在站房的周围。

私人交通部分还包括自行车使用者，自行车的使用主要来自铁路客站内部职工和到站区的办事人员及附近上下班工作人员，虽然不作为客站旅客流线考虑，但在设计中应给予专门的通路，否则会对主要车流的通过造成一定影响。

在研究铁路客运专线中心站与城市交通换乘问题上应考虑到全局性、必要性、可行性、合理性和实用性。换乘区域及换乘方式的确定，要进行充分的论证比较，处处做到“以人为本”。在满足标准规范的前提下，为乘客尽量创造舒适便捷的条件，充分发挥客运专线中心站的优势，并注重节省投资，降低工程造价。

6.2.4　城市公共交通信息一体化建设

1. 城市公共交通信息一体化内涵

公共交通信息一体化是对城市公共交通信息化内涵的发展和延伸，城市公共交通信息化是在城市公共交通运输领域广泛使用现代信息技术，开发利用信息资源，改造交通运输管理流程，最终实现经济效益和服务水平的提升。公共交通信息一体化建设则是在既有交通信息化基础设施之上，以提供优质完善的交通信息服务为目的，实现交通信息的统一管理和信息资源的融合，建立一体化的信息采集、信息管理和信息服务平台。一体化的信息系统不仅体现在系统的设计方面，更体现在服务的一体化方面。

1）公交信息采集一体化

在公共交通系统的信息一体化建设过程中，信息的采集和获取是基础，因此建立信息一体化首先要建立多源的信息采集平台。由于公共汽车、地铁、城市轻轨、出租车等交通运输方式在运输组织和运营管理模式方面的差异，造成其对交通信息的要求也不尽相同，各种公共交通运输方式分别建立了各自独立的信息采集系统。因此，公共交通信息采集的一体化建设需要能够满足各种运输方式的运营管理与组织的要求，能够满足运输数据采集的需要。

2）公交信息管理一体化

公交信息管理一体化是将城市公共交通基础设施纳入统一管理，是智能公交系统信息管理的最高形式。通过建立统一的数据共享和交换标准，实现信息和资源的统一管理，并在信息共享平台基础上，将现有的各种运输方式相对独立的运营管理信息系统衔接起来，实现公共交通调度指挥集中控制、安全监控管理、车辆安排、乘务人员安排管理等系统的协调运行。

3）公交信息服务一体化

公共交通服务的目标要求，在建立快捷、舒适、环保的城市公共交通运输系统的同时，交通信息服务水平也应逐步提升。在基于各运输方式的相对独立的信息服务系统之上，按照智能公共交通系统的要求，建立统一的服务平台，提供完善的交通信息服务，是公共交通信息一体化建设要解决的核心问题。

2. 城市公共交通信息一体化建设的意义

城市公共交通的信息一体化建设，推动了城市信息化进程的加快，提高了公共交通的自动化和信息化管理水平，满足了群众对交通服务信息日益增加的需求。作为城市交通发展的重点方向，公共交通信息一体化建设的重要作用更体现在：统一的信息服务平台，与其他ITS系统的无缝集成，增强反应速度和处理紧急事件的能力。

3. 城市公交信息一体化的系统体系结构

国内外大型系统设计发展的经验表明：体系框架的设计是一切复杂系统的设计起点和依据。为克服目前城市公共交通信息服务水平不高、各业务系统应用混乱、缺乏统一技术标准、难以互联互通等问题，应该将体系框架的设计作为城市公共交通一体化信息系统建设的首要工作。城市公共交通信息系统提供一体化的信息服务平台，目标是实现各种公共运输方式的协调运输，根据客流和交通流情况优化运输，提供高质量的出行信息导航服务，其体系框架的设计应兼顾运营生产、信息服务、信息交换和辅助决策等方面。

现代化的信息系统不仅要体现新技术的应用，在系统的分析和设计上也要有所突破。针对这种情况，通常采用层次化的分析方法，公共交通一体化信息系统的体系框架设计可划分为服务框架设计、逻辑结构设计和物理结构设计三个层次。

1）公交信息一体化系统的服务框架

公共交通信息一体化系统的用户对象包括服务接受者、服务提供者和公共交通管理者三个方面，服务框架的制定是在国家ITS服务框架范围内，结合公共交通的特殊性，从不同用户的需求入手，结合近期与远期需求，采用由顶至下和自底向上相结合的方法，进行归纳、分析和挖掘，从而建立城市公共交通信息一体化系统的服务框架，如表6-3所示。

表6-3　城市公共交通信息一体化建设服务框架

<table>
<tr><th>平台</th><th>服务单元</th><th>子服务单元</th></tr>
<tr><td rowspan="5">信息服务平台</td><td rowspan="3">智能化用户信息服务系统</td><td>出行者信息导航服务</td></tr>
<tr><td>乘客信息服务</td></tr>
<tr><td>公交车站导航服务</td></tr>
<tr><td rowspan="2">公共交通电子商务系统</td><td>公共交通电子商务</td></tr>
<tr><td>公共交通电子交易平台</td></tr>
<tr><td rowspan="8">信息管理平台</td><td rowspan="5">公共交通运营管理系统</td><td>公交企业管理信息系统</td></tr>
<tr><td>运输计划管理</td></tr>
<tr><td>车辆运用计划管理</td></tr>
<tr><td>乘务人员计划管理</td></tr>
<tr><td>运营统计分析管理</td></tr>
<tr><td rowspan="3">公共交通运输资源管理</td><td>公交运输资源管理</td></tr>
<tr><td>运输资源维修管理</td></tr>
<tr><td>固定设备资源管理</td></tr>
</table>

续表

平台	服务单元	子服务单元
信息管理平台	公共交通信息辅助决策	公交运输方案优化
		乘客出行方案优化
	公交行车控制与调度系统	公交运营监控管理
		公交综合调度
		公交车辆与站台控制
	公交紧急救援与安全系统	紧急事件救援
		公共车辆行车安全与维修决策支持
		车辆紧急调配
信息采集平台	公共交通信息采集系统	客流信息采集
		车辆运行信息采集
		城市公共交通地理信息系统
信息支撑系统	综合运输系统集成	多模式间运输数据共享
		多种运输方式间的联运决策
	信息共享与交换	ITS 跨平台信息交换与共享标准

2）公交信息一体化系统的逻辑框架

针对 UPTS 服务框架确定的各类用户服务，从逻辑角度分析城市公共交通信息一体化系统的功能及内部各部分之间的数据流程，构筑系统的逻辑框架。UPTS 顶层服务框架包括：公共交通电子商务，智能化用户信息服务，公共交通运营管理，公共交通信息辅助决策，公交行车控制与调度，综合运输系统集成，公共交通运输资源管理，公共交通信息采集，公交行车控制与调度，公交紧急救援与安全系统。

3）公交信息一体化系统的物理框架

针对逻辑框架的各类过程和数据流程，城市公共交通信息一体化系统的物理框架设计的主要工作是将若干功能进行整合，形成具有一定功能的物理子系统。公共交通信息系统的物理子系统设置要充分考虑现有信息系统的建设现状，并结合 ITS 体系框架的要求，争取以较低的成本和费用实现系统的更新和升级。

案例：香港尖沙咀车站的出入口分布及连接地区分析

（1）尖沙咀车站出口周边用地类型特点

A1——九龙公园、柏丽购物大道、海港城、新港中心、中港城、九龙清真寺、九龙公园、香港文物探知馆、卫生教育展览中心、弥敦道、海防道、九龙公园径、广东道（设有失明人士导盲带往返地面）

A2——堪富利士道、文逊大厦、弥敦道、加拿分道、河内道（设有失明人士导盲带往返地面）

B1——美丽华商场、美丽华大厦、美丽华酒店、君怡酒店、古物古迹办事处、

香港天文台、弥敦道

B2——百乐酒店、尖沙咀东、香港历史博物馆、香港科学馆、金马伦道

C1——力宝太阳广场、鹰君酒店、海港城、北京道一号、北京道、九龙公园径

C2——凯悦酒店、弥敦道

D——加拿芬道

D1——重庆大厦

D2——加拿芬道

E——半岛酒店，九龙酒店、海港城、新世界中心、香港崇光百货（尖沙咀店）、星光大道、香港文化中心、香港太空馆、香港艺术馆、尖沙咀天星码头、尖沙咀钟楼、弥敦道、中间道、梳士巴利道

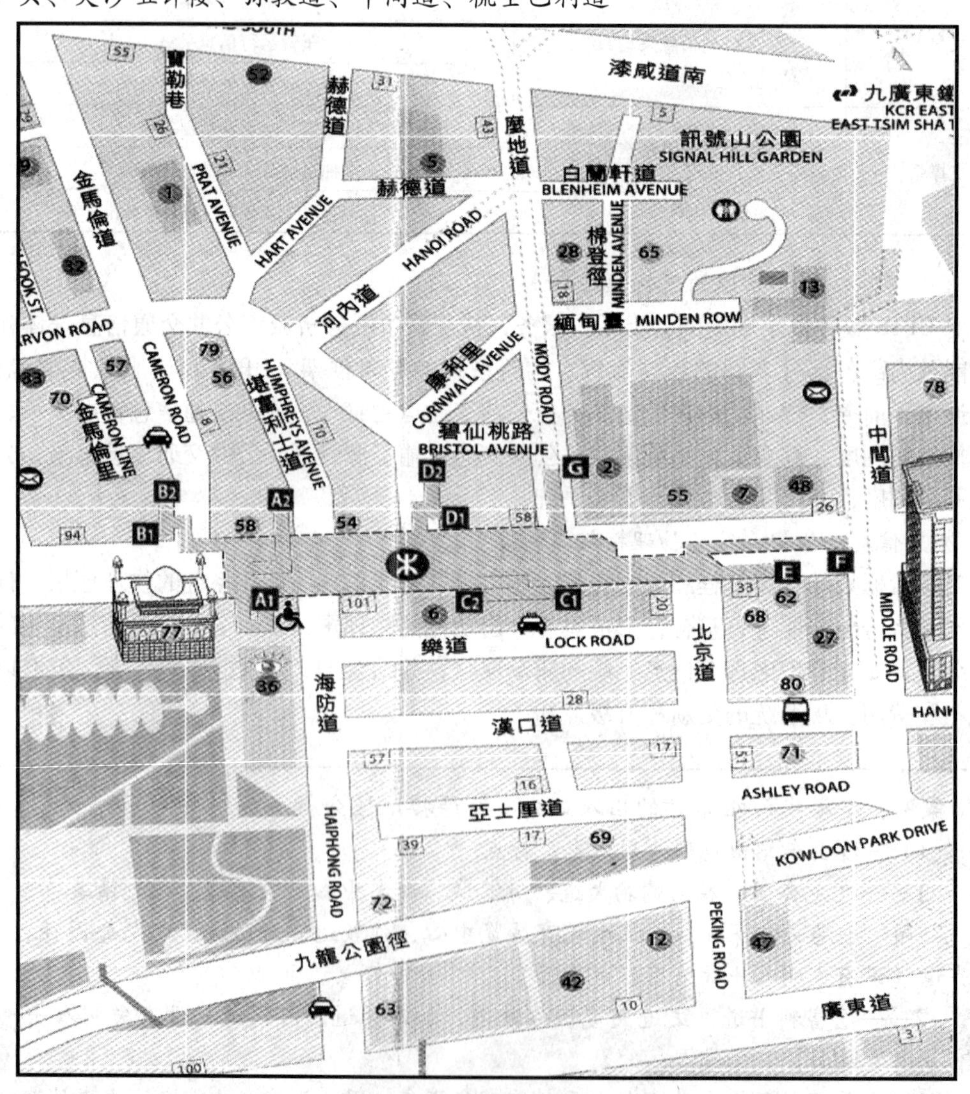

F——九广东铁中间道行人隧道，九广东铁尖东站 L2 出口，可经中间道行人隧道通往国际电信大厦、东企业广场、中间道（设有失明人士导盲带往返出口）

G——九广东铁么地道行人隧道，九广东铁尖东站 M3 出口。可经么地道行人隧道通往尖沙咀中心、帝国中心、永安广场、永安百货、河内道、么地道、漆咸道南（设有失明人士导盲带往返出口）

（2）尖沙咀车站多种交通接驳模式

多模式接运主要包括：① 尖沙咀汉口道专线小巴站；② 铁路为九广铁路九广东铁尖东站；③ 九巴为 1、1A、2、6、6A、7、9、13X、26、35A、41A、63X、81C、87D、98D、203、208、215X、219X、234X、260X、271、281A、296D；④ 过海隧道巴士：110、973；⑤ 城巴：A21；⑥ 专线小巴：6/6X－尖沙咀汉口道↔黄埔花园；伟恒昌新村↔尖沙咀东（循环线）（八达通转乘优惠）；尖沙咀汉口道↔文田；M－尖沙咀东↔九龙香港地铁站（八达通转乘优惠）其他路线：3、6A、78

复习思考题

1. 简述城市客运一体化的内涵及意义。
2. 试从系统功能和运行角度说明客运枢纽在城市客运一体化中的地位和作用。
3. 以你熟悉的城市为例，说明应该从哪些方面推进工作以实现城市客运一体化。

7 第7章 轨道客运交通信息服务与管理

本章概述

本章重点说明轨道客运交通信息服务与管理，内容包括基于GIS的轨道客运交通基础信息系统、乘客出行信息系统和轨道交通PIS系统。主要从出行者信息系统的发展历程、出行者信息系统的作用、乘客信息服务内容分析和出行者信息系统的实现架构等方面研究乘客出行信息系统；针对轨道交通PIS系统主要介绍了轨道交通PIS系统的发展方向、乘客信息系统、城市轨道交通网络化信息、轨道交通PIS系统的主要功能及售检票系统（AFC）。

乘客信息服务内容分析，包括出行前的信息内容需求分析、出行中的信息内容需求分析、信息发布方式需求的定性分析、城市转道交通出行信息需求的调查分析、面向需求的出行信息传递以及多媒体乘客信息系统；PIS相关系统整合分析，包括广播系统、时钟系统、闭路电视监视系统。

本章重点对以下内容进行分析：基于GIS的轨道客运交通基础信息系统在综合监控子系统、事故应急救援指挥系统、车站资源管理子系统、突发事件评估子系统、辅助决策支持库子系统中的应用情况；出行者信息系统的作用及特性；乘客信息服务内容分析，包括出行前、出行中的信息内容需求分析、信息发布方式需求的定性分析等；PIS系统发展状况及相关系统整合分析；PIS系统结构分析及主要功能；以及对售检票系统（AFC）的组成和功能。

本章学习重点

了解乘客信息服务内容分析，PIS相关系统整合分析，包括广播系统、时钟系统、闭路电视监视系统等的分析状况，PIS系统结构；理解基于GIS的轨道客运交通基础信息系统、乘客出行信息系统和轨道交通PIS系统；掌握基于GIS的轨道客运交通基础信息系统在各系统的应用情况，出行者信息系统的作用及特性，乘客出行前、出行中的信息内容需求分析、信息发布方式需求的定性分析等，PIS系统发展状况及相关系统整合分析，PIS系统结构分析及主要功能，售检票系统（AFC）的组成和功能等。

7.1

基于 GIS 的轨道客运交通基础信息系统

基于 GIS（地理信息系统）的轨道客运交通基础信息系统的关键任务是通过时空数据集成、互操作、分析挖掘，实现基于空间定位的轨道交通信息集成应用与服务。随着我国城市轨道交通的快速发展，客运交通基础信息系统逐渐成为城市解决交通拥堵问题、缓解交通压力和加快城市化进程的重要举措，轨道交通运营安全也越来越多地引起人们的关注。为了实现城市轨道交通对综合运营安全监控和应急救援等方面的需求，提出了基于 GIS 的轨道客运交通基础信息系统的城市轨道交通监控和应急救援系统，如图 7-1 所示。

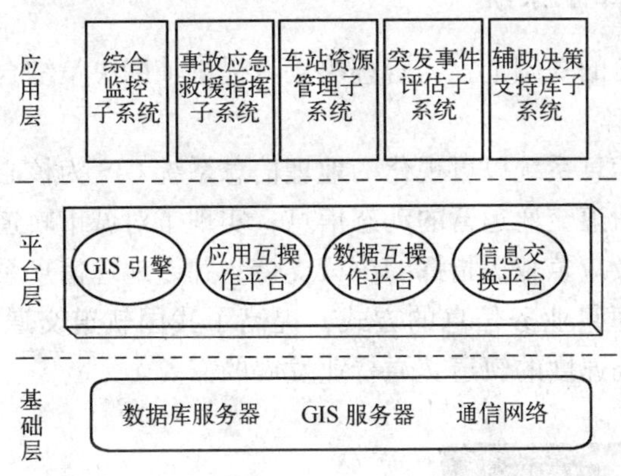

图 7-1　城市轨道交通监控和应急救援系统

在城市轨道交通监控和应急救援系统中，基于 GIS 的轨道客运交通基础信息系统在综合监控子系统、事故应急救援指挥系统、车站资源管理子系统、突发事件评估子系统、辅助决策支持库子系统中的应用情况如下。

1. 综合监控子系统

按照设定的采集周期自动接收各线路上传的运营数据和安全数据，用以监视系统的安全状况和各线的服务水平，并为各种统计分析、决策、规划积累基础数据。通过已建立的各业务监控系统，如列车控制系统 ATC、设备监控系统 SCADA，列车运行自动监控系统（ATS）等，将地铁车辆动态位置、时间、状态等信息，实时地通过无线通信网络传至监控中心，并在具有强大地理信息处理和查询功能的电子地图上进行载体运动轨迹的显示，对载体的准确位置、速度、运动方向、车辆状态等进行显示。

2. 事故应急救援指挥系统

该系统通过 GIS 能够管理事故应急救援过程中所产生的各类信息，具体包括现场各类信息、各个时期事故现场的检测信息、事故进程信息、救援过程中各类物资调度信息、人员调度信息、各类救援设施的状态信息等。通过对这些信息的有效管理，可以使指挥人员及时掌握事故的现状、各类救援资源的调度情况等，并能够根据各类人员信息对人员的电话号码进行操作，实现电话、短信以及传真等操作，以便及时传输有关救援信息。

3. 车站资源管理子系统

该系统通过实现对车站资源的简单管理。同时，在地图上显示车站的所在位置和站内设施等，提供站内情况的视频监控功能。

4. 突发事件评估子系统

该系统以静态的交通基础地理信息为基础，结合数据分析与融合的结果，将突发事件的静态、动态信息与处理突发事件的辅助决策信息等以各种可视化的形式展现出来。

5. 辅助决策支持库子系统

在 GIS 信息共享平台的基础上，为管理决策者提供辅助决策综合信息、方案和基于模型的分析、预测信息。

轨道客运交通基础信息系统以可视化的地理信息系统 GIS 为核心，实现了信息共享和综合应用，全面集成城市轨道交通运营的动态信息；实现了对城市轨道交通运营过程的全程可视化监视、协调指挥以及应急救援指挥的决策支持；并以地理信息系统的综合集成处理方式来代替传统的分散处理海量业务信息的方式，提高了我国轨道交通的运营安全，适应高效率、高安全、高水平、高速度的轨道交通行业发展的需要。

7.2 乘客出行信息系统

随着信息技术的不断进步和交通运输在社会经济中地位的不断提升，交通信息系统已成为现代化道路交通系统中不可缺少的交通工程设施，其目的是使道路的使用者能够获得必要的交通信息，使出行的机动性、方便性和安全性得以提高，最终提高交通运输的社会效益和经济效益。

7.2.1 出行者信息系统的发展历程及目标

传统的出行者信息系统是为整个交通运行服务的，可作为交通管理系统的基础，但其所能传递、提供的信息量是有限的。20 世纪 70 年代以来，欧美、日本等发达国家在寻求缓解交通拥塞的研究中，发明了以个体出行者为服务对象的综合交通信息服务系统。出行者可以通过便携式终端在与交通信息中心的双向通信中使自己始终行驶在最短路径上（距离或时间），避开阻塞路段、事故发生路段及环境不良地段，从而减少延误，使交通拥堵状况得到缓解。

1. 发展历程

从总体上看，出行者信息系统的发展可划为两个阶段。

第一代系统，称为出行者信息系统（Traveler Information System，TIS），是在 20 世纪 60 年代末 70 年代初出现的在计算机技术和交通监控系统的基础上发展起来的。这些系统反映了人们用通信技术进行信息发布的最初愿望，用于提高路网局部的通行能力，例如严重拥挤的干道与干道的交叉口，或者由特别事件和交通事故引起阻塞的部分路口与路段等。可变信息标志（Variable Massage Signal，VMS）和公路顾问广播（Highway Advisory Radio，HAR）是这一代出行者信息系统的代表。

第二代系统，称为先进的出行者信息系统（Advanced Traveler Information System，ATIS），它采用信息采集、传输、处理和发布方面的最新技术，可以为更广泛的出行者提供多种方式的实时交通信息和动态路线诱导功能。第一代出行者信息系统发展到第二代先进的出行者信息系统，反映了出行者信息的含义及其传播方式的巨大变化。VMS 和 HAR 是单向的通信系统，用来向车辆传递通用出行信息，由出行者个人对信息进行筛选，选择出对其有用的信息。而随着通信、电子地图、计算机和多媒体技术的高度发展，使得先进的出行者信息系统为出行者提供个性化的出行帮助成为可能。由于 ATIS 着眼于提供出行者想要的信息，因而可以大大减少出行者对信息进行筛选的工作量。车载路线诱导系统、蜂窝电话、有线电话、有线电视、大型显示屏和互联网等是当前第二代出行者信息系统的主要表现方式。

2. 目标

随着信息技术和计算机网络的发展，已经开始研究基于互联网构建 ATIS，并采用多媒体、通信等各种高新技术，汽车将逐步发展成为移动的信息中心和办公室。这将大大加强 ATIS 的服务功能和服务领域，服务对象也由出行者扩展到所有交通参与者、公众和交通管理部门等。

一般情况下，出行者信息系统的目标主要体现在以下方面：

① 促进以实时准确的交通状态为基础的出行方式选择；

② 减少出行者个体在多方式出行中的出行时间和延误；

③ 减轻出行者在陌生地区出行的压力；

④ 降低整个交通系统的行程时间和延误；

⑤ 通过公私合作降低交通系统的总成本；

⑥ 减少碰撞危险和降低伤亡程度。

7.2.2　出行者信息系统的作用和特点

有效的出行者信息系统可以提供多种交通方式的出行计划和路线引导，能为各种类型的驾驶员和其他出行者提供咨询服务，允许出行者确认和支付所享用的服务，并具有个人报警功能。出行信息服务可以在出行前提供，也可以在出行中提供。其中，出行前的信息服务可以为出行者提供用于选择出行方式、出行路线和出发时间的交通信息，包括道路条件、交通状态与出行时间和公交信息等。出行者可以在家中、工作场所、停车场与换乘站、公交车站以及其他地点提出这种服务请求。在途出行者信息服务在旅途中为出行者提供交通信息，诸如交通状态、道路条件、公交信息、路线引导信息以及不利的出行条件、特殊事件、停车场位置等信息。先进的出行者信息系统的作用主要体现在以下几个方面。

1. 作用

1）多种交通方式的出行计划

提供区域范围的相关信息，帮助出行者选择、制订包括私家车、公交车等不同出行方式的出行计划。出行计划中甚至可以包括铁路交通、水运交通和航空交通。

2）路线引导的信息服务

基于实时交通信息的诱导服务系统能够提供动态路线导航以及道路的行程时间等信息，可以帮助驾驶员选择最佳路线以躲避严重拥挤或其他不利的交通状况。

3）用户咨询服务

为用户提供广泛的咨询服务，包括事故警告、延误预告、在当前交通状态下到达终点或换乘站（公交出行）的预计时间、不利的出行条件、交通方式之间的衔接及其时刻表、运营车辆（CVO）的限制（高度、质量等）、停车场信息、公交车站位置信息以及收费站信息等。

4）与相关系统接口

与区域交通管理系统接口可以获得高速公路和城市干道的交通信息、事故信息以及道路信息；与区域公交管理系统接口可以获得公交信息，包括公交时刻表和公交车辆运行状态信息。这些信息可以与监视信息以及其他来源的实时信息融合，共同发挥作用。

2. 特点

通过对出行者和出行者信息系统操作人员的调查得知，出行者信息系统应该具备的特点主要体现在以下几个方面。

① 提供的信息要及时、准确、可靠，要具有出行决策的相关性并具有市场前景。

② 为整个区域提供信息时要求跨行政区的公共机构共同参与。

③ 由训练有素的人员操作。

④ 易与 ITS 其他系统相结合，如紧急事件管理系统、高速公路管理系统、交通信号控制系统、公交管理系统等，以便获得大量的交通信息。

⑤ 方便出行人员使用和接通。

⑥ 易于维护，不需要过高的运行成本和较长的操作时间。

⑦ 最终用户能够承受所提供服务的费用。

实践证明，出行者信息系统在出行时间、消费者满意度、路网通行能力以及环境影响等方面具有显著效益。

7.2.3　乘客信息服务内容分析

1. 出行前的信息内容需求分析

选择城市轨道交通的出行者，在出行前对出行信息服务的需求，主要包括出行费用（票价）、时刻（列车到离时刻及间隔时分）、站点（所经站名及路网衔接状态）等信息。这些出行信息的良好传递，不但能够吸引出行者选择轨道交通作为出行方式，更可以提高乘客的满意度。

2. 出行中的信息内容需求分析

在出行过程中，乘客所关注和需求的信息重点是希望能够通过视频或音频方式，获取关于列车运行及换乘选择的精确信息、车内服务信息（拥挤水平）和警告信息；对于不熟悉车站布局的乘客，更希望获得具有导向功能的信息。出行中乘客的信息服务需求主要包括车辆运行状态信息、交通事件信息、停车/乘车选择信息、停车场信息、交通状况信息、公共交通调度信息、收费站信息等。

除了在出行前和出行中需要的信息外，部分乘客还希望获取与出行相关的社会综合服务及设施的信息、沿线车站景观信息和新闻及娱乐信息等。乘客个性化的信息服务需求包括公共服务设施（汽车修理厂、加油站、医院等）信息、公共服务预定信息、旅游景点信息等。

3. 信息发布方式需求的定性分析

用于出行信息发布的方式和技术有很多，目前在城市轨道交通运营中最为常见的包括广播（中心控制）、引导指示标志、显示屏（中心控制）、互联网等。另外，电台广播、电视、报纸等在出行信息服务中也作为传输介质，承担着一定的信息传递作用，但相对而言使用的频率比较少，这里不做专门研究。各种信息发布方式的特点如表 7–1 所示。

表 7–1　各种信息发布方式的特点

发布方式	适用环境	优缺点	发布阶段
出行服务网站	有上网条件的出行者	互动性好、信息量大、应用程序一般	全过程
呼叫中心	有通信设备的出行者	互动性好、应用程度好、直观性一般	全过程
短信服务	有手机的出行者	互动性好、应用程度好、直观性一般	全过程
交通广播	车站、车内	适应性强、信息量大、可随时调整、互动性一般	出行中
可变情报板	车站、路侧	信息量小、可随时调整、互动性一般	出行中
触摸屏	车站、车内	直观、信息量大、可随时调整、互动性一般	出行中

4. 城市轨道交通出行信息需求的调查分析

为了更深入地了解乘客对城市轨道交通出行信息的具体需求，同时辨别乘客对各种不同出行信息内容的重视程度，我们进行了具体的出行信息需求调查。调查地点选择了上海市轨道交通 1 号线的锦江乐园站和 1、2 号线的换乘站人民广场站，方法采用现场问卷调查，具体内容包括被调查人的个体特征信息、对各种出行信息的需求情况及对各种信息的关注程度等，同时收集了被调查人的反馈信息及建议。本次调查共收集到有效问卷 107 份，样本性别分布较为均匀，年龄主要分布在 40 岁以下，出行目的为通勤、通学及休闲购物等。通过对回收问卷进行统计分析，得出以下结论。

① 乘客最关心的信息：轨道交通转乘信息、紧急事件信息、车内拥挤程度、引导信息及公交转乘信息。

② 乘客期望的出行信息发布方式：在出行前通过互联网了解出行信息（上海地铁运营公司已经在网站上专门开设了相关栏目），在出行中更多乘客选择广播、显示器、地图引导标志。

5. 面向需求的出行信息传递

出行信息从运营单位发布到出行者接受是一个信息的传递过程，因此城市轨道交通运营企业更应该从系统层面对出行信息传递进行总体规划，根据乘客的信息需求采取多种传递方式，尤其应该重视全过程的信息发布与传递，如能结合现有的市场营销手段，则会取得更大的收益。

出行信息传递过程中应注意以下几点：

① 充分重视乘客的出行信息需求，根据这些信息需求，对出行信息传递进行统一规划；依据乘客对出行信息的关注度，优先完善重要出行信息的发布；

② 科学评价运营企业现有的出行信息传递质量和乘客满意度，采取更合理、更完善的出行信息传递模式，发展如互联网、自动查询机、显示屏（中心控制）等的信息发布模式；

③ 改进现有的引导标志，进一步研究和发展先进的导乘系统、乘客资讯系统等，设计构建先进的城市轨道交通出行综合信息传播系统。

出行信息传递的低效，无形中增加了出行者的时间消耗，降低了城市轨道交通出行的便捷性、安全性和舒适性，也降低了乘客的满意度。只有重视乘客的信息需求，运营企业才能提供完善的出行信息服务，从而提高乘客的出行（换乘）效率和满意度，提升城市轨道交通的服务水平和竞争力。

6. 多媒体乘客信息系统

每一位乘客在踏进地铁车厢的那一刻，车厢内装载的近 200 个信息设备就已经开始以各种方式影响着乘客的观感和舒适程度。多媒体乘客信息系统包括报站的提示声、正在播放的视频节目、车载 LCD 屏幕、视频监控，车门上方显示到站信息的动态地图、语音报站等。目前北京一辆地铁客运列车大多装载了 192 ～ 194 个相关设备，只要是列车里能发出声音与图像的设备，都属于这一系统。多媒体乘客信息系统就像地铁的一个信息输出窗口，承载了列车与乘客之间沟通的桥梁。一般人都会认为只有在涉及与行车安全有关的问题，如门禁失控、闭塞系统故障等的时候，这种情况才会出现。但在实际上，如果一列车厢的广播系统出现问题，列车也必须马上掉线，进行检修，因为包括多媒体乘客信息系统在内的诸多地铁交通信息系统已经逐步形成了一个比较规范的标准环境。多媒体乘客信息系统已经开发了大量的功能和系统建设，比如广播就涉及列车首尾控制室的两头对讲、突发情况下乘客的报警、地面控制中心与轨道列车的应急通信等。网络化运营对于列车多媒体乘客信息系统需求紧迫。

7.2.4 出行者信息系统的实现架构

出行者信息系统是依托公路信息资源整合各客运站场管理信息系统的信息资源，通过互联网、呼叫中心、手机、PDA 等移动终端，以交通广播、路侧广播、图文电视、车载终端、可变情报板、警示标志、车载滚动显示屏、分布在公共场所内的大屏幕、触摸屏等为显示装置，为出行者提供较为完善的出行信息服务，其组成如图 7-2 所示。

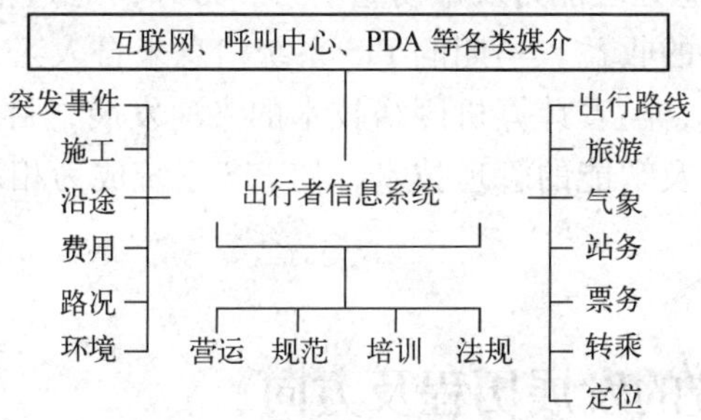

图 7-2　出行者信息系统组成示意图

交通信息服务系统提供准确、及时、充分的交通信息，交通出行者、管理者可以根据这些信息采取最佳的交通出行方式、交通运营与管理对策，从而降低出行成本，提高交通设施的利用效率，达到改善交通的作用。

出行者信息系统的结构可分为交通信息采集系统、交通信息处理系统和交通信息发布系统三人子系统，具体的系统功能如图 7-3 所示。

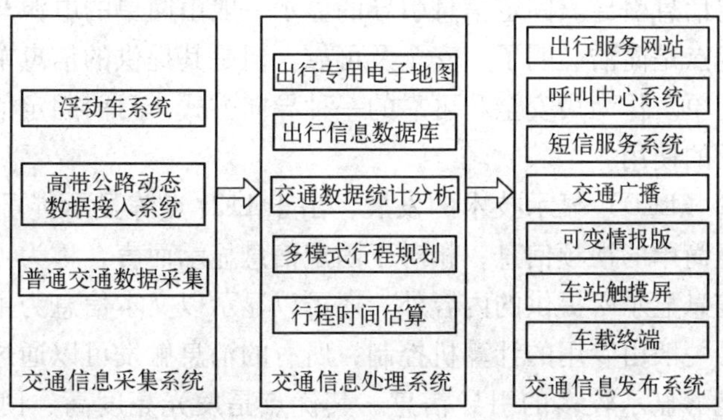

图 7-3　出行者信息系统功能框架示意图

7.3

轨道交通 PIS 系统

从全球范围内的交通信息化来看，国内在轨道交通信息化方面的确比较“晚发”。从概念上看，轨道交通信息化是属于智能交通系统（以下简称 ITS）的一部分，包括轨道交通领域在内的智能交通系统在过去四十年的发展中并不顺利，而是克服了一系列的问题和困难，才建成了今天高度发达与智能的系统。

城市轨道交通的主要服务对象是乘客，在各城市轨道交通建设中，非常注重乘客信息系统（以下简称 PIS）的建设。PIS 系统可以为乘客提供直观、高效和人性化的服务，通过正确的服务信息引导，使乘客安全、便捷地乘坐轨道交通；同时极大地提高了城市轨道交通的服务水平、运营效率，应急处理能力及市场竞争力。另外，通过信息发布渠道开展广告等商业活动还可以获得额外的收益。早期的 PIS 系统信息来自人工，只有简单的文字导向和宣传告示，引导乘客乘车；随着计算机网络技术的飞速发展，目前 PIS 系统采用最新的显示技术、先进的通信技术及智能的管理技术，使 PIS 系统成为相对独立的多功能乘客服务系统。

7.3.1　PIS 系统的发展历程及方向

1. PIS 系统的发展历程

在城市轨道交通乘客信息系统（Passenger Information Systems，PIS）发展初期，一般使用硬线接口的以显示固定文字或者图形的灯箱向导牌为主要手段的乘客引导方式，统称为旅客向导牌或引导标志牌，为乘客提供位置、方向和周围环境标志。因为其显示的内容固定单一，所以，称为固定信息引导。固定信息引导的显示一般由简单的电源开关控制，为车站乘客作引导指示。其优点是简洁、明了、安全及可靠，但是其提供的信息单一，并且信息的更换比较麻烦，功能简单。作为最安全和可靠的一种导向方式，目前固定信息显示模式的旅客向导牌仍然得到广泛的使用。

随着发光二极管（LED）显示技术的发展，由于 LED 点阵显示屏可以根据需要显示不同的文本、图形乃至简单的视频信息，相对于固定信息显示而言，称为可变换信息引导。它除了可以显示固定信息显示所提供的内容外，还可以显示以文本信息为主的提示和公告等信息。可变换信息引导一般由专用的计算机控制，所有的消息触发可以通过程序控制实现，在较小的显示范围内能够显示较多的引导信息。其优点是发光亮度高、使用环境范围广（可在较低温度下使用）、使用寿命长、功耗较低、显示信息量大和显示内容可通过计算机程序控制。其缺点是点阵的像素比较大，对字符的显示有最小点阵要求，图形和视频信息显示效果比较差，不适合较近距离观看。因为可变换信息引导主要使用的 LED 点阵显示屏所具有的优点，目前在北方开放式站台的城市轨道交通地面和高架车站，该方式仍得到大量的应用。另外，随着 LED 显示技术的提高，显示色彩丰富的 LED 全彩屏在不同领域得到了很大的发展。但是在城市轨道交通 PIS 领域，由于其显示像素大、图像效果差而很难得以应用。对于 PIS 系统使用温度适宜的地区，人们更倾向于使用大屏幕的等离子显示屏（PDP）或者液晶显示屏（LCD）。对于不适宜的地区（如不能满足的 PDP/LCD 使用环境温度要求），则更喜欢使用 LED 图文显示屏。

近年来，计算机控制、网络通信和平面显示技术的不断发展，特别是平面显示技术的快速提高，价格低廉、能适合室外使用的较高亮度的 PDP 和 LCD 显示屏开始出现，它可以显示大容量、高清晰的画面，使旅客信息服务系统的显示内容获得一个很大的提高，称为多媒体信息引导。它通过软件/硬件分屏技术，将多种信息叠加在一个屏幕上同时显示。在这个信息缤纷的时代，该方式使乘客能够在同一时刻得到尽可能多的信息。多媒体信息引导显示一般通过局域网控制，由控制中心的 PIS 系统统一协调控制车站、列车的乘客信息显示屏，并可对整条轨道交通线路的乘客进行引导。其优点是显示设备标准化、显示信息量大和图像清晰，尤其适合视频显示；缺点是 PDP 和 LCD 显示屏对使用环境的要求比较高，自身显示亮度比较低，不适合在我国北方有半开放空间的城轨站台使用。

随着城市规模的发展，人们生活节奏的加快，轨道交通运营线网得到了大幅度的扩展，随之而来的是乘客出行的复杂性增加，对出行参考信息的需求有所扩大。比如，城轨—城轨、城轨—公交、城轨—火车、城轨—长途汽车、城轨—客船和城轨—飞机等交通工具间的换乘信息、天气预报信息、实时新闻信息、交通管制信息以及灾难预警信息等，都需要在出行过程中快捷方便地掌握。这样就产生了由多个系统信息支撑的，有多种出行参考信息供乘客参考的 PIS 系统，称为综合智能引导。综合智能引导的显示通过局域网或者城域网控制，一般由综合控制中心的 PIS 系统统一协调，可对整个城市的轨道交通线路的乘客进行引导。根据各条线路的拥堵情况，及时、准确地疏导客流，将乘客关心的出行参考信息及时告知乘客。综合智能引导的 PIS 系统一般采用可同时多内容显示的 LCD/PDP 显示屏，也可以根据不同需要，采用灯箱向导牌、LED 显示屏和 CRT 显示器等其他信息播放设备。当前，正在建设的城市轨道交通 PIS 系统最多的是使用综合智能引导。

2. PIS 系统的发展方向

为了提高整个运营系统的效率和设备的使用效率，在保证运营安全的前提下，需要对各有关系统进行调整合并，做到资源共享。PIS 系统作为直接服务于乘客的一个重要部分，为了向乘客提供更好的服务，有必要和其他系统进行整合。根据目前情况来看，集引导、广告、资讯、设备监控和客流监控为一体的综合智能引导 PIS 系统，是当前发展的主要方向。北京、上海、广州和香港等城市的轨道交通 PIS 系统已经或多或少地集成了上述功能，例如亦庄线 PIS 系统，如图 7-4 所示。

图 7-4　亦庄线 PIS 系统

3. PIS 相关的系统整合的分析

1）广播系统

从某种程度上讲，广播系统和 PIS 系统提供的功能是相同的。广播系统通过中心控制，终端控制中心调度员可对全线任意一个车站、任意车站的任一个选区或多个选区广播。和 PIS 系统相比较，其主要区别是一个为乘客提供视觉消息，一个提供听觉消息。从这个道理上讲，有将 PIS 系统和广播系统融合到一起的可能和必要。另外，随着社会对残障人员关注度的不断提高，促使了文字、语音同步显示播放的需求，即在同一个公共区域，要求有文字、语音的同步播放，使相应的乘客能同时接收到相同的服务提示。而最新迅猛发展的计算机文本语音转换技术可将其完美地结合在一起。这样，对于从 PIS 系统发送的文字信息，在车站发布时，可以通过简洁的文本信息传递到播放地点，然后通过文本语音转化技术，在 PIS 显示屏和广播终端上同时发布。这种需求也在某种程度上促进了 PIS 系统和广播系统融合到一起的进展。

2）广告系统

随着社会商业化的发展，商业广告也逐渐成为人们生活中不可缺少的一部分，并且在周围随处可见。对于人流相对集中的城市轨道交通系统，更是吸引着众多的需要发布广告的客户。借助于城市轨道交通 PIS 系统的引导信息发布平台，可以增加广告播放显示屏，或者在引导信息显示屏显示城轨交通引导信息的间隙，可以插播一些商业广告。这样不但可以增加引导显示屏显示信息的多样性，增加观看兴趣，还可以有一定的经济收益。借助于 PIS 系统对显示信息的管理功能，可以将广告信息作为一种被管理的播放信息纳入进来，这样就可以将 PIS 系统和广告系统融合到一起。

3）时钟系统

时钟系统提供基准时间，在公共区域内为乘客服务，在办公区域内为运营指挥服务。通信技术发展使网络通信更加迅捷、安全和可靠，为时钟信号安全传送提供保障。在公共区域，乘客信息显示屏可以以更好的方式和条件向乘客提供时间信息。通过资源整合，在不改变性能的前提下，在公共区域将时钟屏的显示由 PIS 显示屏代替，以降低工程造价。

4）闭路电视监视系统

闭路电视监视系统为控制中心的行车、防灾和公安调度员、各车站值班员等提供有关列车运行、防灾救灾以及乘客疏导等视觉信息，提供图像的摄取显示、控制及录制。PIS 系统可以通过 CCTV 网络电视系统提供的视频信息辅助判断需要对乘客提供的服务。CCTV 和 PIS 系统的主要结合点可以放在车载监视视频信息的下传，将列车上实时监视信息传递到中心或者车站，在事故时为决策者提供决断依据。如果 PIS 服务系统建设了车地实时通信通道，其主要用途是将 PIS 信息（视频图像、显示控制命令等）单向上传到列车，而从列车传送到地下的 PIS 信息非常有限，对于一套完整的车地通信系统，显然有些浪费。所以，将车载视频监视信息通过 PIS 车地通信通道传递到地下，既可以解决 CCTV 系统重建车地通信系统的问题，又可以对乘客随时提供更有力的引导和帮助。

7.3.3　乘客信息系统

1. PIS 的功能

乘客信息系统 PIS 是依托多媒体网络技术，以计算机系统为核心，以车站和车载显示终端为媒介向乘客提供信息服务的系统，使乘客通过正确的服务信息引导，安全、便捷地乘坐轨道交通。PIS 在正常情况下，提供乘车须知、列车到发时间、列车时刻表、管理者公告、政府公告、出行参考等实时动态的多媒体信息；在火灾、阻塞及恐怖袭击等非正常情况下，提供动态紧急疏散提示。在列车运行中车载设备要实时接收来自地面运营中心的节目，在列车车厢显示屏上播出音视频。同时通过车厢内监控摄像头监控旅客乘车情况，将监控视频信息实时上传至运营中心，作为管理部门安全决策的支持信息。随着科技的不断发展，乘客服务及资讯信息不仅要实现运营中心与车站、车站与车站间的通信，还要完成列车与地面间的实时通信。总之，PIS 系统是一个集地铁运营信息服务、多媒体实时资讯发布、广播电视节目制作与播出、地铁电视监控、地铁设备监控于一体的综合服务平台。PIS 为乘客提供上述各类信息，使乘客安全、高效地乘坐地铁出行，确保地铁系统高效安全运营。

2. PIS 的结构

PIS 系统从结构上可分为：中心子系统、车站子系统、车载子系统、网络子系统、广告制作子系统；从控制功能上分，系统可分为四个层次：即信息源，中心播出控制层，车站播出控制层和车站播出设备。

1）中心子系统

中心子系统主要负责外部信息流的采集、播出版式的编辑、视频流的转换、播出控制和对整个 PIS 系统设备工作状态的监控以及网络的管理。主要设备有：中心服务器、视频流服务器、中心操作员工作站、中心网管工作站、播出控制工作站、数字电视（DVB－IP）设备、外部信号源和集成化软件系统等。同时，中心子系统还提供多种与其他系统的接口。

2）车站子系统

车站子系统通过传输通道转播来自控制中心的实时信息，并在其基础上叠加本站的信息，如列车运行信息和各类个性化信息等。车站子系统的主要构成为：车站数据服务器、车站播控服务器、车站操作员工作站、屏幕显示控制器、网络系统和集成化软件系统等。

3）车载子系统

车载子系统提供预先录制节目的播放及中心对列车的实时的信息发布，主要设备有车辆段 PIS 监控站、车辆段或车站 PIS 数字视频发送设备、车载 PIS 数字视频接收设备、车载显示控制器及无线集群通信系统等。

4）城市轨道交通乘客信息自助服务系统

乘客自助服务系统主要由网络子系统和广告制作子系统构成，自助系统主要是通过在车站设有的乘客咨询终端系统完成功能的。

① 乘客资讯终端系统。乘客可以查询运营管理者向乘客发布的公告信息、乘客须知查询、天气预报查询、地铁站周边建筑和环境信息介绍、公交换乘信息、实时新闻、线路首末车时间、终端设备监控状态；运营管理者可在后台控制每台查询机的开关机；通过语音提示，乘客在操作以上功能时系统会提示相应信息。

② 后台管理系统。主要功能包括：信息维护，车站信息维护，公告编辑，天气、新闻信息下载，乘客须知编辑，各线路首末车时间编辑，同步服务器文件，文件下发，时钟同步。

7.3.4 城市轨道交通网络化信息管理

IP 网络技术在城市轨道交通中除了传统的自动化应用之外，更是具备了更多的音频、视频数据传输和交换的功能，利用 IP 网络技术，轨道交通在信息化方面形成了一个巨大的市场空间。

随着轨道交通行业的不断发展，信息技术的应用在支持轨道交通企业的业务和管理方面作用越来越重要，按轨道交通企业的发展特点，有新设立进行轨道交通基础设施建设的企业，有针对单一轨道线进行运营的企业，也有不断发展、逐步向线网管理的大型轨道交通企业，各时期的企业发展重点也各不相同。总的来看，轨道交通企业的管理主要分为对建设管理、运营管理和资源管理三大主业的管理。建设期主要以政府为主，轨道交通企业来协助，进行网络规划、线位规划、站位规划并确认；轨道交通企业必须关注建设管理的进度（投资进度、形象进度）、项目成本控制（招投标管理、合同管理、合同支付管理）及项目的竣工决算等成本。运营管理方面，轨道交通作为一种公共交通方式，首先要安全可靠，其价格既要与巴士进行竞争，又受到政府严格管制，票务收入受到了限制。对于其运营管理来讲，为了盈利或减少亏损，就必须严格控制成本（人工、能耗、维修成本）。资源管理则包括物业、广告资源、电信网络、商业服务、媒体、咨询服务等，现阶段广告资源是轨道交通企业资源的主要收入增长点。

轨道交通企业的主要信息按管理的层级来看，包括作业层（自动售检票系统（AFC）、列车自动控制系统（ATC）、电力监控系统（SCADA）、环境及设备监控系统（BAS）、火灾自动报警系统（FAS）、气体灭火系统（FES）等）的基础信息、管理信息、决策层信息等。轨道交通建设起点高，技术投入强，基本建立了以高速通信网为代表的诸多运营管理、调度指挥和安全监控系统，对提高轨道交通的运营能力发挥了重大作用。

北京轨道交通将要进入“多运营商、多线路”运营的时代，网络化运营的整体协调与应急指挥将越来越重要。北京轨道交通指挥中心包括轨道交通路网指挥调度中心（TCC）、路网票务清算管理中心（ACC）、14 条轨道交通线路的控制中心（OCC）及相应配套设施，是目前世界上集路网指挥调度和票务清算管理两大系统于一体，接入线路和系统最多，集约化、网络化、自动化程度最高的轨道交通指挥中心。TCC 系统是一个集运营监视、数据共享、应急指挥、辅助决策功能为一体的综合指挥平台，它在调度指挥、票务清算管理、应急协调上的高度集中模式，实现了各线路主要运营信息的汇总与共享，从而达到提高运输能力、安全保障、管理水平与信息化水平等诸项目标。此外，轨道交通运营是社会整个交通关联系统中的一环，不仅需要与地面公交、民航、铁路等方面进行协调，还需要得到公安、消防、气象、医疗等各个部门的支持。

从交通环境发展看，轨道交通作为解决大众交通的有效手段已经得到重视，自 1965 年北京地铁一期工程建设开始，全国已有 10 多个城市拥有轨道交通，线路总长度达 600 多 km。此外，国家已经批准了 17 个城市轨道交通规划，这 17 个城市的规划到 2015 年要建设轨道交通线路 65 条，总长度 1 856 km，总投资达到 6 755 亿元。按照建设成本估算，在城市轨道交通工程投资中，土建工程一般可占 40% 左右，机电设备一般占工程总造价的 40% 左右，而剩余 20% 的资金投入就涵盖了通信信号、自动售检票系统、信息服务等方面。在上海，地铁运营方也正在考虑业务协同层面信息系统的建设，还准备重新做一个城市轨道交通的规划，尤其是网络化城市轨道交通的信息架构规划。网络的运营和管理对信息系统的要求的确非常迫切。2010 年，中国城市轨道交通线路数量已达到 55 条、里程 1 500 多 km。中国已成为世界最大的城市轨道交通建设市场。

*7.3.5　轨道交通 PIS 的主要功能

我国正处于城市轨道交通建设和应用的繁荣时期，传统的轨道交通乘客信息系统（PIS）在控制中心将多媒体信息和运营信息合成并发送给车站、车载终端设备本地播放，这给信息更新维护和紧急事故处理带来了很多不便。同时，乘客对轨道交通的信息服务能力也不断提出更高要求。因此，如何实时的、快捷地将信息发布出去成为轨道交通领域急需解决的课题。一种基于多流媒体技术的乘客信息系统的实现给出了创建 PIS 流媒体服务的方法；在流媒体集群系统中，设计了一种能支持多种负载均衡算法框架的负载均衡器；对于乘客信息的控制与播放，设计了一种包含若干业务逻辑处理能力的浏览器的客户端播放器。这种乘客信息系统从根本上解决了乘客信息的交互、信息控制调度和信息播放等问题。

基于多流媒体技术的乘客信息系统通过中心和车站子系统的控制，在指定的时间，将指定的信息显示给指定的人群。该系统的特性主要体现在以下几个方面：

① 能够兼容多种终端信息显示设备，如 PDP、LCD、LED、电视墙、投影机；

② 多语言支持；

③ 显示方式支持数字和模拟两种方式。

该 PIS 系统具有紧急疏散功能、广告播出功能、多区域屏幕分割功能、实时信息显示、显示屏幕可提供显时服务，也可为时间显示系统提供后备支援；网管功能。

地铁列车安防系统主要由车载图像监控系统、车载信息发布系统、骨干传输网络、车地无线传输系统、车载管理中心以及车辆段系统等构成。其主要功能包括：高清晰数字视频在地铁运行车辆的实时播出；车站值班员、控制中心调度员、车辆段 DCC 车务人员对列车车厢内的实时图像监控；列车驾驶员对前方车站旅客候车情况的实时监控；提供车地之间的高速数据无线传输通道等。PIS 在地铁列车安防系统中的功能应用主要体现在以下几个方面。

1）骨干传输网络

骨干传输网络为控制中心和车站之间提供高清晰数字视频信息、视频监控信息的传输通道，并作为车地无线传输系统的骨干传输路由。骨干传输网络由在控制中心和各车站的网络交换机、光纤光缆等构成以太网。骨干传输网络的主要功能：为快速移动中的列车与车站、控制中心之间提供视频、音频以及数据的高速宽带传输通道，弥补地铁车地通信传输功能的不足，提高车地之间有效的通信和紧急救援手段，增强地铁运营管理的应急反应能力。

2）车地无线传输系统

车地无线传输系统为覆盖全线车站、区间和车辆段的高速数据传输网络，为车地之间提供视频、数据、语音等信息的传输通道。车载无线传输平台主要由中心无线网络交换机（控制器）、车站无线网络交换机、无线接入点（AP）和车载天线单元等设备构成。主要功能：OCC 至列车信息下传；提供 OCC 行车调度员至列车司机之间的专用传输通道；列车至 OCC 信息上传；为列车与车站、控制中心之间提供音频和数据传输通道，弥补地铁车地无线通信功能的不足。

3）车载信息发布系统

车载信息发布系统接收 PIS 系统发布的视频信息，通过车地无线传输系统将视频图像在列车内播出。车载信息发布系统主要由车载交换机、车载服务器、LCD 显示控制器、LCD 液晶显示屏等设备构成。系统功能：车载信息发布系统下传；车载信息发布系统与列车自动广播系统互联；列车广播的优先级设置可调整。

4）车载图像监控系统

车载图像监控系统实现列车司机、控制中心值班员、车辆段 DCC 和车站值班员对列车车厢情况的实时监控。车载图像监控系统主要由车载网络交换机（与车载信息发布系统共用）、数字硬盘录像机、触摸显示屏、摄像头、编解码器等设备构成。系统功能：车载图像监控系统实现驾驶员对列车车厢，OCC、DCC 和车站值班员对列车车厢、司机位图像信息的实时监控功能。安装在司机位的监视器能够轮回显示车厢监控图像；驾驶员可采用触摸屏控制方式，手动切换至指定车厢摄像头监控图像。紧急情况下，可将列车全部监控图像传送至列车的前方邻近车站和控制中心，并接收前方邻近车站站台监控图像。OCC 中央控制大厅内的行车调度员可实时发送预定义或即时信息至指定列车驾驶室内的触摸显示屏，供司机专用。车载图像监控系统应与列车紧急对讲、车门紧急开关实现联动。车载监控系统与列车火灾报警系统互连。车载图像监控系统应具有一定的智能视频分析功能。

5）控制中心及车载管理中心

车载管理中心主要由服务器、维护管理工作站、监控终端、便携式维护终端、硬盘录像机及系统管理软件等设备构成。控制中心系统功能：监控功能；信息发布功能；列车火灾告警功能；列车运行位置定位的功能。车载管理中心功能：设备监控和参数管理；设备管理和维护管理；网络管理及网络安全；统计和报表；后台系统监控与维护；接口功能。

6）车辆段系统

车辆段列车安防系统包括车辆段和出入段线、咽喉区、停车列检库等区域的地面无线网络，提供车辆段内列车与地面的无线传输通道。在车辆段控制中心（DCC）设置视频监控终端，用于接收列车监控图像及车载信号设备故障信息管理。车辆段设备主要由车辆段网络交换机、监控管理终端、无线接入点（AP）、移动数字设备、硬盘录像机、LCD 显示墙以及必要的检测、维护工具等构成。系统功能：实时控制、接收列车停靠车辆段时的监控图像；车载硬盘录像机监控图像查询功能；利用车辆段宽带无线网络和移动数字设备向列车传送数据信息；接收列车车载设备状态信息；建立系统维护日志等必要的维护、管理功能。

7.3.6　售检票系统（AFC）

自动售检票系统（Automatic Fare Collection System）简称 AFC 系统，是目前世界地铁中广泛采用的一种票务管理模式。自动售检票系统（AFC 系统）采用全封闭的运行方式，以及计程、计时的收费模式。以非接触式 IC 卡为车票介质，通过高度安全、可靠、保密性能良好的自动售检票计算机网络系统，完成地铁/轻轨运营中的售票、检票、计费、收费、统计等票务运营的全过程、多任务自动化管理。AFC 与人工售检票相比，具有以下优点：速度快；能处理大量的票务信息，使地铁可推出各种方便乘客选用的票种和实行维护乘客利益的计程、计时票价，以利吸引客流；每天可记存百万以上客流信息，能准确地统计各站及全线的客流量，因而可获得各站及全线按时分布的客流量表；严谨了票务管理制度，在整个系统运行中，任何不正常的操作都能在中央计算机上记录、显示，既杜绝了员工作弊的可能性，也有效地防止了乘客无票、超站乘车的行为；能有效排除人为因素的影响，维护企业的利益。

1. 系统组成

AFC 系统主要由中央计算机系统、车站计算机系统、就地设备和车票四部分组成。就地设备包括出/入站检票闸机、自动售票机、车站票务系统、自动充值机、自动验票机等现场设备。车票有单程票、储值票、特殊票等。图 7-5 为自动售检票系统图。

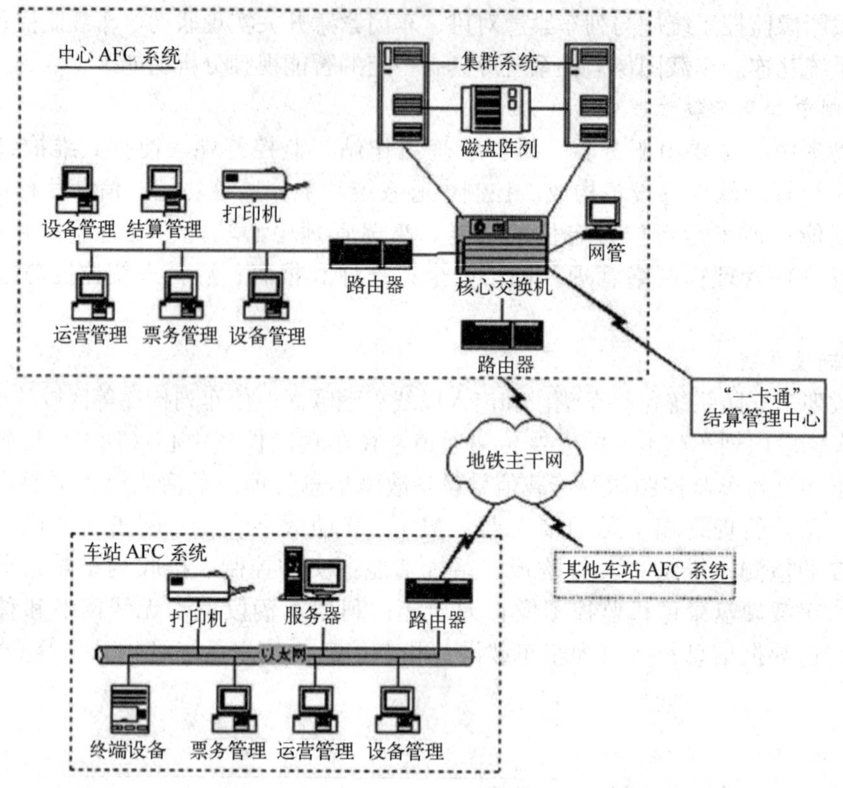

图 7-5　自动售检票系统图

2. 系统功能

1）中央计算机系统

AFC 系统中心控制室的计算机系统主要由中心数据库和中心操作站及其他网络设备构成，称为中央计算机系统。系统主要功能有：数据采集、系统运行管理、财务管理、票务管理、参数管理、权限管理、报表管理、设备维护维修、系统时钟控制。

2）车站计算机系统

车站计算机系统由车站数据库服务器、通信设备和车站操作工作站及其他网络设备构成，称为车站计算机（SC）。系统主要功能有：数据采集、系统运行管理、财务管理、票务管理、报表管理、设备维护维修、系统时钟管理、系统模式。

3）就地设备

就地设备有自动售票机、半自动售票机、自动检票机、自动充值机、便携式验票机、车票查询机及车票初始化编码机等。就地设备具有如下功能：联机/或独立工作、存储功能、通信功能、自我诊断和恢复功能。

4）软件系统

包含通信网络及协议、操作系统和数据库系统、中央计算机软件子系统、车站计算机软件子系统。

5）接口系统

与城市一卡通的接口、票卡与读写机接口、通信硬件接口、软件接口、与地铁综合监控系统接口。

复习思考题

1. 简述地理信息系统的组成及功能。
2. 查阅资料，阐述交通流诱导系统中的关键技术。
3. 结合所在城市的具体情况，阐述加强城市客运交通信息管理的重要性。

8 第8章 轨道客运安全管理

本章概述

本章重点介绍轨道客运安全管理，分别从轨道客运安全概述、轨道客运事故的预防、轨道客运的应急救援技术和突发客流组织与调整四方面进行说明。通过基本概念、轨道客运安全管理的基本职能、轨道客运安全管理制度等对轨道客运安全概述进行深入阐述；通过轨道客运事故成因分析和轨道客运设备安全管理分析轨道客运事故的预防；通过轨道客运火灾应急救援、轨道客运应急救援预案和轨道客运应急救援体系的建设体现轨道客运的应急救援技术；通过车站地区客流接续与疏散方法、旅客服务系统与应急系统、票务应急管理和突发客流组织预案分析对突发客流的组织调整。

本章学习重点

了解轨道客运中发生在区间隧内、车站的列车火灾及车站内火灾的应急救援，轨道客运应急救援体系建设，应急救援体系中的主要应急机制，应急救援体系建设的主要内容；理解轨道客运安全概述、轨道客运事故的预防、轨道客运的应急救援技术和突发客流组织与调整；掌握轨道交通事故、轨道交通事故的分类、安全管理主要内容、轨道客运安全管理的基本职能、轨道客运安全管理制度等基本概念，轨道客运事故成因分析及轨道客运设备的安全管理，应急预案的基本结构，轨道客运应急救援体系的建设及其主要内容，旅客服务系统和应急系统，票务应急管理，突发客流组织预案分析等。

8.1

轨道客运安全概述

安全管理是轨道客运管理中重要的一部分，其主要目的就是通过管理的手段，实现控制事故、消除隐患、减少损失的目的，使整个客运系统达到最佳的安全水平，为客运系统参与者创造一个安全舒适的环境。因此，安全管理是以安全为目的，进行有关决策、计划、组织和控制方面的活动。

安全管理工作的核心是控制事故，而控制事故最好的方式就是事故预防，即通过管理和技术手段的结合，消除事故隐患，保障旅客的安全。但根据事故的发生具有偶然性，加上技术水平、经济条件等各方面的限制，有些事故是难以完全避免的。因此，控制事故的第二种手段就是应急救援措施，即通过抢救、疏散、抑制等手段，在事故发生后控制事故的蔓延，把事故的损失减少到最小，避免二次事故的发生。

因此，安全管理就是利用管理活动，将事故预防和应急救援措施两种手段有机地结合在一起，以达到保障安全的目的。

8.1.1　基本概念

1. 轨道交通事故

轨道交通事故定义为轨道交通机车车辆在运行过程中与行人及其他障碍物相撞，或者轨道交通机车车辆发生脱轨，机车车辆或车站发生火灾、爆炸、拥挤踩踏、高处坠落、掉下站台、车门夹伤等影响正常行车的，均构成轨道交通事故。

2. 轨道交通事故的分类方法

可以从不同角度来讨论。

依据事故性质的严重程度。列车事故比调车事故性质严重。冲突、脱轨、火灾和爆炸事故比构成设备事故和一般违章、违纪的条件要求严格。

依据事故损失的大小。事故损失主要指人员伤亡的多少和机车、车辆、线路、供电、信号等设备的损坏程度和经济损失。

依据事故对行车造成的影响的大小。行车中断、延误列车时间所构成的事故种类不同。

依据事故性质、损失和对行车所造成的影响分类，行车事故分为特别重大事故、重大事故、较大事故和一般事故。

3. 安全管理主要内容

轨道交通安全管理涉及面较为广泛，内容非常丰富，包括安全组织、安全法规、安全技术、安全教育、安全信息及安全资金管理等方面，如图 8-1 所示。

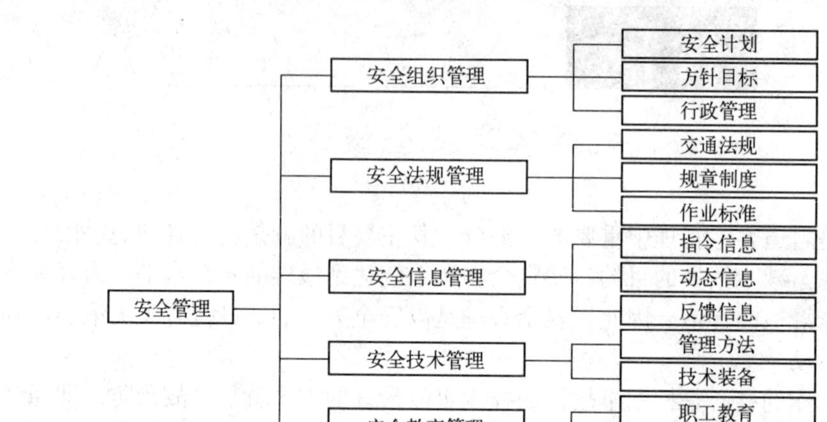

图 8-1　安全管理的内容

① 安全组织管理。安全组织管理是安全管理的实施主体，负责安全的组织领导、协调平衡、监督检查工作，使客运企业安全管理体制有效地正常运转，保证安全目标的实现。

② 安全法规管理。安全法规管理的任务是严格遵循国家有关交通安全的法律、法规等规定，对各种运输规章制度和作业标准进行研究、制定、修改、完善、贯彻和落实，使客运安全管理工作做到有法可依，有章可循，违法必究，违章必查。

③ 安全信息管理。安全信息一般是指在客运生产过程中，对一切有利于安全生产的指令和系统安全状态的描述或反映。安全信息既是安全管理的对象，又是安全管理的重要支持。

④ 安全技术管理。安全技术管理的任务是正确执行国家有关技术政策、标准、规程和客运企业主要技术政策，为客运安全提供可靠的技术依据和技术措施；不断应用现代科技先进成果，促进交通安全管理科技含量提高。交通安全技术管理包括对交通安全硬技术设备的维护与管理和对交通安全软技术的开发与应用。

⑤ 安全教育管理。为了实现交通安全，必须通过各种形式和方法，对客运职工进行经常性的安全教育，其内容主要有安全思想教育、安全知识教育、安全技能教育、事故应急处理教育。此外，客运安全是一项全员参与的活动，对各种交通参与者进行的交通安全知识、交通安全常识及安全法制宣传、教育也是安全教育管理的重要内容。

⑥ 安全资金管理。安全资金保证是客运安全的重要保障。安全资金管理包括对保证交通安全所需资金的筹集、调拨、使用、结算、分配等，并进行安全投资的经济评价与经济分析，实行财务监督等。

8.1.2　轨道客运安全管理的基本职能

轨道客运安全管理是在一定的环境或条件下，管理主体为了达到安全运送旅客的目的，运用一定的职能和手段，对管理客体施加影响和进行控制的过程。

安全管理的目的，是管理者根据客观条件，通过一定的方式和方法，实现安全行车的良好愿望或预期达到的安全行车的结果。安全管理目的决定了安全管理职能的确定。轨道客运安全管理职能是指轨道客运安全管理机构和管理者对管理对象产生的作用和功能。这种作用和功能可以促使管理对象朝着预期方向发展和变化。

在城市客运安全管理中，不论是哪一层次的安全管理组织，其具体的管理职能都包括计划、组织、协调、控制和激励职能。

1. 计划职能

计划职能是客运安全管理活动的基本职能，是对未来的发展进行部署和制订行动方案，是管理目标的具体化。计划职能为安全管理组织或个人在一定时期内需要完成什么，如何完成提出了实施的途径、措施和方法，能有效防止可能出现的管理行为的盲目性和紊乱状态，保证管理目标的实现，使管理活动取得最佳效益。

2. 组织职能

组织职能是指为实现客运安全管理的目标和任务，对安全管理活动中的各种要素和人们的相互关系进行合理组织与安排。主要内容有：确立各项活动的组织形式；确定职责范围；建立责任制并落实各项任务；组织培训，提高人员素质等。组织水平的高低决定了安全管理成果大小。

3. 协调职能

客运安全管理中的协调是指管理者对安全管理活动中各个要素之间的问题和关系进行协调，使之互相配合，步调一致地实现安全管理目标。安全运营状况是各部门管理活动共同作用的结果。因此，各部门必须密切配合，才能使安全管理发挥最佳的整体功能。

客运安全管理中的协调职能分为广义和狭义两类：广义协调包括客运企业内部、客运企业外部与社会环境的协调；狭义协调指客运企业内部的协调。这种协调管理在安全管理的实践中，是大量的，经常发生的，如公共交通运输企业内部各专业部门、企业和交通管理部门等各单位之间的横向协调。协调职能的主要内容有：掌握和沟通信息；预防和处理可能出现的偏差；处理内外部的利益关系、责任关系、人际关系。

4. 控制职能

控制职能在管理过程中进行检查、监督，发现偏差进行纠正，以保证计划和目标的实现。控制职能的实质是利用权威和控制系统的机制，对实际工作进行强制性的干预和校正。

客运安全管理活动中的控制职能主要有两个方面的作用：第一，制约作用。为了保证安全管理目标的实现，对客运过程中的各个环节、各个阶段及各个管理对象实际执行工作标准的情况进行的检查和牵制。控制的首要工作是检查，通过检查，及时发现实际工作中存在的问题和偏差，从而采取针对性的措施，来保证客运安全管理目标的顺利实现。第二，预防作用。预防作用是指发现和寻找各种对未来工作产生不利影响的现实因素或潜在因素，从而预防各种偏差的产生，使管理目标顺利实现，并使客运安全管理获得最佳效益。因此，控制工作既要发现和纠正偏差，还要防止偏差出现。通过有效的控制工作，可以事先发现产生问题的隐患并提前排除，避免事故的发生。

5. 激励职能

激励职能是指客运管理者通过运用鼓励、惩罚等手段调动被管理者的积极性，来保证客运系统安全运营。激励手段主要有思想政治教育、表扬、奖励、满足合理的需要、批评和惩罚等。

8.1.3 轨道客运安全管理制度

目前，我国实行的是“企业负责、行业管理、国家监察、群众监督”的安全管理体制，该体制的目标是从不同的角度、不同层次、不同的方面来推动“安全第一、预防为主”方针的贯彻，协调一致地搞好客运安全生产工作。

1. 企业负责

客运企业应该承担起事故预防工作的责任。安全生产是客运企业自身发展的需要，是参与市场竞争、寻求发展的前提和保证。客运企业必须提高自己的安全管理水平，做好事故预防工作；否则，一旦发生重大伤亡事故，不仅给客运企业造成巨大的经济损失，而且还直接威胁企业的生存和发展。客运企业必须遵守国家有关安全生产的法规、制度、规范，依法进行安全管理；建立健全安全组织机构，完善内部激励机制和监督、约束机制，认真建立和执行安全生产责任制等安全生产管理制度。客运企业要在发展生产的同时，不断改善劳动生产条件，消除、控制运输过程中的各种不安全因素，提高客运企业预防事故的能力。

2. 行业管理

行业管理部门与企业主管部门必须根据“管生产的必须管安全”的原则，在组织管理客运行业、部门经济工作中，加强对所属客运企业的安全管理。行业安全管理是对行业所属客运企业贯彻执行国家安全生产方针、政策、法规和标准，进行计划、组织、指挥、协调、宏观控制管理，以提高整个客运行业的安全管理和技术装备水平，控制和防止伤亡事故的发生。

3. 国家监察

国家监察是国家安全监察部门对客运安全生产工作进行监察，具有权威性和相对的独立性、公正性。安全监察对象主要是从事客运生产的企事业单位，也包括国家法规中所确定的负有安全生产职责的有关政府机关、企事业主管部门、行业主管部门等。

安全监察的任务主要是依法对上述被监察对象履行安全生产职责和执行安全法规、政策的情况进行监督检查；及时发现工作中存在的问题，纠正和惩戒违章失职行为，以保证国家安全生产方针、政策和法规的贯彻执行，保护职工的安全与健康。

4. 群众监督

群众监督是广大客运企业职工通过工会或职工代表大会监督和协助各级领导贯彻落实客运企业安全生产方针、政策、法规，做好事故预防工作。

8.2 轨道客运事故的预防

我国的安全生产方针可以概括为“安全第一，预防为主”，实施事故预防是控制事故的发生，加强安全管理工作的首要任务。通过各种管理手段，采取各项预防事故的措施，消除和控制事故，做到防微杜渐、防患于未然，才能实现真正的客运安全。

8.2.1 轨道客运事故成因分析

1. 事故安全问题分类

轨道交通作为出行者出行的重要方式之一备受人们关注，容易引发事故的安全问题主要包括有以下两方面：

① 列车开行密度大，导致列车相撞等运行事故的发生概率增大；车站及列车内旅客密度大，旅客流通量大容易引发旅客车内人身安全问题，例如旅客被踩伤及挤伤、传染病在人群中的扩散、偷盗的现象、恐怖袭击、乘客自杀等。

② 火灾事故。地铁在运营期间可能发生的灾害可分为自然灾害和人为灾害两大类。从世界地铁 100 多年的历史经验教训来看，地铁灾害中发生频率最高、造成损失最大的是火灾事故。下面详细介绍地铁火灾事故的救援措施。

历史上的影响较大的地铁火灾事例有：1991 年德国柏林发生地铁火灾，18 人送医院急救；2003 年 1 月英国伦敦发生地铁列车撞月台引起大火事故，至少造成 32 人受伤；2003 年的韩国大邱地铁人为纵火事故等。

2. 地铁火灾的特点

由于相对封闭的环境特点，地铁中发生火灾比地面建筑物中发生火灾更具有危险性。地铁火灾的主要特点如下。

① 人员心理恐慌程度大，行动混乱程度高。地铁区间隧道出入口少、通道狭窄、疏散距离长、人员多，因此造成的人员恐慌和行动混乱程度比在地面建筑物中严重得多，易发生挤踩事故。

② 浓烟疏散难度大。地铁内部封闭的环境使物质不易充分燃烧，火灾时可燃物的发烟量很大，而地铁的进排风只靠少量的风口，机械通风系统发生故障时很难依靠自然通风补救，烟雾的控制和排除都比较复杂。

③ 温度上升快。由于地铁建筑物是一个相对封闭的空间，发生火灾后，大量的热量积聚无法散去，空间温度升高很快。高温时会造成气流方向的变化，对逃生人员影响较大。

④ 人员疏散难度大。人员从地铁内部到地面开阔空间的疏散有一个垂直上行的过程，因人员数量多、行动缺乏一致性，从而影响疏散速度。同时，自下而上的疏散路线与内部烟和热气流自然流动的方向一致，所以人员的疏散必须在烟和热气流的扩散速度超过步行速度之前完成。这一时间差较短，难以控制，人员的疏散较为困难。

⑤ 扑救难度大。由于地下空间限制，加上浓烟、高温、缺氧、视线不清、通信中断等原因，救援人员很难了解现场情况，而且大型的灭火设备无法进入现场，救人、灭火困难大。

8.2.2 轨道客运设备的安全管理

这里的设备是一个广义的概念，既包括机车车辆及相关技术装备，又包括各种安全设施等。加强设备的安全管理，应主要从机车车辆、运营管理技术装备、辅助设施等各方面入手。

1. 提高车辆的安全性

车辆是地铁交通系统的旅客运载工具，在保证运行安全、准点、快速的基础上，还要为乘客提供良好的服务。车辆在运营线路上发生故障，可能导致列车中断运行，也可能导致列车颠覆、脱轨，对乘客的人身安全造成威胁。它对地铁运营系统的安全影响最大，提高车辆系统的安全性要考虑以下指标，如表 8-1 所示。

表 8-1 车辆系统的评价指标

一级指标	二级指标
车辆	车辆安全性能
	安全防护设施
	车辆防火性能
	车辆可靠性
维修体系	维修制度
	维修人员
	维修配件

2. 完善轨道交通安全设施

地铁系统中车辆段及综合基地主要由三大部分组成：车辆段、综合维修中心和材料总库。其主要功能是配属车辆的停放、运用、检修和管理，同时还是工程建设、运营和检修所需材料、设备、配件的采购、储存和供应基地，因此必须具备较强的防火、防灾能力。线路是行车的最主要的基础设施，线路及轨道问题可能导致列车脱轨等重大事故的发生，影响乘客的人身安全，因此为提高线路及轨道的安全性，要充分考虑表 8-2 所示的指标。另外，由于城市轨道交通系统本身的特殊性，消防安全管理与一般消防安全管理相比要求更高、更全面。具体考虑指标如表 8-3 所示。

表 8-2　线路及轨道系统评价指标

一级指标	二级指标
线路及轨道系统	线路设计
	线路承受能力
	线路防护设施
维修体系	管理与维护
	维修配件

表 8-3　消防系统与管理评价指标

一级指标	二级指标
火灾自动报警系统（FAS）	报警设施
	联动控制
气体灭火系统（FES）	
消防水系统	
应急照明及疏散指示	
车站消防管理	消防安全检查
	消防安全记录
人员与设备管理	
建筑与附属设施防火	空间防火设计
	建筑装饰材料

3. 采用先进的技术装备水平

为保障轨道交通系统的安全性和可靠性，减少故障、事故和突发事件的发生，系统应采用最先进的技术装备，例如在运行中采用智能控制系统，整个轨道交通系统共用一个控制中心，控制中心能随时掌握线路上每列车的位置和车次，适时调整列车间距和速度，一旦发生险情切断系统电源，使车辆运行停止；采用消除故障指示仪，当检测到轨道障碍物，装置自动切断电路，显示停车信号，或在车头的前端安装牢固的防护器，以便列车能从轨道上排除障碍。

8.3
轨道客运的应急救援技术

8.3.1 轨道客运火灾应急救援

地铁发生火灾，首要的问题是要保证人员安全撤离。在救援方面，应从突发火灾时的人员疏散和救援队伍组织方面考虑。

突发火灾时的人员疏散。发生火灾时，人员会因 CO 中毒、缺氧窒息、火烧或高温烘烤，以及建筑物倒塌而产生伤亡。允许疏散的时间取决于火灾强度、烟雾浓度和对人体的危害、防排烟设施及建筑物的耐火能力等因素。据测试，人们在地铁火灾事故中如果不能在 6 min内迅速有效地逃生，就很难有生还可能。根据地铁发生火灾地点，划分为列车在区间隧道内发生火灾、列车在车站发生火灾和车站内本身发生火灾三大类。

1. 列车在区间隧道内发生火灾的安全疏散

列车在区间隧道内发生火灾时，应尽量驶入前方车站，利用前方车站来疏散乘客。如果列车不能驶入前方车站，停在区间隧道，必须紧急疏散乘客。

① 列车头部着火时，司机应组织乘客迅速从车尾下车后步行至后方的车站，OCC 应开启隧道通风系统紧急模式，向列车前进方向送风，使烟雾远离乘客，如图 8-2 所示。

图 8-2 列车头部着火且停在区间任意位置

② 列车车尾着火时，司机应组织乘客从车头迅速下车后步行至前方车站，OCC 应开启隧道通风系统紧急模式，向列车后退方向送风，如图 8-3 所示。

图 8-3 列车尾部着火且停在区间任意位置

③ 列车中部着火且停在近前方车站时，司机应组织乘客从两端下车后分别步行至前后方车站，OCC 应开启隧道通风系统紧急模式，向列车前进方向送风，使烟雾远离尾部乘客，而列车头部乘客因距离前方站较近，不会受到烟雾伤害，如图 8-4 所示。

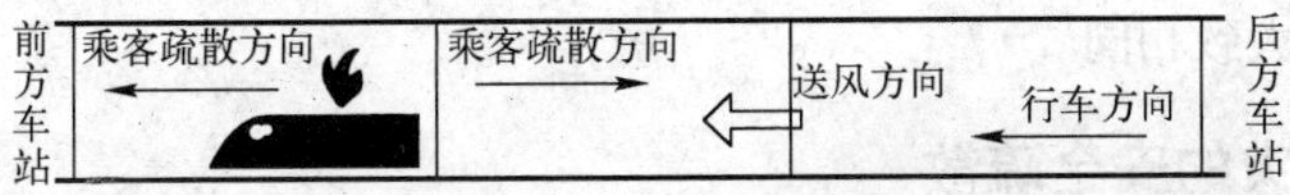

图 8–4　列车中部着火且停在近前方车站

④ 列车中部着火且停在近后方车站时，司机应组织乘客向两端疏散，OCC 应开启隧道通风系统紧急模式，向列车后退方向送风，使烟雾远离头部乘客，而列车尾部乘客因距离后方车站较近，不会受到烟雾伤害，如图 8–5 所示。

图 8–5　列车中部着火且停在近后方车站

⑤ 列车中部着火且停在区间中部，司机应组织乘客向两端疏散，OCC 应开启隧道通风系统紧急模式，向列车前进方向送风，使烟雾远离尾部乘客，如图 8–6 所示。

图 8–6　列车中部着火且停在区间中部

列车在区间隧道发生火灾时，本区间的列车运行立即中止，另一条隧道也应立即停止正常的行车。处理程序如图 8–7 所示。

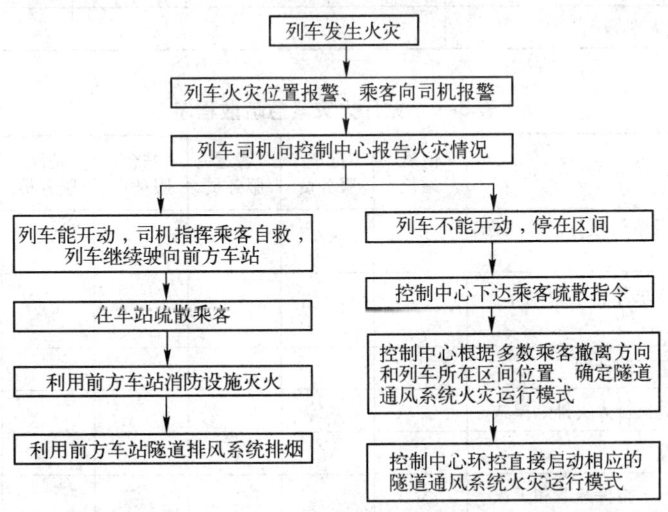

图 8–7　列车在区间隧道火灾的处理程序

2. 列车在车站发生火灾的安全疏散

如果列车在车站发生火灾，应该立即执行火灾紧急疏散计划，停止线路上的其他列车开行和其他乘客进入火场，并利用车站楼梯、出入口疏散乘客。疏散的具体程序与“车站内火灾的安全疏散”大致相同。

3. 车站内火灾的安全疏散

车站内火灾分为站台火灾和站厅火灾，火灾时应立即采取紧急措施，第一时间安全疏散乘客，同时停止车站空调系统，将地铁站的普通通风空调模式改为火灾情况下的通风模式。其疏散程序分别如表 8–4 和表 8–5 所示。

表 8–4　站台火灾紧急疏散程序

职责	值班站长	行车服务员	客运服务员	站台服务员	站厅服务员	售票员	其他人员
1. 发现火灾，向值班站长报告，并试图灭火		√	√	√			√
2. 报告控制中心，要求停止本站列车服务，并请求支援	√						
3. 宣布执行火灾紧急疏散计划	√						
4. 指示环控操作人员执行火灾排烟模式		√					
5. 关掉广告灯箱电源		√	√				
6. 担任事故处理主任，指挥疏散和灭火	√						
7. 向控制中心报告火灾情况		√					
8. 关停扶梯，设置闸机为自由释放状态		√					
9. 指引乘客疏散出站		√	√	√	√		√
10. 拦截乘客进站					√	√	
11. 引导消防员到火灾现场	√			√			

表 8–5　站厅火灾紧急疏散程序

职责	值班站长	行车服务员	客运服务员	站台服务员	站厅服务员	售票员	其他人员
1. 发现火灾，向值班站长报告，并试图灭火		√	√				√
2. 报告控制中心，要求停止本站列车服务，并请求支援	√						
3. 宣布执行火灾紧急疏散计划	√						
4. 指示环控操作人员执行火灾排烟模式		√					
5. 关掉广告灯箱电源		√	√				
6. 担任事故处理主任，指挥疏散和灭火	√						
7. 向控制中心报告火灾情况		√					
8. 关停扶梯，设置闸机为自由释放状态		√	√		√		√
9. 指引乘客疏散出站			√		√		√
10. 拦截乘客进站			√		√	√	√
11. 引导消防员到火灾现场	√				√		

地铁站发生火灾的情况类似于地下建筑物发生火灾，因此地铁相应设施的防火措施和车站站台、站厅紧急疏散程序的制定可以参考我国现行的相关防火疏散规范。不过，地铁站人员高度集中，出入口少，制定疏散程序时主要应考虑以下几方面：

① 将火灾报警、疏散乘客等措施的实施与地铁及地铁站工作人员的职责结合起来，明确责任，提高救援效率；

② 宣布火灾紧急疏散计划，及时报告控制中心；

③ 关掉非疏散指引所需的广告灯箱等的电源，启动火灾情况下的通风系统模式。

4. 救援队伍的组织

救援人员从结构上可分为司机、车站工作人员、专业救援人员 3 个层次。在应急方面应加强对前两个层次救援人员的应急培训，这对火情的控制和人员的疏散起到很大作用。不能单纯等待和依靠第三层次的专业力量来进行人员救援和火灾扑灭工作。

8.3.2　轨道客运应急救援预案

1. 应急救援预案的概念

应急是指针对突发、具有破坏力的事件所采取预防、响应和恢复的活动与计划。应急的主要目标是对突发事故灾害做出预警、控制事故灾害发生与扩大、开展有效救援、减少损失和迅速组织恢复正常状态。应急的对象是突发性和后果与影响严重的事故与灾害。

应急预案可以定义为针对可能的重大事故（件）或灾害，为保证迅速、有序、有效地开展应急与救援行动、降低事故损失而预先制定的有关计划或方案。它是在辨识和评价潜在的重大危险、事故类型、发生的可能性、发生过程、事故后果及影响严重程度的基础上，对应急机构与职责、人员、技术、装备、设施（备）、物资、救援行动及其指挥与协调等方面预先做出的具体安排。

应急预案是指导应急救援的规范性文件，明确了在突发事故发生之前、发生过程中及刚刚结束之后，谁负责做什么，何时做，以及相应的策略和资源准备等。编制重大事故应急救援预案是应急救援准备工作的核心内容，也是我国有关法律法规的要求。

成熟优化的突发事故应急预案，可以做到发生事故时的应急救援，避免次生事故的发生。因此，以完善的事故预防措施为基础，做好预案的管理工作，真正体现“安全第一，预防为主”的方针，营造一个安全、少灾、无害、和平的城市交通环境。

2. 应急预案的基本结构

轨道客运交通系统中可能发生的重大事故是多种多样的，但应急资源是需要共享的。如何针对多种事故类型进行应急预案的系统规划，保证各应急预案之间的协调一致，形成完整的应急预案文件体系，避免预案之间的矛盾和交叉等问题在应急预案编制之初就应予以统筹考虑，否则将给应急组织机构职责、指挥及响应程序等带来不必要的内容重复，引起矛盾和混乱，对应急预案的维护和职责明确等也会带来一系列的问题。

轨道客运交通事故灾害大致可分为：安全事故、自然灾害、人为突发事件等三类。针对每一类灾害的具体应急救援措施可能千差万别，但其导致的后果和产生的影响却是大同小异的。所以，可以通过制定出一个基本应急模式，由一个综合的标准化应急体系有效地应对不同类型危险所造成的共性影响。

轨道客运交通系统救援体系的总目标是控制事态发展、保障生命财产安全、恢复正常运营。可以针对事故特点，如爆发速度、持续时间、范围和强度等，制定具有针对性强的专项应急预案。为了保证各种类型预案之间的整体协调和层次清晰，实现共性与个性、通用性与专业性的结合，适宜采用分层次的综合应急预案。城市轨道交通系统救援体系的建设，从保证预案文件体系的层次清晰和开放性方面考虑，预案可分为综合预案、专项预案和现场预案，其结构如图 8-8 所示。

综合预案、专项预案和现场预案由于各自所处的层次和适用的范围不同，其内容在详略程度和侧重点上会有所不同，但都可采用相似的结构，如基于应急任务或功能的“1 + 4”预案编制基本结构，即应急预案 = 基本预案 + （应急功能附件 + 特殊风险预案 + 标准操作程序 + 支持附件）。

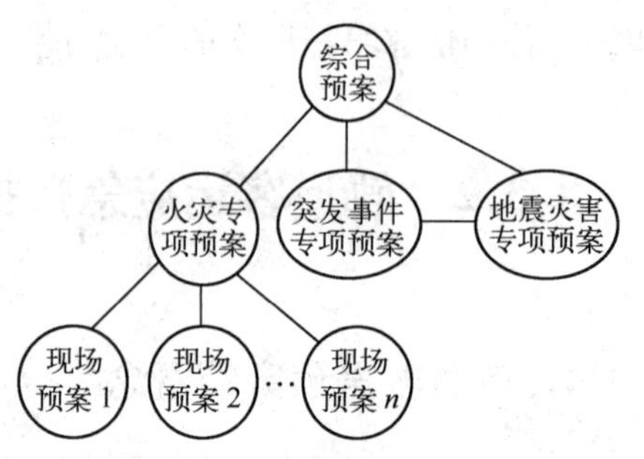

图 8-8　应急预案基本结构

1）基本预案

该项应急预案的总体描述，主要阐述应急预案所要解决的紧急情况、应急的组织体系、方针、应急资源、应急的总体思路，并明确各应急组织在应急准备和应急行动中的职责以及应急预案的演习和管理等规定。

2）应急功能附件

针对在各类重大事故应急救援中通常要采取的一系列基本应急行动和任务而编写的计划，如指挥、控制、警报、通讯、人群疏散、人群安置、医疗等，并应明确每一应急功能针对的形势、目标、负责机构、支持机构、任务要求、应急准备和操作程序等。

3）特殊风险预案

在对城市轨道交通系统进行安全评价的基础上，针对每一种可能发生的重大风险事故，明确其相应的主要负责部门、有关支持部门及其相应的职责，并为该类专项预案的制定提出特殊的要求和指导意见。

4）标准操作程序

应急预案中没有给出的每一任务的实施细节，各个应急部门必须制定相应的标准操作程序，为组织或个人提供履行应急预案中规定的职责和任务时所需的详细指导，标准化操作程序应保证与应急预案的协调一致。

5）支持附件

主要包括应急救援有关支持保障系统的描述及相关附图表，如轨道客运交通系统主要危险有害因素登记表、重大事故影响范围预测分析、应急机构及人员通信联络方式、消防设施分布、疏散线路图、媒体联络方式、相关医疗单位分布图、交通管制范围图等。

8.3.3　轨道客运应急救援体系建设

事故应急救援体系已成为国外发达国家维持运输系统能够正常运行的重要支撑体系之一。日本、德国、法国、美国等都已经建立了比较完善的应急救援管理体制，并且逐渐向建立标准化应急管理体系（SEMS）方向发展，使整个应急预案管理工作更加科学、规范和高效。

轨道客运交通系统通常会存在多种潜在的事故类型，如撞车、地震、水灾、火灾、恐怖袭击、大范围长时间停电等。另外，城市中各类大型活动也会出现重大紧急情况。因此，在建设轨道客运交通应急救援体系时，必须进行合理规划。既要做到重点突出，能准确反映城市客运交通的主要重大事故风险源，又要合理地组织各类预案，避免各类预案间相互孤立、交叉和矛盾，尽可能地消除、减少事故造成的人员伤亡和财产损失，尽快恢复交通。

1. 日本东京地铁应急管理体系

日本拥有亚洲最长的地铁线路。由于日本地震灾难的频发性，地铁作为受影响最小的交通工具在国家交通体系中所具有的地位较高。特别在东京地铁建成通车以来，还经历了战争时期的民用避难和作为军用物资运送的场所的时期。地铁每年输送乘客 46.93 亿人次，相当于每个日本人每年乘坐 47 次地铁。日本主要地铁路线年输送乘客约 24 亿人次，仅次于莫斯科，居世界第二位。

日本的自然灾害频发，因此日本人的防微杜渐和未雨绸缪的安全意识很强，从地铁安全方面采取的措施也可以看出这一点。

1）及时更新地铁设施设备

在近 30 年的城市地铁高速发展期后，日本城市如东京、大阪、名古屋等在 20 世纪 80 年代末基本完成了中心城区地下轨道交通网络的规划与建设。经济和科技的飞速发展，为日本地铁的更新改造创造了极好的条件。日本从各个方面进行了地铁的硬件和软件的改造。地铁车站的更新装修、运营列车的空调化、环境设施的自动化和舒适化、以人为本的标志系统设置、各种交通系统之间的高效有序换乘、地铁车站与周边地区的联动开发与连通搞活等，使原有地铁进入了一个全新的改造时代，从而更好地发挥了功能与作用。

2）注重提高地铁科技含量

20 世纪 90 年代，日本的隧道盾构技术进入了“多元复合型”的全新时代。1990 年，第一台水平双圆 MF 型盾构机应用于京叶线东京地下车站，双线区间隧道建设施工取得成功，从而引发了日本隧道盾构掘进机的革命。多种形式的高性能复合型盾构掘进机开始研制与开发，加快了地铁的区间隧道和车站的暗挖施工建设，有效地保证了安全。除在工程方面注重先进科技的应用外，在乘客服务方面也不断改善管理效率，体现人性化安全的理念。在每个地铁站里，设有专门直梯，为残障、妇女、儿童专用，很多入口的扶手上也都标记了盲文；针对东京地铁骚扰事件频发，开辟了女性专用车厢，让乘客权益得到更大保障。

3）合理加强地铁应急措施

在地铁防火的应急措施方面，确定了防火应急的基本思路，加强地铁防火措施的同时，综合考虑发生火灾时如何确保旅客安全地回到地面。对于火灾发生的条件，不仅考虑到有人利用车下机器发出的火花或打火机放火等情形，还增加了使用汽油在列车内和车站商店等位置放火等易燃火源火灾的情形。虽然目前日本地铁使用的车辆符合现行的有关标准，具备一定的防火能力，但作为进一步的安全考虑，为了防止在发生易燃火源火灾时火势在列车蔓延，将禁止在车辆天花板上使用对易燃火源火灾防火能力差的材料以及燃烧时溶化飞溅的材料。在有关车辆材料燃烧试验的规定中，在追加了测定材料是否有溶化飞溅一项的同时，还增加了测定其在易燃火源火灾时防火能力的试验。另外，为了防止火灾时浓烟向相邻车厢扩散，还要求在车厢连接处安装平时不开的贯通门。作为地铁车站和地下隧道的火灾应对措施，现行规定要求必须设置两条以上安全通道，同时在应对易燃火源火灾时，在确保旅客安全避难的同时，为了能使消防工作顺利进行，个别车站必须装备确保旅客安全避难时间的排烟设备。有关排烟设备的排烟能力测定，现行标准是以具有代表性的地铁车站为基准来测定的。

考虑到个别车站结构复杂以及深度不同，在新标准中制定了面向个别车站的排烟设备排烟能力测定方法。另外，在排烟能力的测定方法中，还增添了在易燃火源火灾情况下的测定方法。确保旅客安全避难的同时，为了能方便消防救援活动的进行，要求在建设月台和车站大厅时，设置能阻断从燃烧处产生的浓烟和火焰的防火门。为了确保旅客的逃生路线，不在死胡同处设立商店，如果设立了商店，则必须设置火灾自动报警装置，如果是 24 小时营业型的商店则还要设置救火装置。为了保证能顺利展开有组织的消防救助，还要配备无线通信辅助设备以保证消防队员和地面的通信。另外，根据地铁车站的规模，还要求配备消防器械的紧急电源插座。有关引导旅客避难的应对措施方面，为了能更为切实地进行旅客安全避难引导，要求采取印制完备的指导手册以及张贴路标等措施。指导手册中详细规定了火灾发生时驾驶方面的注意事项，比如在行驶中发生火灾时要继续将车开到下一车站等。同时针对车站构造以及工作人员等情况制订了面向个别车站的指导手册，规定了旅客避难引导方法等火灾发生时负责人应该采取的措施。还统一了消防器械、紧急报警装置等标志在宣传画里的使用标准。在标明车站以及车辆内部的避难路线和消防器械配置图的同时，还要求平时在车站内和列车上广播有关内容以提高旅客的安全意识。有关与消防机构的合作方面，要求将车站结构、各类防火设备位置等与消防有关的信息提交给消防机关，并要定期和消防机构联合举行演习训练。

2. 应急救援体系中的主要应急机制

应急救援活动可分为应急准备、初级反应、扩大反应和应急恢复 4 个阶段。应急机制与这些应急活动密切相关。应急机制由统一指挥、分级响应、属地为主和公众动员 4 个基本机制组成。

统一指挥是应急活动的最基本原则。应急指挥一般可分为集中指挥与现场指挥或场外指挥与场内指挥几种形式，但无论采用哪一种指挥系统都必须实行统一指挥模式，无论应急救援活动涉及单位级别高低和隶属关系如何，都必须在应急指挥部的统一组织协调下行动。

分级响应是指在初级响应到扩大应急的过程中实行分级响应的机制。扩大或提高应急响应级别的主要依据是：① 事故灾难的危险程度；② 事故灾难的影响范围；③ 事故灾难的控制事态能力。而事故灾难的控制事态能力是“升级”的最基本条件，扩大应急救援主要是提高指挥级别，扩大应急范围等。

3. 应急救援体系建设的主要内容

1）事故预防

许多事故的发生都是因正常条件发生偏差而引起的，如果能事先确定出来某些特定条件及其潜在后果，就可利用相应手段减少事故的发生，或者减少事故对外界的影响，预防事故要比发生事故后再纠正容易得多。因此，在城市交通新线设计及旧线改造中，必须设计必要的安全装置和设施，以提高城市交通运营系统的安全程度。另外，事故预防工作也不可忽视操作规程、应急规程和管理策略的建立及其定期的培训和维护。

2）应急救援预案准备

主要包括：发现及预测任何可能出现的紧急事故类型及其影响程度；制定紧急状态下的反应行动，以提高准备程度；确保系统在紧急情况下，做到准备充分和通讯通畅，从而保证决策和反应过程有条不紊；保证人员进行培训和演习，定期更新应急预案和重新评价其有效性。

3）应急救援系统的组成

从功能上讲，应急救援系统可由应急指挥中心、现场指挥中心、支持保障中心、媒体中心和信息管理中心这5个运作中心组成，运作程序如图8-9所示。

4）应急救援预案

应急救援预案应至少包括以下主要内容：应急资源的有效性、组织和利用；事故的评估程序；指挥、协调和反应的组织结构；通报和通信联络的程序；应急反应行动（包括事故控制、防护行动和救援行动）；培训和演习及应急救援预案的维护。

5）应急培训与演习

测试应急培训的有效性和队员熟练性；测试现有应急装置和设备供应的充分性；确定训练的类型和频率；提高与现场外应急部门的协调能力；通过训练来识别和改正应急救援预案缺陷。例如北京地铁突发事件应急处理演练实习，由北京市交通委、北京市运输管理局和北京地铁公司联合负责组织。通过建立的应急预案演练制度，完善了对包括爆炸、火灾、化学恐怖袭击等突发事件的应急处置办法，并通过多次应急演习提高了地铁乘客与地铁从业人员的突发事件的反应能力以及解决问题的能力，也提高了各个部门机构的合作默契程度。

6）应急救援行动

一个完善的应急救援体系应能在事故和灾害发生时及时调动并合理利用应急资源（包括人力资源和物资设备资源）投入救援行动事故现场，针对事故灾害的具体情况，选择适当的应急对策和行动方案，从而能及时有效地进行应急救援行动，使伤害和损失降低到最低程度和最小范围，并在最短时间内控制事故。

7）系统恢复与善后

当应急阶段结束后，从紧急情况恢复到正常状态需要时间、人员、资金和正确的指挥，这时恢复能力和预先估计将变得十分重要。通常情况下，重要的恢复活动包括事故现场清理、恢复期间的管理、事故调查、现场的警戒与安全、安全和应急系统的恢复、人员的救助、法律问题的解决、损失状况的评估、保险与索赔、相关数据收集、公共关系等。

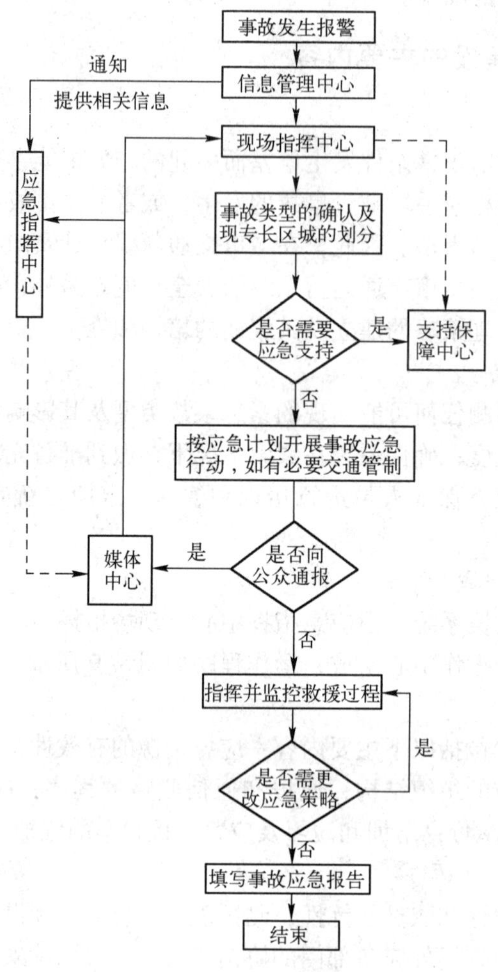

图 8-9　应急救援系统的运作程序

8.4

突发客流组织与调整

客运管理的主要工作是对高密度客流进行组织与引导，其中一项非常重要的内容是紧急情况下的应急组织，即如何通过有效的措施在最短的时间内使聚集的旅客进入安全状态。

8.4.1 车站地区客流接续与疏散方法

根据全世界的地铁重大事故的经验和教训，乘客没有得到快速、及时、安全地疏散是造成严重后果的重要原因。所以，乘客快速、及时的安全疏散是整个地铁安全体系中极其重要的内容。一个完善的乘客安全疏散方案要尽可能详尽和具体。在一到两小时不能恢复交通的情况下，地铁公司要赶紧联系公交公司，在各个地铁出口处设置开往不同地方的专车，来有效疏导乘客。还有在发生事故后，地铁应担负起告知责任，不能以“故障”为借口，忽视甚至漠视乘客的知情权，导致乘客恐惧不安和混乱。下面将主要以香港为例进行介绍。

1. 制定事故应急管理方案

香港地铁公司针对乘客安全和责任问题方面本身有一套完整的应急管理方案，在事故和灾害难以杜绝的情形下，必须高度重视应急预案的制定。“预防为主”是公司安全运营的原则。不同的事故，其应急处理方法不同。只有事先制定多套突发事故应急预案，增强突发性事件的应急处理能力，才能把事故与灾害所造成的人员伤亡和财产损失降到最低程度。迅速的反应和正确的措施是处理紧急事故和灾害的关键。应急预案是对日常安全管理工作的必要补充。它的主要内容应该包括：指挥系统组织构成、应急装备的设置（主要包括报警系统、救护设备、消防器材、通信器材等）和事故处理与恢复正常运行。要做到不发生事故，保证地铁运营安全，除了加强对员工的安全思想教育，提高群体安全意识，健全各项规章制度、严肃劳动纪律和作业纪律、建立安全监督管理机构等工作以外，进行事故应急处理模拟演练是十分必要的。所以公司每年都会定期和政府有关部门作出模拟演练，逐步提高各有关专业和工种的应变能力、协同配合能力和对事故的综合救援能力，增强沟通，互相交流，务求将事故应急管理方案完善。

2. 大型活动的人流疏导方案

香港每逢有大型的活动，大部分香港市民都会选择地铁出行，使得某些车站的拥挤情况非常严重，因在同一时间内有大量乘客涌进车站，使车站挤得水泄不通，大大超过车站往常的负荷，为此港铁公司准备了多套人潮管理的应急方案。而每个方案亦会针对每个车站人流来制定以防止意外事故发生的措施，现以2010年农历年的烟花汇演在红磡车站的人潮疏导方案为例进行说明。

1）简介

农历新年的烟花汇演将于2010年2月15日晚上八时在维多利亚港举行，历时约23 min，估计有十多万市民在尖沙咀至尖东一带欣赏烟花，为提高公众及铁路乘客安全，警方与港铁红磡车站实行人潮管理。

2）人潮管理安排

① 值班站长需与警方保持联系及监察人潮进出车站情况，不断更新人流数据予警方案，使警方作出适当人员调度安排；

② 值班站长需执行预设的人潮控制方案及安排车站人员执行各种措施并将车站内的情况汇报警方及车务控制中心。

烟火汇演结束后，警方将会实施单向人潮措施，将人群由天桥从尖东方向往红磡车站，届时往尖东一段天桥入口将不会开放以免发生事故。

当乘客进入车站后须将乘客分流到：

① 从出口“D”进入车站；

② 从 19 号楼梯分流乘客往大堂入闸机；

③ 从北面中层大堂进入车站。

3）站台人流安排

根据经验，当烟火汇演过后，站台后方部分会异常拥挤，对站台的负荷有一定影响。为避免因人多拥挤而发生意外事故，并以疏导乘客安全为目标，站台人员必须将乘客分流至站台中间部分。值班站长需留意当时人潮情况并在有需要时将出入闸机临时关闭用以控制人潮，并不时以广播通知乘客本站情况和将行车间距时间显示于 PIS，并应根据环境的温度将空调系统调拨至最大效能，使车站及大堂气温凉爽以减低乘客候车时的局促感觉。

最后，所有人员必须遵照人潮控制应急措施程序来实行工作，并不时汇报值班站长最新情况以做出恰当安排。

4）总结

为确保车站人流畅顺及避免事故发生，各人员必须和管理人员不时沟通汇报并与警方保持联系及高度遵守既定的人潮管理措施，以减低重大事故发生的可能。

最后，车站人潮管制没有特定和标准的法则来规划和执行，应因个别车站的设计和附近环境的配合来作出适当的措施，平时的模拟演练对提高人员的合作性和应急性有很大的帮助，既然意外事故是在有通知下发生的，所以预防工作是可以未雨绸缪的。

8.4.2 旅客服务系统与应急系统

应急组织工作通常包括两部分工作：紧急救援和紧急疏散。紧急救援主要针对安全受到威胁的旅客，需要专门组织人力、物力进行救援活动；紧急疏散则针对所有处于紧急情况下的旅客，通过转移疏散活动保证旅客的安全。

1. 紧急救援组织

紧急救援组织分为紧急事件检测、救援任务分配、救援途中组织及现场救援四个过程，如图 8-10 所示。

相应地，紧急救援的组织时间包括紧急事件发生后的检测时间、对救援任务的分配时间、途中组织时间和现场救援时间四部分。对于救援人员来说，有效时间并不包括事件发生到事件被检测到这段时间；其中，任务分配时间和途中组织时间组成救援反应时间。显然，紧急事件发生后，可供紧急救援的时间越长越好，而救援反应时间和事件检测时间则越短越好，从而可以为现场救援提供更充足的时间。总之，在紧急救援组织过程中，对于时间的安排与利用至关重要，通过合理安排组织，可提高救援效率、减少生命与财产损失。

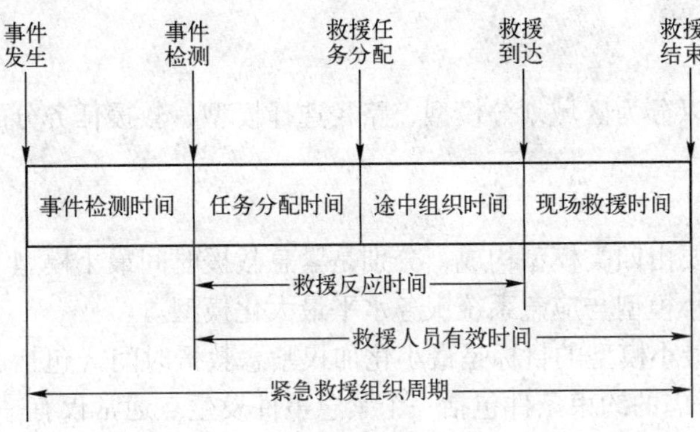

图 8-10　紧急救援组织过程

1）紧急救援决策支持系统

救援组织工作的核心问题是争取时间。紧急事件发生后，风险成本与时间成本大幅度提升，迅速做出正确决策对于降低风险、节省时间起到关键作用。建立实时与离线两种决策支持模式是兼顾效率与效益的最佳选择。实时决策支持模式可以对紧急事件做出迅速反应，并在救援过程中根据实际情况动态调整救援方案，提出及时准确的决策信息；离线决策支持模式则适合于静态背景条件下的满足决策支持需求，对于非实时改变的信息，采用离线模式可节约数据处理费用，降低决策支持过程中的广义成本。一般来说，救援区域划分、事件文档记录属于离线决策支持模式范围，而分配救援任务、途中路径选择与变更、现场救援措施、事件发展的监控等属于实时决策支持模式。表 8-6 中是紧急救援决策支持系统的基本功能与相应特点。

表 8-6　紧急救援决策支持系统的基本功能及特点

紧急救援功能	决策支持需求	决策类型
划分区域	（1）确定所需救援小组的数量及类型 （2）确定每个救援小组负责区域 （3）救援基地的位置	离线决策
分配任务	（1）确定救援小组应对的紧急事件类型 （2）给救援小组分配紧急事件 （3）确定所分配救援任务的优先级	实时决策
途中路径	救援小组到事件现场的路径选择	实时决策
现场措施	（1）事件现场能力恢复决策 （2）进入现场交通管理决策 （3）确定需通报机构的类型	实时决策
事件发展监控	（1）紧急救援资源监控 （2）紧急事件状态监控 （3）紧急救援机制性能监控	实时决策
事件文档	（1）紧急救援效果 （2）交通条件 （3）紧急事件特性	离线决策

通常情况下，紧急救援决策支持系统包括以下组成部分：数据子系统、模型子系统、人机交互子系统。

2）紧急救援模型

紧急救援模型可以分为区域划分模型、路径选择模型、救援任务分配及现场措施规则三大类。

① 区域划分模型

区域划分模型主要由四类模型构成，分别是紧急救援时间最小模型、救援覆盖面最大模型、救援小组数量最小模型与应急系统服务水平最大化模型。

- 紧急救援时间最小模型的目标是最小化加权紧急救援时间（包括途中时间与现场处理时间），主要考虑的约束条件包括一个紧急事件发生点通常仅有一个救援组提供支援、救援小组有数量限制、救援小组均有救援任务、每个区域可得到的救援服务基本均衡等。
- 救援覆盖面最大模型要实现的目标是在给定数量的救援小组和救援时间条件下，确保满足尽可能大的救援需求。
- 救援小组数量最小模型的目标是在给定救援服务水平下救援小组数量最小。
- 应急系统服务水平最大化模型的目标是实现紧急情况下最大救援时间的最小化。实际上，对于大规模的交通网络，很难通过解析方法求得上述模型的最优解。因此，一些启发式方法被应用于求解这类问题。

② 路径选择模型

路径选择问题本质上就是“最短路问题”，通常采用著名的 Dijkstra 算法求解。对于紧急救援决策支持系统，路径选择模型具备以下功能：首先是选择使用合适的模型，其次是根据指定的问题条件修正模型参数，最后是将区域划分算法得到的结果通过便于人机交互的方式进行描述。

③ 救援任务分配及现场措施规则

紧急救援模型还包括了支持救援任务分配及现场措施管理决策的所有规则。这些规则反映了使用者的需求，一般通过对使用者发放调查问卷和研究既有文献来获得数据支撑。这些规则分为两类：一类是救援任务分配决策支持规则，另一类是现场救援措施支持规则。

3）救援任务分配的基本原则

① 邻近原则（Nearest Neighbour，NN）。具有相同重要度和优先级的紧急事件按地理上的邻近程度得到救援服务。例如，通常不考虑系统中紧急事件的发生顺序，离紧急事件发生地最近的救援小组将被分配救援任务。

② 先到先服务原则（First Come First Serve，FCFS）。与邻近原则不同，先到先服务原则按紧急事件发生的先后顺序将任务分配给救援小组。

救援任务分配过程中决策支持系统需要得到救援小组位置与状态信息，然后再将救援任务分配给适合的救援小组。这些信息通常需要借助先进技术，例如车辆自动识别（Automatic Vehicle Identification，AVI）、车辆自动定位（Automatic Vehicle Location，AVL）、全球定位系统（Global Position System，GPS）等，或传统技术（语音通信）传送到决策支持系统。

救援决策支持系统中提供的与现场救援相关的信息包括紧急事件特征、天气与交通条件、故障车辆牵引、防止二次事故的预防措施、进入交通管理等。现场救援管理包括两方面的主要因素：第一，确定需要通知的机构，例如交管部门、消防部门等；第二，确定减少处理时间和降低事故危害的措施。紧急救援现场管理的主要职能部门包括：

- 交通管理部门；
- 消防部门；
- 紧急救护中心。

现场救援措施主要分为以下四类：

- 急救中心抢救受伤人员；
- 维修现场停留车辆，通常由摩托车与小型货车进行；
- 现场清理人员牵引受损车辆；
- 管理进入紧急事件发生区域的交通车辆。

上述紧急救援组织模型中并未引入救援成本与机会成本的概念，事实上，当紧急事件发生时通常考虑如何尽快进行救援，而忽略了救援过程发生的成本费用。然而，由于救援资源具有稀缺性的特点（即救援资源用于某一方面，那么其他方面就失去使用该资源的机会），因此，在决策过程中存在多个备选方案，选取最优方案而放弃其他方案所丧失的潜在利益，就构成实施最优决策方案的机会成本。显然，机会成本不是真正所得或实现的利益，通常采用一定的方法估计它的数值。

2. 紧急疏散组织

紧急情况下疏散组织的目的是实现人员与物资的安全转移，其关键环节是拥挤人群或车辆在有限的时空资源内快速展开疏散组织。因此，有必要对紧急疏散时间的计算、路径选择的基本原则、交通组织策略等进行明确的规定，以形成独立完善的紧急疏散组织模型，并应用仿真系统或工具对建立的模型进行检验与评估。

案例：突发客流组织预案分析

大客流往往是在节假日旅游高峰期，举办重大活动（大型体育赛事、音乐会等），风暴、雨雪恶劣天气等情况下发生。在大客流组织中，临时合理的疏导以及对客流方向进行限制是一项很重要的组织措施。大客流虽然持续时间不长，但在大客流冲击情况下，往往对客流组织形成较大甚至很大的压力，地铁公司必须在保证疏散客流安全的前提下，尽快地疏散客流。

以香港地铁公司为例，大客流组织的主要措施包括出入口、大堂的疏导，月台扶手电梯及月台的疏导，出入口、大堂的疏导主要是根据闸机临时的设置限制客流的方向，来保持通道的畅通及出入口、大堂客流的秩序。月台的疏导主要是为了尽量保证客流均匀上下扶手电梯和尽快上下列车，保证月台候车的安全。疏导措施主要有设置临时导向、设置彩带或隔离栏杆、采用人工引导及通过车站广播系统引导等。

大客流往往是难以预测的，因此为了保证大客流发生时疏散客流的安全，可采用关闭出入口或对某部分出入口限制乘客进入车站的措施来阻止一部分客流或延长大客流疏散的时间。下面是大客流组织的具体建议及改善措施。

1. 平日（Weekday）上、下午的高峰时间

根据平日乘客进出车站人数统计及出站的流量统计的数据分析，找出在星期一至星期五的早上高峰时间（07:30—09:30）的客流行为特点。例如，尖沙咀车站大部分乘客都会选择在上行大堂的两个出口离开尖沙咀车站，这种情况尤其以出口“A”更为明显，这种情况将会导致上行大堂闸机位置附近的乘客流线非常混乱，而通道及出入口的人流也未能得到畅通，造成“瓶颈”的拥挤状况。乘客经出口“A”进入车站时会跟出站的乘客产生客流交叉、对流及干扰，这种情况会对客流的安全构成威胁。针对上述情况，具体的解决措施加下。

① 为疏导下车乘客能尽快前往上行大堂出闸，近上行大堂的两部自动扶梯（E4&E9）在早上高峰时间将全改为“向上”（Up running）运行，方便出站乘客。

② 为方便出站乘客从出口“A”迅速地离开车站，在早上高峰时间的“A1”出口改为只作“离开”用途（Out going only）。而“A2”出口则改为只准“进入”用途（Incoming only）；用以解决乘客对流情况。

③ 为方便控制车站人流进出，出口“A1”及“A2”均需要增派两名车站助理驻守，负责维持车站出入口秩序。

具体建议措施如图 8-11 及图 8-12 所示。

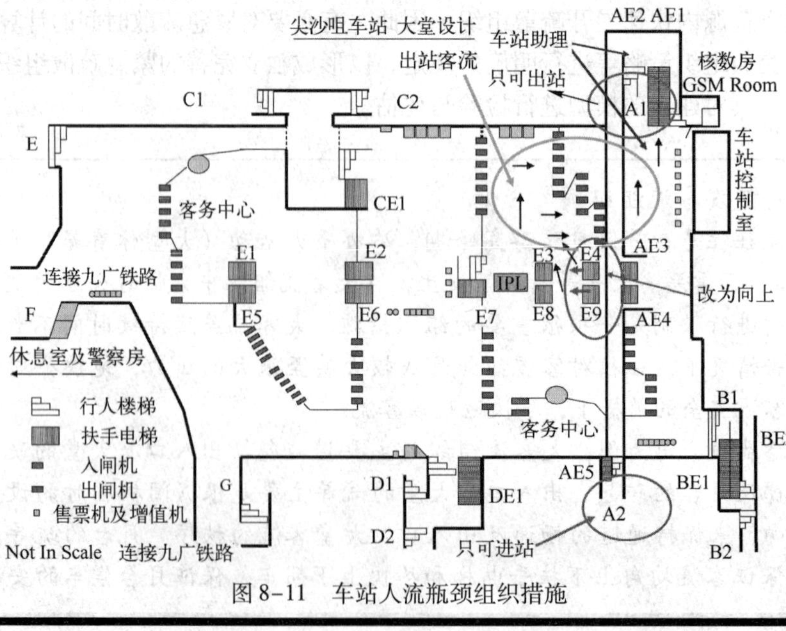

图 8-11　车站人流瓶颈组织措施

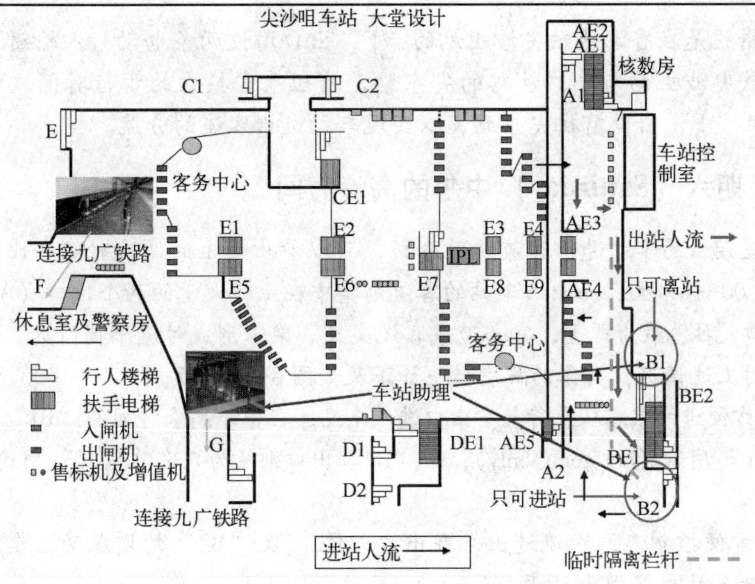

图8-12　车站高峰客流组织措施

(2) 根据平日乘客进出站人数统计的数据分析，在星期一至星期五的晚高峰时间（17:30—19:30），大部分乘客都会选择在上行大堂的入口进入车站，情况以出口“B1”及“B2”更为明显；这种情况将会导致上行大堂闸机位置附近的乘客流线非常混乱，而通道及出入口的客流也不畅通，造成“瓶颈”的拥挤效应，进出车站的乘客会产生客流交叉、对流情况，这些会对客流的安全产生很大威胁。在这种情况下，具体的解决措施如下。

① 为方便进站乘客从上行大堂出口进入车站，在傍晚高峰时间的“B1”出口改为只准“离开”用途（Out going only）。而“B2”出口则改为只准“进入”用途（Incoming only）。

② 为方便控制车站人流进出，在出口“B1”及“B2”均增派两名车站助理驻守以负责维持车站出入口秩序。

另外下行大堂有两个车站出口是与九广铁路的尖东站相连接，分别是中间道的“F”出口及位于么地道的“G”出口。根据平日乘客进出站人数统计的数据分析，“F”出口的使用率偏低，原因是在“G”出口建设了三条电动行人输送带（Travelator）输送换乘乘客到尖东站，而“F”出口则没有此种装置。因此，换乘乘客多选择使用下行大堂“G”出口前往九广铁路尖东站，因而在高峰时间造成了“瓶颈”的拥挤状况，出入车站的乘客会产生客流交叉、对流及干扰。

针对此问题，短期的措施是在尖沙咀车站的早上及傍晚高峰时间，增派一名车站助理驻守，维持在“G”出口附近的进出秩序，并加上临时的疏导措施，如在“G”出口的通道加设隔离栏杆以完成分流效果。

而长期的措施是在香港地铁尖沙咀站的“F”出口增设两条电动行人输送带，以连接香港地铁尖沙咀站与九广铁路的尖东站，缩短乘客换乘的步行时间，以鼓励乘客更多使用“F”出口前往尖东站，以实现车站进出客流的分流。

2. 星期六（Saturday）中午的高峰时间

根据星期六的车站进出客流统计分析，可以看出早上的高峰时间会比平日顺延到下午13:00—14:00，而出入车站的客流则集中在上行大堂的两个出口（A&B），情况尤以出口“B”最为严重，容易造成客流交叉、乘客形成对流干扰情况，构成安全问题。针对上述情况，具体的解决措施如下及如图8-13所示。

① 为方便进站乘客从上行大堂出口进入车站，在下午高峰时间的“B1”出口改为只准“离开”用途（out going only），而“B2”出口则改为只准“进入”用途（incoming only）。

② 为方便控制车站人流进出，在出口“B1”及“B2”均增派两名车站助理驻守负责维持车站乘客进出秩序。

③ 增设临时的疏导措施，如在“B”出口的通道加设隔离栏杆以完成分流效果。

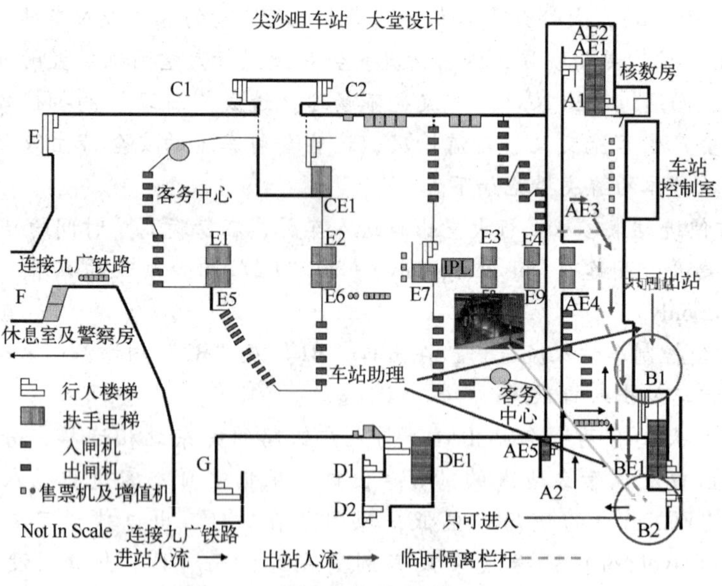

图8-13　周末地铁站客流组织分析

3. 突发节日大客流（如圣诞节、正月初二、国庆节及回归纪念日的烟花汇演）

具体建议措施如下：

尖沙咀是香港市民庆祝节日的重点地区。每年圣诞节及除夕夜，尖沙咀都会挤满游人，不少维多利亚港两岸的商场和商业大厦会于圣诞前夕开始在外墙挂上圣诞灯饰，增添节日气氛。海运大厦更是每年会有一组立体装饰，配以音乐，吸引不少市民观看。除夕夜的倒计时活动集中在海运大厦外，广东道及香港文化中心的海滨广场一带。当维多利亚港举行烟花汇演（一般在大年初二晚，国庆节与回归纪念日），尖东海傍至香港文化中心一带是最佳观赏地点之一，通常早在当日下午便有市民占据有利观赏及拍摄位置，以便在晚上欣赏烟花。

所以尖沙咀车站会在上述节日的一段时间内（通常傍晚 19:30）随着市民持续地前往游玩而变得拥挤，对尖沙咀车站的客流组织形成较大甚至很大的压力。为避免客流拥挤情况的出现，进出车站人流互相干扰，导致意外发生，一套临时的引导方法、分流措施需要制定。具体的建议及措施如图 8-14 和表 8-7 所示。

表 8-7　车站应变计划－当车站出站乘客流量增多时（19:30 开始）

行动	详细情况	站长	总指挥	分区督导	分区督导助理	车站督导员	警方指挥
	应变计划实施时间（19:30—23:30）						
一般信息	晚上 7 时起暂停所有乘客升降机及轮椅服务直至人流控制措施完成						
	晚间 7 时起所有车站商店停止营业						
	圣约翰急救队进驻车站						
	与警方指挥方面商议实施应变计划时间		×				×
	通知九铁尖东站长关于应变措施的安排及尽量维持地道出入口的乘客流量	×	×				×
出口 A 的安排	禁止乘客从 A1&A2 入口进入尖沙咀站			×			×
	出口 A1&A2 只作为出站用途			×	×		
	加设隔离栏杆于 A2 出口通道			×	×		
	电动扶梯 AE1&AE4 改为“上行”方向			×	×		
	加设隔离栏杆于电动扶梯 AE4 的位置以引导出站乘客利用 A1&A2 出口离开尖沙咀车站			×	×	×	
	在上行大堂付款区近电动扶梯（E4 及 E9）至 E3 位置加设临时隔离栏杆以引导出站乘客利用 A1&A2 出口离开尖沙咀车站			×	×	×	
	若发现在出闸机位置积聚了大量出闸乘客，立即引领使用单程车票出站的乘客到玻璃栏杆位置离开车站付款区，并改用人工收取单程出闸车票			×	×		
	随即要求当值车站站长更新大堂信息显示板播出有关信息	×	×			×	
出口 B 的安排	出口 B1 及 B2 只作进入车站之用			×	×		
	加设临时隔离栏杆于一号客务中心至自动扶梯（E3）位置以引导经出口“B”进站的乘客使用到扶手电梯（E3 及 E9）到月台候车			×	×	×	
	加设临时隔离栏杆于扶手电梯（E8）至阔闸机位置以引导出站乘客使用位于中间及上行大堂的出闸机			×	×	×	

续表

<table>
<tr><th>行动</th><th>详细情况</th><th>站长</th><th>总指挥</th><th>分区督导</th><th>分区督导助理</th><th>车站督导员</th><th>警方指挥</th></tr>
<tr><td rowspan="4">出口 B 的安排</td><td>加设临时隔离栏杆于客用升降机至自动扶梯(E7)及车站商店 7－11 位置以引导经中间大堂进站的乘客使用行人楼梯到月台候车；而同时又可引导出站的乘客使用出口“D”的出闸机离开车站</td><td></td><td></td><td>×</td><td>×</td><td>×</td><td></td></tr>
<tr><td>为避免进出客流交叉及互相干扰，应实时与出口“D”的现场督导商议封锁一段位于一号客务中心至中间大堂出闸机位置的通道；并指派车站助理驻守现场</td><td></td><td></td><td>×</td><td>×</td><td></td><td></td></tr>
<tr><td>将自动扶梯“BE2”改为向下方向</td><td></td><td></td><td>×</td><td>×</td><td></td><td></td></tr>
<tr><td>随即要求当值车站站长更新大堂信息显示板播出有关信息</td><td>×</td><td></td><td></td><td></td><td>×</td><td></td></tr>
<tr><td rowspan="6">出口 C 的安排</td><td>出口 C1 及 C2 只作进站之用</td><td></td><td></td><td>×</td><td>×</td><td></td><td></td></tr>
<tr><td>将自动扶梯的运行方向改为向下</td><td></td><td></td><td>×</td><td>×</td><td></td><td></td></tr>
<tr><td>引导经出口“C”进站的乘客使用中间大堂的入闸机进站</td><td></td><td></td><td>×</td><td>×</td><td></td><td></td></tr>
<tr><td>加设临时隔离栏杆于大堂近行人楼梯位置，封锁一段至下行大堂的行人通道</td><td></td><td></td><td>×</td><td>×</td><td>×</td><td></td></tr>
<tr><td>若发现自动扶梯“E7”近行人楼梯附近积聚了大批进站的乘客时，马上停止自动扶梯“CE1”并将自动扶梯“E7”的运行方向改为向下及加设隔离栏杆疏导乘客</td><td></td><td></td><td>×</td><td>×</td><td>×</td><td></td></tr>
<tr><td>若发现中间大堂的单程售票机挤满了购票乘务时，马上增设人工卖票措施</td><td></td><td></td><td>×</td><td>×</td><td>×</td><td></td></tr>
<tr><td rowspan="7">出口 D 的安排</td><td>禁止乘客使用出口“D”进站</td><td></td><td></td><td>×</td><td></td><td></td><td>×</td></tr>
<tr><td>出口 D1 及 D2 只作出站之用</td><td></td><td></td><td>×</td><td>×</td><td></td><td></td></tr>
<tr><td>加设临时隔离栏杆于中间大堂至扶手电梯“E6”位置以引导乘客使用出口“D”及“G”离开车站</td><td></td><td></td><td>×</td><td>×</td><td>×</td><td></td></tr>
<tr><td>与分区“A”督导商议加设隔离栏杆以封锁近阔闸机一段的通道</td><td></td><td></td><td>×</td><td>×</td><td></td><td></td></tr>
<tr><td>指派车站助理驻守该封锁段以限制乘客进出</td><td></td><td></td><td>×</td><td></td><td></td><td></td></tr>
<tr><td>当出闸机位置聚集大量出站乘客时，使用人工收回单程车票措施并引导持单程车票的乘客到玻璃隔离栏杆离开车站</td><td></td><td></td><td>×</td><td>×</td><td></td><td></td></tr>
<tr><td>随即要求当值车站站长更新大堂信息显示板播出有关信息</td><td>×</td><td></td><td></td><td></td><td>×</td><td></td></tr>
<tr><td rowspan="6">出口 E 的安排</td><td>禁止乘客使用出口“E”进站</td><td></td><td></td><td>×</td><td></td><td></td><td>×</td></tr>
<tr><td>出口 E 只作出站之用</td><td></td><td></td><td>×</td><td>×</td><td></td><td></td></tr>
<tr><td>维持自动扶梯 E1 的运行方向向上</td><td></td><td></td><td>×</td><td></td><td></td><td></td></tr>
<tr><td>加设临时隔离栏杆于下行大堂近“F”出口位置以引导出站乘客使用出口“E”离开车站</td><td></td><td></td><td>×</td><td>×</td><td></td><td></td></tr>
<tr><td>维持闸机 26－2A 在出闸状态</td><td></td><td></td><td>×</td><td>×</td><td></td><td></td></tr>
<tr><td>必要时可将适量闸机改为出闸状态</td><td></td><td></td><td>×</td><td>×</td><td></td><td></td></tr>
</table>

续表

行动	详细情况	站长	总指挥	分区督导	分区督导助理	车站督导员	警方指挥
出口 E 的安排	若发现大量出站乘客积聚于出闸机位置时，马上采取人工收取单程车票措施			×	×		
	随即要求当值车站站长更新大堂信息显示板播出有关信息	×	×			×	
出口 F 的安排	出口 F 只作进站之用			×			
	在“F”的入口顶部挂上“此通道不能通往九广铁路及尖东”告示板			×	×		
	加设临时隔离栏杆于下行大堂近“F”出口位置以引导出站乘客使用出口“E”离开车站			×	×		
	维持足够数量的相对方向闸机在入闸状态			×	×		
出口 G 的安排	九铁尖东站的“M2”出口会暂时关闭并委派九铁职员驻守	×	×				×
	位于么地道的“G”出口仍维持让乘客进出			×	×		
	在“G”出口加设人工单程票售卖柜台			×	×	×	
	维持足够双向闸机于入闸状态			×	×		
	在“G”出口加设临时隔离彩带以引导进站乘客使用“G”出口进站			×	×		
	在“G”出口交界处委派足够车站助理驻守，引导出站乘客从“D”出口离开车站			×	×		
	改变自动扶梯“E6”的运行方向为上			×	×		
	随即要求当值车站站长更新大堂信息显示板播出有关信息	×	×				
站台的安排	经常留意站台情况并在有需要时通知总指挥			×			
	维持站台上下车情况正常			×			
	使用黑色布块掩盖自动扶梯“E7”旁边楼梯的 Exit 指示牌			×	×		
	随时准备协助改变自动扶梯运行方向的操作			×	×		
	委派车站助理驻守自动扶梯“E7”旁边的楼梯，阻止出站乘客从此处离开			×			

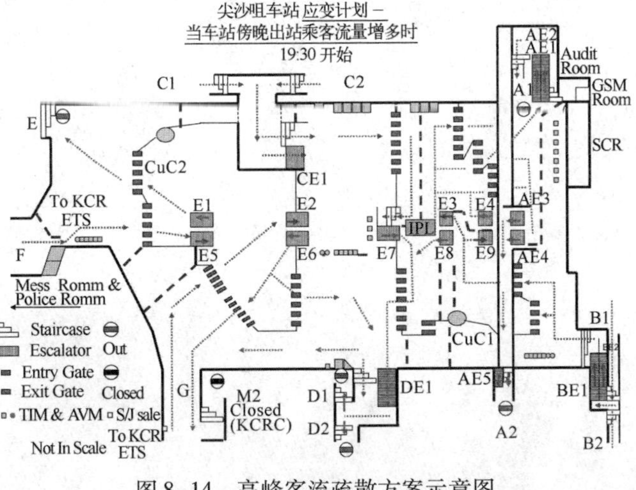

图 8-14　高峰客流疏散方案示意图

复习思考题

1. 安全管理的含义是什么？简述安全管理的主要内容有哪些。
2. 试对城市客运交通事故的成因进行系统的分析。
3. 试述预防城市客运交通事故发生的措施主要有哪些。

*9 第9章 轨道客运管理法律法规

本章概述

本章重点介绍轨道客运管理法规体系和轨道客运管理法律法规的主要规范内容，其规范内容主要包括法律法规政府管理部门的主要要求、法律法规对运营单位的主要要求、法律法规对运营的主要要求、法律法规对出行者的主要要求。包括：与轨道客运管理有关的法律、行政法规、地方性法规、部门规章、地方政府规章和规范性文件；道路交通相关管理部门的职责、城市轨道交通管理部门的职责、安全生产管理部门的职责；相关法律法规对于城市轨道交通运营单位的要求；法律法规对城市道路交通、城市轨道交通等运营人员的要求；法律法规对城市道路交通、城市轨道交通的出行者的要求。

本章学习重点

了解与轨道客运管理有关的法律法规以及法律法规对政府管理部门、运营业务单位、运营人员以及出行者的主要要求：理解轨道客运管理法规体系和轨道客运法律法规的主要规范内容；掌握与轨道客运管理有关的法律、行政法规、地方性法规、部门规章、地方政府规章和规范性文件，道路交通相关管理部门、城市轨道交通管理部门、安全生产管理部门的职责要求。

9.1 轨道客运管理法规体系

法规是法律、法令、条例、规则和章程等的总称。

1. 宪法

我国的法律体系包括中华人民共和国宪法，国家颁布的其他法律（包括我国加入的国际公约），国务院颁布的行政法规，国家部委颁布的规章，地方人大、政府颁布的法规和规章等。有关轨道客运管理的法律法规体系如图 9-1 所示。

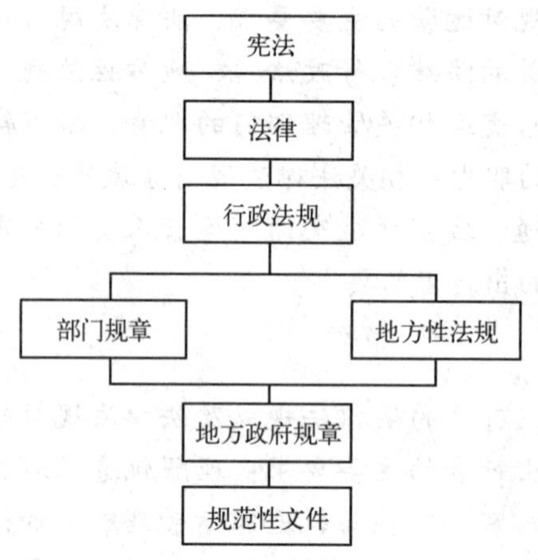

图 9-1　城市客运管理相关法律法规体系图

2. 法律

法律是由全国人民代表大会或全国人民代表大会常务委员会制定的。全国人民代表大会制定的是基本法律，全国人民代表大会常务委员会制定的是基本法律以外的其他法律。与轨道客运管理相关的法律主要有以下几个。

1)《中华人民共和国宪法（修正)》

宪法规定国务院有权根据宪法和法律，规定行政措施，制定行政法规，发布决定和命令；领导和管理经济工作和城乡建设；各部、各委员会根据法律和国务院的行政法规、决定、命令，在本部门的权限内，发布命令、指示和规章。

2)《中华人民共和国安全生产法》

为了加强安全生产监督管理，防止和减少生产安全事故，保障人民群众生命和财产安全，促进经济发展，制定本法。该法规定了生产经营单位的安全生产保障、安全生产的监督管理、生产安全事故的应急救援与调查处理、法律责任等内容。

3)《中华人民共和国道路交通安全法》

制定本法的目的是为了维护道路交通秩序，预防和减少交通事故，保护人身安全，保护公民、法人和其他组织的财产安全及其他合法权益，提高通行效率。本法规范了车辆和驾驶人、道路通行条件、道路通行规定、交通事故处理、执法监督、法律责任等内容。中华人民共和国境内的车辆驾驶人、行人、乘车以及与道路交通活动有关的单位和个人，都应当遵守本法。

各级人民政府应当经常进行道路交通安全教育，提高公民的道路交通安全意识。公安机关交通管理部门及其交通警察执行职务时，应当加强道路交通安全法律、法规的宣传，并模范遵守道路交通安全法律、法规。机关、部队、企业事业单位、社会团体以及其他组织，应当对本单位的人员进行道路交通安全教育。教育行政部门、学校应当将道路交通安全教育纳入法制教育的内容。新闻、出版、广播、电视等有关单位，有进行道路交通安全教育的义务。

4)《中华人民共和国铁路法》

该法规定，铁路发展规划应当依据国民经济和社会发展以及国防建设的需要制定，并与其他方式的交通运输发展规划相协调。在城市规划区范围内，铁路的线路、车站、枢纽以及其他有关设施的规划，应当纳入所在城市的总体规划。

另外，轨道客运管理的有关行为主体应该遵循的法律还有《中华人民共和国行政处罚法》、《中华人民共和国行政诉讼法》、《中华人民共和国国家赔偿法》等。

3. 行政法规

行政法规是由国务院根据宪法和法律在其职权范围内制定和发布的有关国家最高行政管理活动的文件。

由中华人民共和国国务院颁布的有关轨道客运管理的行政法规主要有以下两个。

1)《中华人民共和国道路运输条例》

本条例自 2004 年 7 月 1 日起施行，为了维护道路运输市场秩序，保障道路运输安全，保护道路运输有关各方当事人的合法权益，促进道路运输业的健康发展，制定本条例。从事道路运输经营以及道路运输相关业务的，应当遵守本条例。本条例内容包括道路运输经营应当具备的条件、从事货运经营应当具备的条件、客运和货运的共同规定、道路运输相关业务应当具备的条件、执法监督、法律责任等。

2)《城市道路管理条例》

为了加强城市道路管理，保障城市道路完好，充分发挥城市道路功能，促进城市经济和社会发展，制定本条例。本条例所称城市道路，是指城市供车辆、行人通行的，具备一定技术条件的道路、桥梁及其附属设施。本条例适用于城市道路规划、建设、养护、维修和路政管理。

4. 地方性法规

地方性法规是指省级人民代表大会及其常委会和省会所在地的市人大及其常委会以及国务院批准的市人民代表大会及其常委会、民族区域自治地方人大及其常委会制定和发布的法律文件。

我国的城市均制定有该市的道路运输管理条例。如《北京市道路运输管理条例》指出：为了加强本市道路运输管理，维护运输市场秩序，保障运输经营者、旅客和货主以及其他当事人的合法权益，促进本市道路运输事业的发展，由某市人民代表大会常务委员会制定本条例。此外，还有《北京市城市基础设施特许经营条例》等。

5. 部门规章

部门规章是指国务院所属的部、委、中国人民银行、审计署和具有行政管理职能的直属机构发布的规定、办法、实施细则、规则等。与城市客运管理相关的部门规章如下。

① 原中华人民共和国交通部颁布的规章：《道路旅客运输及客运站管理规定》、《营业性道路运输驾驶员职业培训管理规定》、《道路运输车辆维护管理规定》、《机动车维修管理规定》等。

② 卫生部、原交通部颁布的规章：《突发公共卫生事件交通应急规定》。原建设部颁布的规章：《公安部城市公共交通车船乘坐规则》、《城市轨道交通运营管理办法》。

6. 地方政府规章

地方政府规章指省、自治区、直辖市和较大市的人民政府根据法律、行政法规和所在省、自治区、直辖市的地方性法规制定的和发布的规定、办法、实施细则、规则。如：北京市人民政府制定和发布的《北京市地下铁道通风亭管理规定》、《北京市铁路道口管理暂行办法》、《北京市维护铁路道口交通安全暂行办法（修正）》、《北京市机动车公共停车场管理办法》、《北京市非机动车停车管理办法》、《北京市城市轨道交通安全运营管理办法》等。

7. 规范性文件

规范性文件是指上述有立法权的机关颁发的法律、法规、规章之外的具有普遍约束力的命令、决议、决定等。规范性文件一般比较具体、可操作性强。

9.2

轨道客运管理法律法规的主要规范内容

轨道客运管理的相关法律法规主要规定了政府管理部门、客运运营单位、客运运营人员、客运出行者等主体在轨道客运中的权利、义务、职责等内容。下面介绍的内容主要是基于 2008 年及以前的法律法规，2008 年政府机构改革后，交通运输部、建设部等部门职能发生了调整，如何及时修改相关的法律法规也是实践中急需解决的问题。

9.2.1　法律法规对政府管理部门的主要要求

1. 道路交通相关管理部门的职责

国务院交通主管部门主管全国道路运输管理工作。县级以上地方人民政府交通主管部门负责组织领导本行政区域的道路运输管理工作。县级以上道路运输管理机构负责具体实施道路运输管理工作。

交通部负责全国道路运输从业人员管理工作。县级以上地方人民政府交通主管部门负责组织领导本行政区域内的道路运输从业人员管理工作，并具体负责本行政区域内道路危险货物运输从业人员的管理工作。

公安、工商行政管理、技术监督、劳动、税务、财政、物价、规划等管理机关，按照各自的职责，依法对城市客运进行管理。

2. 城市轨道交通管理部门的职责

国务院建设主管部门负责全国城市轨道交通的监督管理工作。省、自治区人民政府建设主管部门负责本行政区域内城市轨道交通的监督管理工作。城市人民政府城市轨道交通主管部门负责本行政区域内城市轨道交通的监督管理工作。

城市人民政府、城市轨道交通主管部门应当按照《行政许可法》以及市政公用事业特许经营的有关规定，依法确定城市轨道交通运营单位。

城市人民政府、城市轨道交通主管部门和城市轨道交通运营单位应当建立投诉受理制度，接受乘客对违反运营规定和服务规则的行为的投诉。城市轨道交通运营单位应当自受理投诉之日起十个工作日内做出答复。乘客对答复有异议的，可以向城市人民政府城市轨道交通主管部门投诉，城市人民政府城市轨道交通主管部门应当自受理乘客投诉之日起，十个工作日内做出答复。

城市人民政府、城市轨道交通主管部门应当会同有关部门制定处理突发事件的应急预案；城市轨道交通运营单位应当根据实际运营情况制定地震、火灾、浸水、停电、反恐、防爆等分专题的应急预案，建立应急救援组织，配备救援器材设备，并定期组织演练。当发生地震、火灾或者其他突发事件时，城市轨道交通运营单位和工作人员应当立即报警和疏散人员，并采取相应的紧急救援措施。

城市轨道交通运营中发生安全事故，城市人民政府城市轨道交通主管部门、城市轨道交通运营单位应当依据应急预案进行处置。

3. 安全生产管理部门的职责

国务院和地方各级人民政府应当加强对安全生产工作的领导，支持，督促各有关部门依法履行安全生产监督管理职责。县级以上人民政府对安全生产监督管理中存在的重大问题应当及时予以协调、解决。

国务院有关部门应当按照保障安全生产的要求，依法及时制定有关的国家标准或者行业标准，并根据科技进步和经济发展适时修订。生产经营单位必须执行依法制定的保障安全生产的国家标准或者行业标准。各级人民政府及其有关部门应当采取多种形式，加强对有关安全生产的法律、法规和安全生产知识的宣传，提高职工的安全生产意识。依法设立的为安全生产提供技术服务的中介机构，依照法律、行政法规和执业准则，接受生产经营单位的委托为其安全生产工作提供技术服务。

9.2.2　法律法规对运营单位的主要要求

对于城市轨道交通运营单位，相关法律法规主要有如下要求。

① 城市轨道交通运营单位应当按照国家有关规定和特许经营协议，制定城市轨道交通运营服务规则和设施保养维护办法，保证城市轨道交通的正常、安全运营。

② 城市轨道交通运营单位应当执行价格主管部门依法确定的票价，不得擅自调整。

③ 城市轨道交通运营单位应当为乘客提供安全便捷的客运服务，保证车站、车厢整洁，出入口、通道畅通，保持安全、消防、疏散导向等标志醒目。

④ 城市轨道交通运营过程中发生故障而影响运行的，城市轨道交通运营单位应当及时组织乘客疏散，并尽快排除故障，恢复运行。一时无法恢复运行的，城市轨道交通运营单位应当及时报告城市人民政府城市轨道交通主管部门。

⑤ 城市轨道交通运营单位应当依法承担城市轨道交通运营安全责任，设置安全生产管理机构，配备专职安全生产管理人员，保证安全生产条件所必需的资金投入。

⑥ 城市轨道交通运营单位应当按照反恐、消防管理、事故救援等有关规定，在城市轨道交通设施内，设置报警、灭火、逃生、防汛、防爆、防护监视、紧急疏散照明、救援等器材和设备，定期检查、维护，按期更新，并保持完好。

⑦ 城市轨道交通运营单位应当采取多种形式向乘客宣传安全乘运的知识和要求。

⑧ 城市轨道交通运营单位负责城市轨道交通设施的管理和维护，定期对土建工程、车辆和运营设备进行维护、检查，及时维修更新，确保其处于安全状态。检查和维修记录应当保存至土建工程、车辆和运营设备的使用期限到期。

⑨ 城市轨道交通运营单位应当组织对城市轨道交通关键部位和关键设备的长期监测工作，评估城市轨道交通运行对土建工程的影响，定期对城市轨道交通进行安全性评价，并针对薄弱环节制定安全运营对策。在发生地震、火灾等重大灾害后，城市轨道交通运营单位应当对城市轨道交通进行安全性检查，经检查合格后，方可恢复运营。

⑩ 运营单位在不停运的情况下对城市轨道交通进行扩建、改建和设施改造的，应当制订安全防护方案，并报城市人民政府城市轨道交通主管部门备案。

9.2.3　法律法规对运营人员的主要要求

1. 城市道路交通

对于城市道路交通运营人员，主要从身体状况和业务技能的角度规定了一些条件，如某城市对从事客运经营的驾驶人员的条件要求如下：

① 取得相应的机动车驾驶证；

② 年龄不超过60周岁；

③ 3年内无重大以上交通责任事故记录；

④ 经设区的市级道路运输管理机构对有关客运法律法规、机动车维修和旅客急救基本知识考试合格而取得相应从业资格证。

2. 城市轨道交通

城市轨道交通运营单位工作人员应当佩戴标志、态度文明、服务规范。驾驶员、调度员、行车值班员等岗位的工作人员应当经培训合格后，持证上岗。城市轨道交通运营单位应当在车站配备急救箱，车站工作人员应当掌握必要的急救知识和技能。

9.2.4　法律法规对出行者的主要要求

1. 城市道路交通

有关法律法规规定道路交通中出行者享有如下权利和义务。

① 旅客对道路运输经营者和从业人员侵犯其合法权益的行为，有权向道路运输管理部门投诉。道路运输管理部门接到投诉后，应当及时调查处理，并应当将处理结果告知投诉人。

② 对在道路运输过程中发生的服务质量、费用等纠纷，双方当事人可以申请道路运输管理部门调解处理或者作出技术分析和鉴定。

2. 城市轨道交通

有关法律法规对城市轨道交通中乘客的权利和义务规定如下。

(1) 城市轨道交通因故不能正常运行的，乘客有权持有效车票要求城市轨道交通运营单位按照单程票价退还票款。

(2) 禁止下列危害城市轨道交通正常运营的行为：

① 在车厢内吸烟、随地吐痰、便溺、吐口香糖、乱扔果皮、纸屑等废弃物；

② 在车站、站台、站厅、出入口、通道停放车辆、堆放杂物或者擅自摆摊设点堵塞通道的；

③ 擅自进入轨道、隧道等禁止进入的区域；

④ 攀爬、跨越围墙、护栏、护网、门闸；

⑤ 强行上下列车；

⑥ 在车厢或者城市轨道交通设施上乱写、乱画、乱张贴；

⑦ 携带宠物乘车；

⑧ 危害城市轨道交通运营和乘客安全的其他行为。

（3）禁止乘客携带易燃、易爆、有毒和放射性、腐蚀性的危险品乘车。城市轨道交通运营单位可以对乘客携带的物品进行安全检查，对携带危害公共安全的危险品的乘客，应当责令出站；拒不出站的，移送公安部门依法处理。

练习思考题

1. 请查阅资料分析有哪些法律法规对城市中的铁路车站的客运有法律约束？
2. 请分析民航港站的客运业务应遵守哪些法律法规？
3. 试分析相关法律法规对城市客运企业的员工有哪些权利义务的界定？

*10 第10章 城市轨道交通系统运营经济效果分析

本章概述

本章重点介绍城市轨道交通系统运营经济效果分析，主要包括运营指标体系、运营成本分析、地铁票价理论及国内外城市轨道交通运营管理案例分析。

本章学习重点

了解城市轨道交通旅客运营指标体系的构成及各构成的组成部分、影响地铁票价的主要因素、地铁票价定价原则、地铁票价定价形式、地铁票价定价理论；理解城市轨道交通运营指标体系、运营成本分析、地铁票价理论及国内外城市轨道交通运营管理案例分析；掌握构成城市轨道交通旅客运营指标体系的客运生产经营指标和客运经济效益指标的组成部分、城市轨道交通运营成本的概念、构成及城市轨道交通运营成本的分类，各国轨道交通运营模式分析以及我国香港地铁运营管理状态研究等。

10.1

运营指标体系

城市轨道交通系统运营工作的数量和质量要用运营指标来评价，这些指标一定程度上反映了客运任务的完成情况、工作质量、效率和效益。

城市轨道交通客运经营指标体系可以分为客运生产经营指标和客运经济效益指标。其中客运生产经营指标可以从客运量、客运机车车辆运用、客车车辆检修、旅客运输质量四部分进行说明，如图 10-1 所示；客运经济效益指标从客运效益、客车机车耗费、客车机车运用率和运输利润四个方面进行分析，如图 10-2 所示。

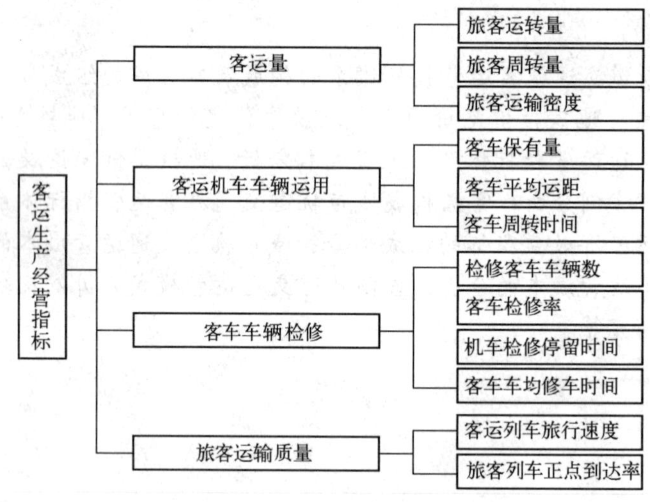

图 10-1　轨道交通客运生产经营指标

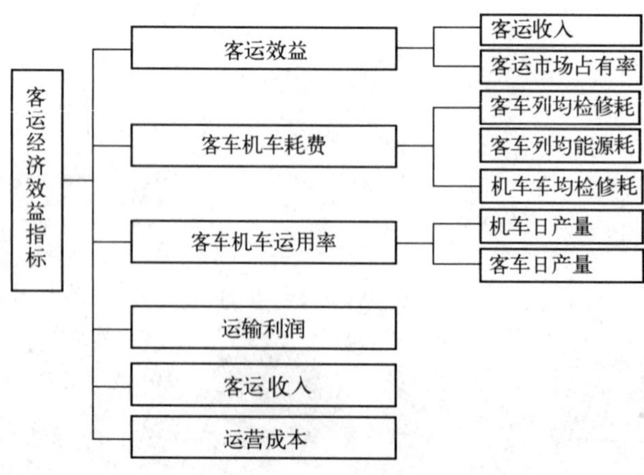

图 10-2　轨道交通客运经济效益指标

1. 客运生产经营指标

1）客运量指标

铁路的客运量，也就是铁路旅客运输的产量，同时又是旅客运输的销量。铁路运输的产量和销量总是相等的，这是由铁路运输部门的性质决定的。因此，铁路客运量指标的增加或减少，与铁路旅客运输部门及其整个铁路企业的兴衰成败有着直接的联系。这方面的指标主要有：旅客运输量、旅客周转量、旅客运输密度。

2）客运机车车辆运用指标

在铁路上，客车的运用方式同货车的一般运用方式不同。一般的客车都是预先编成固定的车列（车底），在它的始发站和固定的折返站之间，专为开行运行图中某一队列车（有时也可能是为开行某几对列车）而往复运行的。因此，客运机车车辆的运用在很多方面不同于货运机车车辆的运用。在客运机车车辆运用计划中，规定了铁路局在计划期内应完成的各项数量指标和质量指标。客运机车车辆运用指标主要反映客运机车、客车的运行公里、停留时间等因素，为铁路组织、指挥日常运输生产、编制和考核运输计划提供了有利的依据。这方面的指标有：客车保有量、客车平均运距、客车周转。

3）客车车辆检修指标

为保证安全、迅速地运送旅客和行李、包裹，铁路必须对所有客车经常进行检查和修理。关于客车车辆检修的指标包括检修客车车辆数、客车检修率、机车检修停留时间、客车车均修车时间。

4）旅客运输质量指标

铁路运输企业的运营，除了必须与工作量、增收节支等数量指标挂钩外，还必须考虑其安全、准确、迅速、舒适、便捷的质量特性的指标。这方面的指标有：客运列车旅行速度，旅客列车正点到达率。

2. 客运经济效益指标

1）客运效益

客运效益统计指标用以反映运输任务的完成效率。这类指标有：客运收入率和客运市场占有率。客运收入率指客运平均每公里的收入，是分析旅客运输效益的重要指标。客运市场占有率反映了铁路运量在整个运输市场的分量，是企业经营实力的反映。

2）客车机车耗费

通过客运机车车辆耗费指标，可以促使客运生产过程中提高资源利用率，减少资源的浪费。它是铁路经济效益考核的一项重要标准。机车车辆检修耗费是指不同的车种（机车、客车）每修理一定数量所耗费的支出，通过车辆检修耗费的计算可以衡量企业车辆检修的水平，评价企业经济管理是否成功。机车车辆耗费指标反映铁路运输生产中能源的消耗情况，主要指标有：客车列均检修耗费，客车列均能源耗费，机车车均检修耗费。

3）客车机车运用率

客车机车运用率指标的建立，可以提高机车、客车的运用效率，使运营组织过程能以较少的人力物力投入完成运输生产任务，这类效益指标的建立可以发现影响运输效益的因素，以提高运输组织的质量。调度部门可依此对车流进行适时调整，以提高机车车辆的运用效率。这方面的指标有：机车日产量，客车日产量。

4）运输利润

运输利润也称运营业务利润，是指铁路运输业一定期间从事客货运输业务的经营成果，是运输收入减去运输成本（运输支出）及其他费用以后的净额。它是考核运输企业一定期间经营成果的综合性指标。努力增加运输利润，超额完成运输利润计划，对于完成国家上缴任务，发展铁路运输事业，改善铁路运输条件，提高铁路职工生活水平都有非常重要的意义。

5）客运收入（元）

指运送乘客的全部收入金额。

6）运营成本（元）

指城市轨道交通系统在日常运营生产过程中实际发生的与运营生产直接有关的所有费用支出。

10.2 运营成本分析

城市轨道交通的运输产品是旅客的位移，它是在一定的环境中为完成特定的任务过程中而产生的，受到社会、经济、自然环境的制约。运营成本从结构上划分可以有以下几个层次：① 宏观成本和微观成本；② 整体成本和个别（内部）成本；③ 纵向成本和横向成本；④ 单位成本因素对运营成本的影响程度。因此，在进行运营成本分析时，必须考虑以下关系：① 与社会、经济、自然环境之间的关系；② 与运输方式的特定形式的关系；③ 与运输过程之间的关系；④ 总成本与个别成本之间的关系；⑤ 成本结构因素之间的关系。

1. 城市轨道交通运营成本的概念及构成

城市轨道交通运营成本，也称为城市轨道交通运输成本，是指轨道交通系统为完成乘客运输所消耗的以货币形式表现的一切费用支出，包括支付的职工工资及福利费、材料、电力、折旧费、资本成本及其他费用。

城市轨道交通运营成本由营运成本、管理费用、财务费用和营业外支出构成。营运成本、管理费用和财务费用构成营业支出，营业支出和营业外支出构成运输总支出。城市轨道交通运营成本构成体系如图 10–3 所示。

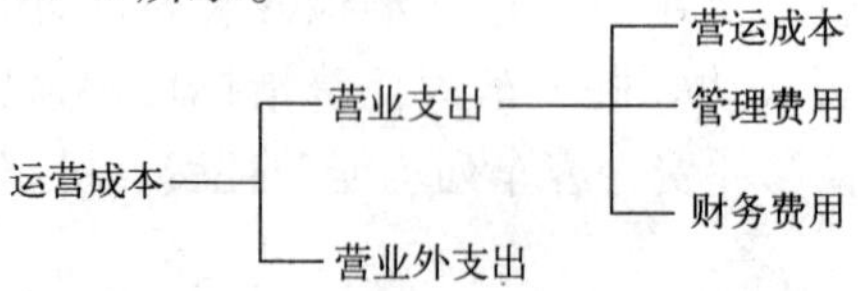

图10–3　城市轨道交通运营成本构成体系

1）营运成本

在城市轨道交通运营成本构成体系中，营运成本是轨道交通运输营运生产过程中实际发生的与营运生产直接有关的各项支出，主要内容包括：

① 直接从事营运生产活动人员的工资、奖金、津贴、补贴和按批准的结算工资收入与实际工资支出的差额；

② 按规定提取的职工福利费；

③ 生产营运过程中运营设备运用和修理养护所耗用的材料、燃料、动力和其他费用；

④ 固定资产折旧费；

⑤ 运营生产过程中发生的季节性、修理期间的停工损失、事故性损失；

⑥ 按照国家有关规定可以在成本费用中列支的其他费用，如生产部门的办公差旅费、劳动保护支出等。

2）管理费用

管理费用是城市轨道交通运营企业行政管理部门为管理和组织运输所发生的各项费用及其他各种管理费用性质的支出。主要内容包括：

① 城市轨道交通运营企业管理人员的工资、奖金、津贴和补贴；

② 机关办公差旅费、劳动保护费、职工制服补贴、折旧费、修理费、物资材料消耗、低值易耗品摊销及其他费用；

③ 按规定计提的职工福利费、工会经费、职工教育经费、职工待业保险金、劳动保险费、印花税等相关税金、技术转让费、技术开发费、业务招待费、咨询费、聘请中介机构费、广告费、展览费、土地使用费、土地损失补偿费等；

④ 无形资产及递延资产的摊销、各种坏账损失、存货盘亏（减去盘盈）、毁损和报废。

财务费用是指轨道交通企业为筹集资金而发生的各项费用。主要包括轨道交通运营企业营运期间发生的利息净支出（减利息收入）、汇兑净损失（减汇兑收益）、金融机构手续费以及筹集生产经营资金发生的其他费用。

3）营业外支出

营业外支出是指与城市轨道交通运输生产经营活动没有直接关系的各项支出。主要包括：

① 固定资产盘亏、报废、毁损和处置净损失；

② 非常损失，指由于客观原因造成的损失，在扣除保险公司赔偿后应计入营业外支出的净损失，包括自然灾害损失、非季节性和非修理期间发生的停工损失；

③ 公益救济性捐赠、赔偿金、违约金等其他支出；

④ 按照会计制度规定计提的固定资产、无形资产和在建工程的减值准备。

2. 城市轨道交通运营成本的分类

城市轨道交通运营成本构成的具体支出项目是多种多样的，为了概括分析和掌握其构成情况，正确地计算和分析城市轨道交通运营成本，可以从不同角度进行分类。

1）按成本费用的经济性质进行分类

为了让城市轨道交通运营成本的范围更加清晰明了，可以考虑从成本费用要素的构成及经济性质的角度来分类。这种分类有利于分析城市轨道交通运营成本的构成情况并按照各要素归集有关的成本费用信息。按照成本费用的经济性质划分，城市轨道交通运营成本可以分为运营工资、职工福利费、动力、材料、折旧、税金、资本成本和其他费用八个要素。

① 运营工资：指列入城市轨道交通运营成本的各类人员的计时工资、计件工资、职务工资、附加工资、加班加点工资、奖金、津贴、补贴和其他工资。

② 职工福利费：指按照工资总额的一定比例提取的职工福利费。

③ 动力：指城市轨道交通运营中所耗费的电力支出。

④ 材料：指城市轨道交通运营生产过程中所耗费的材料、配件、油脂、工 具备品、劳保用品等。

⑤ 折旧：指按规定计提的列入成本费用的城市轨道交通线路及地面固定设施、电力牵引系统、通信信号系统、车站站舍的折旧费。

⑥ 税金：指应计入城市轨道交通运营成本的各项税金，例如土地使用税、车船使用税、印花税等。

⑦ 资本成本：指城市轨道交通运营过程中所承担的资产占用资金的成本。

⑧ 其他费用：指不属于以上各要素的耗费，如运营过程中发生的生产部门的办公差旅费、劳动保护支出等。

城市轨道交通运营成本按经济性质的划分构成关系如图 10-4 所示。

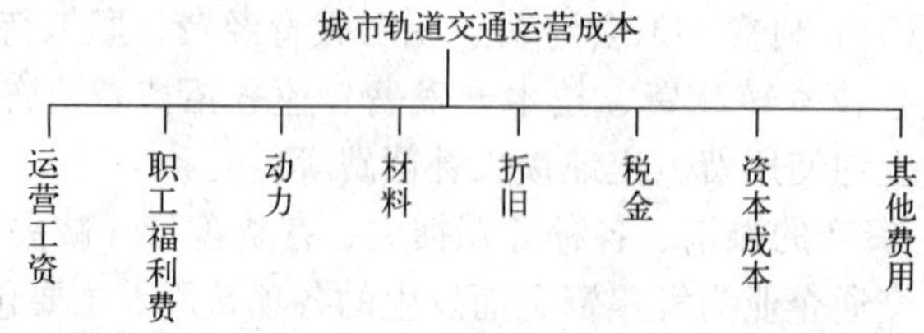

图 10-4　城市轨道交通运营成本按经济性质的划分构成关系

2）按运营成本与运营工作量关系进行分类

从城市轨道交通运营成本与运营工作量的关系分析，运营成本可以分为固定成本和变动成本两部分。

（1）固定成本

固定成本是指运营过程中短期内不随运营工作量变化而相对固定的费用支出，如计时工资及工资附加费、生产消耗费、企业管理费以及线路、车站、信号和牵引用供电设备的折旧费和维修保养费等。固定成本具有三个显著的特点：一是固定成本的发生与运营工作量没有直接的因果关系，不管是否有工作量，这部分成本总要发生；二是在相关范围内，固定成本的总额不会因运营工作量的变化而受到影响；三是单位固定成本随着运营工作量的增加而下降，即在固定成本总额不变的情况下，运营工作量增加，分摊到每一个工作量的固定成本会逐渐下降。固定成本总额和单位固定成本与运营工作量之间的关系如图 10-5 和图 10-6 所示。

（2）变动成本

变动成本是指运营成本中直接随运营工作量变化而变化的费用支出，如牵引用电费、按列车公里发放的工资附加费和车辆维修材料费等。相对于固定成本而言，变动成本也具有三个特点：一是变动成本的发生与运营工作量有直接的因果关系，不发生运营工作量就不会产生变动成本；二是变动成本总额会随着运营工作量的增减而增减；三是单位变动成本不会随着运营工作量的变动而大幅度地变动。变动成本总额和单位变动成本与运营工作量之间的关系可以用图 10–7 和图 10–8 来表示。

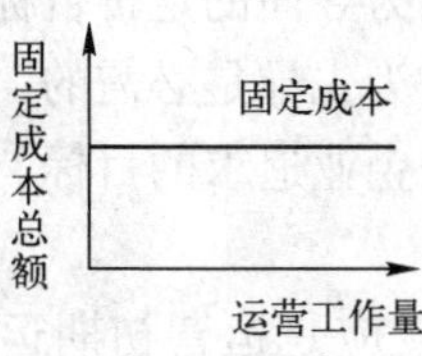

图 10–5　固定成本总额与运营工作量关系

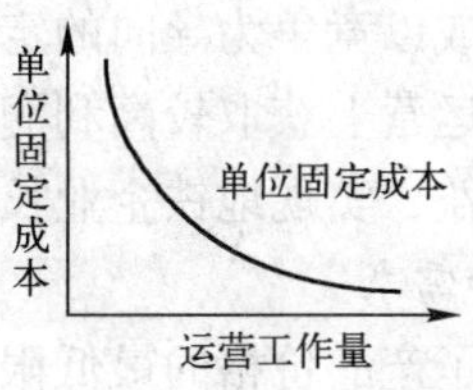

图 10–6　单位固定成本与运营工作量关系

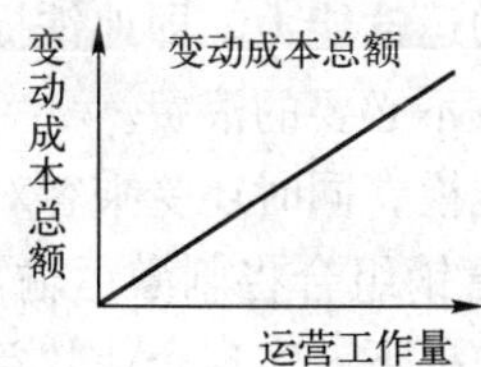

图 10–7　变动成本总额与运营工作量关系

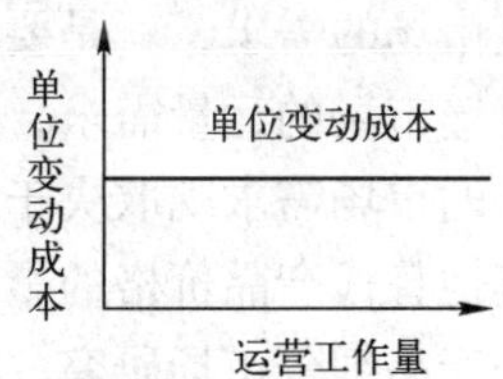

图 10–8　单位变动成本与运营工作量关系

3）按运营成本计入成本对象的方式进行分类

随着城市轨道交通建设的发展，各大城市都在积极地规划和建设自己的轨道交通网络，地铁线路增加。为方便乘客的换乘，各条线路交叉的地方也会越来越多，所发生的共同费用也会越来越多。因此，为了经济合理地计算各条轨道交通线的运营成本，可以将城市轨道交通运营成本按计入成本对象的方式分为直接成本和间接成本两类（成本对象是指各条轨道交通线）。

直接成本是指可以直接计入成本对象的成本。城市轨道交通的直接成本是指可以直接计入各条轨道交通线的运营成本。一种成本是否属于直接成本，取决于它与成本对象是否存在直接的因果关系或者受益关系，并且是否便于直接计入。因此，直接成本也可以说是在与成本对象直接相关的成本中，可以用经济合理的方式追溯到成本对象中去的那部分成本。如果不便于直接计入，或者不能用经济合理的方式追溯到成本对象中去，那么这部分成本就不是直接成本。

间接成本是指不能直接计入成本对象的成本。城市轨道交通的间接成本是指不能直接计入各条轨道交通线的运营成本，它是直接成本的对称。

10.3 地铁票价理论

1. 影响地铁票价的主要因素

地铁票价制定受到地铁企业内部和外部因素的影响和制约，内部因素主要包括企业定价目标、营销组合策略、运输成本和定价组织；外部因素主要包括运输市场和需求的性质、竞争和其他环境因素。

1）定价目标

定价目标应随地铁企业所处的不同时期和不同市场条件而进行调整。不管是以利润为导向的定价目标或以竞争为导向的定价目标，还是以社会责任为导向的定价目标，对地铁企业而言，单纯从运营上获取较高利润是不可能的。以社会责任为先导是必需的，同时兼顾社会利益和企业利益，实现地铁企业长期利润最大化应成为地铁企业追求的目标。

2）市场和需求

成本决定了产品价格的最低限度（地铁票价的最低限度应是运营初期运营成本中的边际成本），市场需求则决定了产品价格的最高限度。

所谓适应市场的需求，就是要求地铁企业能提供适当的运输能力。即地铁提供的运输能力既可满足运输市场的运量需求，又不能因运力过剩而导致不必要的浪费。

地铁产品的市场需求既取决于地铁吸引区域内的人口规模，同时还受乘客对地铁票价的承受能力及其他替代产品价格的影响，合适的价格水平和营销组合将刺激运输需求。为此，应重视对地铁产品细分市场研究，在满足不同市场需求的前提下，实现企业效益最大化。

3）市场竞争状况

地铁产品是不具备真正意义上的市场竞争力的，它的优势在于它是政府倡导的先进公共交通方式，政府会采取财政补贴和调整公交线路、避免同线路其他替代产品竞争等措施给予扶持。即使在地铁网络已相当完善，产品具有相当竞争能力的情况下，政府也会对各种公交运输方式进行合理分工，地铁作为城市交通骨干，其他公交方式为地铁喂给客流的格局不会改变。

2. 地铁票价定价原则

1）公益优先原则

地铁交通价格是发挥其社会效益，引导交通需求的重要经济杠杆。作为直接面向普通市民的社会公共产品，地铁交通的正常运营关系到国计民生和社会稳定，政府采取低价格的策略，甚至对地铁交通部门实行财政补贴，实际上都是以降低工薪阶层出行消费为目的，这对保护社会相对公平也是一个十分有效和必要的机制。

2）兼顾效益原则

政府作为地铁交通的统筹规划方，除了要考虑社会效益以外，还应当兼顾地铁运营企业的经济效益。根据国外的经验，政府一般是通过指导企业进行多样化经营或制定分路段收费等价格调控政策的手段，使企业实现合理的收益。例如，企业可在政府相关部门许可下，根据不同类型乘客的经济承受能力，推出多样化的增值服务项目。另外，将车票种类分为单程票、储值票、出站票、公务票、优惠票和纪念票等多样化票种进行销售的做法，也可以起到顾客细分、增加营业收入的效果。

3）分工明确原则

根据城市交通的状况，制定符合本地区条件的地铁票价，可以与其他交通工具如出租车等形成价格差级关系，从而得以形成不同的服务对象，对潜在顾客进行了有效的群体细分，这不仅有利于地铁与沿线公交、出租车的合理分工与协作，还能缓解地面交通的压力。

3. 地铁票价定价形式

目前世界各国实行的票价形式主要有：单一票价制、计时票价制以及计程票价制等。

1）单一票价制

单一票价制是指不管乘坐区间有多远，一律采用同一票价的定价政策，目前采用该方案的城市主要有多伦多、蒙特利尔及我国北京。单一票价制的优点是操作相对简单，不需要安装昂贵的检票设备，这使得地铁经营部门可以大大节省设备费用和管理费用，从而降低其运营成本。单一票价制的缺陷也很明显，那就是对长短途旅客不加区分收取相同或相近票价的政策，容易引发短途乘客的不公平感，从而导致短途客源的减少，这不仅浪费了地铁的运输能力，而且会加重地面交通运输的负荷，不利于城市交通的整体规划和建设。

2）计时票价制

计时票价制是指乘客在购买了内有购买时间等相关电子信息的地铁票后，在其后的一段时间内可任意转乘不同类型的市内交通工具，如地铁、轻轨及公共汽车等。这种票价方案最大的优点就是操作简单，且能满足市民在不同公交模式之间换乘的实际需求。其缺点是乘坐里程与票价之间没有直接的联系，不利于运输企业提高经济效益，其本质是政府给予市民的一种福利分配制度。计时票价制适用于公共交通仅由一个运营企业承担的城市，目前全世界只有温哥华采用这种票制，而我国由于几乎没有这种各类城市交通设施统一运营的城市，所以计时票价在我国不适用。

3）计程票价制

计程票价制是指按乘距的长短计算票价，其票价等于票价率与里程之积。此外，还可以根据乘距长短，分别给予乘客不同的优惠。虽然采用计程票价制的票务管理比较复杂，但票价制定可以比较合理，有利于吸引更多的乘客。几乎全球60%以上的地铁系统采用的都是计程票价制，而在由多条路线组成的地铁系统中，除了个别系统外，全部采用计程票价制，目前采用该票制的城市主要有东京、我国上海及香港等。计程票价制可以将车票价格与运营成本直接联系起来，因此对乘客而言是最公平的。

4. 地铁票价定价理论

1）企业获利是定价的根本原因

在市场经济的环境下，企业获利是形成合理价格的根本动力。尽管地铁因具有公共服务的特性，使地铁企业在政府的管制下具备了有别于一般经济个体的单纯的利益最大化的要求，但其自身获得利润的冲动仍是使其票价趋向合理的动力。

在明确了地铁企业定价根本动力的基础上，由于轨道交通企业自身的特性，地铁企业定价要同时考虑两个方面，即以市场供求为指导，以政府管制为约束。

2）地铁票价中的市场供求理论及价格的弹性问题

任何一种产品在市场环境下的定价，都必须遵守市场定价的基本规律。市场条件下的商品价格就是该种商品的市场需求量和市场供给量相等时候的均衡价格。在地铁票价的制定过程中，这一基础理论的运用有明显区别于其他企业的特殊性。

由于交通运输的特殊性（即其运输能力的发展总是相对滞后于运输市场的需求），地铁票价的制定不仅要适应运输市场的需求，也要有效引导市场的需求。

从供需关系上来看，此时确定的票价应在供给线 S 与需求线 D 的交点上。如图 10-9 所示，P_0就是理论上的合理价格，Q_0就是运输企业可能提供的合理运量，也是市场对运输的需求量。在地铁企业的定价中应首先考虑这一合理价格 P_0。

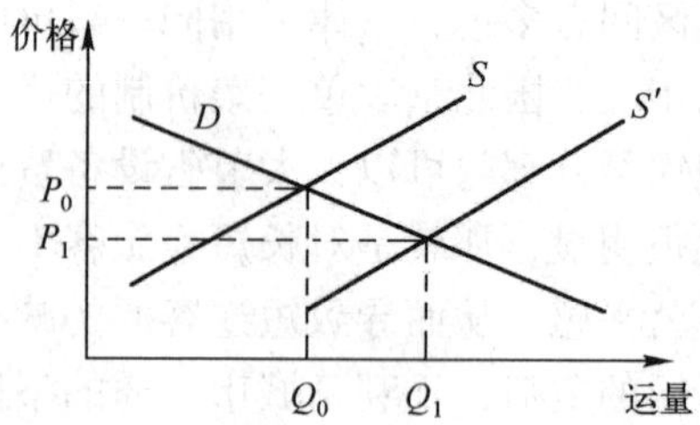

图 10-9 运输市场的均衡价格示意图

有效引导市场需求是地铁企业价格制定中的一大特性。实际上，由于某种特殊需要，地铁可能主动提高或下调价格，使需求曲线发生移动，以有效调节市场的需求。在图 10-9 中，企业主动将价格下调至 P_1，则在需求曲线 D 不变的情况下，市场的需求量将上升到 Q_1。当然，这时要求企业提高运能，保证供给线右移至 S'，以满足市场的运输需求。与适应市场需求相反，上述过程是一个主动调整价格的过程，企业是因为价格的变动而改变供给量。

无论是在市场定价还是在调价中，都不可避免地要将价格的弹性作为一个重要参考。对运输市场进行需求分析的意图之一，就是确定各种运输方式和运输需求对于运输价格变化的弹性，明确价格调整的可能。从某种意义上说，这类分析比预测总的运输需求更有实用价值，因为运输企业需要根据对运输需求弹性的分析决定是否调整自身的票价水平。故在对票价进行调整的过程中，有必要通过讨论客票的价格弹性来确定票价调整的必要性和调整方向。

3）政府对地铁票价管制的必要性及价格刚性的影响

（1）政府对地铁票价管制

政府对轨道交通企业进行价格管制是十分必要的。这一必要性主要来源于两个原因。一是轨道交通企业具有一定的自然垄断性，二是轨道交通企业的产品具有一定的公共产品特性。

轨道交通企业具有的自然垄断性表现为成本的弱增性和市场准入与退出的高标准。实际上，若一个地区内同时存在多家提供同类型服务的运输企业，势必会造成资源的重复投入，产生极大的资源浪费。同时，轨道交通业具有极高的市场准入和退出标准。其建设投资大（深圳地铁一期工程全长 21km，计划投资约 115 亿元），资金回收周期长，巨额沉淀资本也使企业退出该行业几乎成为不可能。同时，由于地铁企业具有以下 3 个方面的特点：① 产量等于特定价格下的市场需求总量；② 收入等于生产这些产量的总成本；③ 如有新企业进入市场，垄断企业不能改变原来的价格，并要求以原有的价格满足新企业夺走后的剩余需求。上述 3 个特点完全符合“可维持性理论”（theory of sustainability），所以地铁的垄断还具有可维持性，这使政府管制成为必然。

政府强调对地铁企业的价格管制还有其特殊的原因，即地铁所具有的公共产品特性。从经济学观点来看，所谓公共产品，就是那些在消费上同时具有非排他性和非竞争性的产品。轨道交通企业提供的产品是乘客与货物产生的位移，它提供的是一种公共产品的服务。地铁企业本能地具有追求其自身利益最大化的冲动，这与政府对其正外部性的要求发生了冲突。为解决这一矛盾，政府将通过必要的管制，合理抑制企业的获利冲动，以更好地提高社会整体效益，实现社会福利最大化。

政府在实行价格管制的过程中，还会关注到票价的相对水平。这包括以下两个方面：一是相对同一地区内不同的交通方式的票价水平，地铁收取的服务价格将相对高于道路公交，但较出租汽车的服务价格要低；二是与邻近地区同类企业相比的价格水平，这主要考虑到居民的实际消费能力。

（2）价格刚性的影响

价格的刚性可以从两方面加以理解：一是政府管制引发的向上刚性，政府出于为公众服务的考虑，不会轻易允许轨道交通价格的上调；二是企业成本引发的向下刚性，企业从自身成本和利润的要求出发，一贯保持着加价的要求。这使政府与企业在价格问题上始终处于博弈的状态，而其争议的核心在于企业的实际经营成本。

成本是企业在生产或销售过程中所耗的物质和人工费用，是价格构成的基本因素。成本的高低，在很大程度上决定了价格的高低；成本的变动趋势，在很大程度上也决定了价格的变动趋势。在确定轨道交通运营价格的过程中，成本的确定一直是困扰定价者的一大难题。其重要原因之一，就是在我国还没有对地铁运营设备进行折旧的统一标准。有些地方政府，采用了建设成本由政府全包的办法，在实际运营中，不向企业计算资本的折旧成本，只计算运营时发生的成本。这样会使企业的成本简单地转嫁到政府方面，不利于企业合理控制成本；同时也会大大增加政府的财政压力。更为关键的是，这样的处理方法使政、企不分，不利于双方的管理。现在，有些地方正在自行制定一些固定资产的折旧办法。

案例：香港尖沙咀车站的出入口分布及连接地区分析

香港地铁票价

现在，香港地铁收费分成人及特惠两种。12 岁以下的儿童、65 岁或以上的老人、12 ～ 25 岁的全日制学生才可使用特惠票。3 岁以下的儿童则可免费乘坐。付款方法有 3 种：八达通、单程票及旅客票。

1. 八达通

八达通是香港其中一种电子收费系统，卡片的大小和信用卡相同，内置芯片，使用时把卡片放在接收器上即能完成付款过程。而香港地铁就是一个最常用到八达通的服务系统。除了机场快线，香港地铁为八达通使用者提供优惠。例如来往金钟及尖沙咀，成人八达通收费为 7.7 港币，但单程票收费则需 8.5 港币。

八达通车费

车站数目（包括上车车站）	成人及学生/港元	儿童及老人/港元
1～3	3.7	1.8
4～6	3.8	1.8
7～9	3.9	1.9
10～12	3.9	1.9
13～15	4.4	2.1
16～18	4.9	2.3
19～21	5.3	2.5
22 或以上	5.8	2.7

备注：持有个人八达通乘客可自动享有轻铁提供的积分优惠。

个人八达通积分优惠

成人	在六天内，搭乘轻铁票值满港币 30 元，可享车费折扣优惠 3 元，在下一程搭乘轻铁时使用。
儿童/老人	在六天内，搭乘轻铁票值满港币 15 元，可享车费折扣优惠 1.5 元，在下一程搭乘轻铁时使用。

2. 单程票

单程票是一种附有磁带的车票，于入闸前先行购买。车站大堂设有自动售票机，售卖各种单程票。但香港地铁不设有双程票，原因是线路不定向，但机场快线除外。

① 八达通卡车费按所搭乘的轻铁车站数目而收费，当中包括上车及下车站。

② 单程票车费按所搭乘的车费区数目而收费；轻铁共设有 6 个车费区，而乘客最多搭乘 5 个车费区，便可到达目的地。

单程票的票价

搭乘车费区数目	成人/港元	儿童及老人/港元
1～2	4.0	2.0
3 个	4.7	2.3
4～5	5.8	2.9

3. 旅客票

旅客票分为两种，第一种是一日内任意搭乘的通行票（售价 50 港币，车票于发票当日起 30 日内有效。于车票有效期内任何 1 日可无限次搭乘港岛、荃湾、观塘、将军澳、东涌及迪士尼线。）；第二种是 3 日内任意搭乘，附有机场快线单程/往返程的通行票（售价 220 /300 港币）。旅客在购买旅客票时，需要提供旅客证明文件，例如护照。

产品	使用范围	港币	网上购票
游客全日通	发票当日起 1 个月内有效 有效期内任何 1 天可无限次搭乘港铁（机场快线、轻铁、港铁巴士、东铁线头等、罗湖及落马洲站除外） 由首次车程的入闸时间开始计算 24 小时内 车票只限非香港居民并已在香港逗留少于 14 天的游客使用	55	适用
儿童游客全日通	只适用于 3～11 岁的儿童 发票当日起 1 个月内有效 有效期内任何 1 天可无限次搭乘港铁（机场快、轻铁、港铁巴士、东铁、头等、罗湖及落马洲站除外） * 由首次车程的入闸时间开始计算 24 小时内 车票只限非香港居民并已在香港逗留少于 14 天的游客使用	25 元	不适用
迪士尼线全日通	发票当日起 6 个月内有效 有效期内任何 1 天无限次搭乘列车来回迪士尼站（机场快线、轻铁及东铁线头等除外）	50 元	不适用
过境旅游套票	套票包括（游客过境来回票）及（游客全日通）各 1 张。游客过境来回票可于发票当日起 1 个月内搭乘港铁来回罗湖或落马洲站 1 次（机场快线、轻铁、港铁巴士及东铁线头等除外） * 由首次车程的入闸时间起计算 24 小时内 车票只限非香港居民并已在中国香港逗留小于 14 天的游客使用	100 元	不适用
机场快线旅游票	八达通卡内附 1 程或 2 程机场快线单程车程及连续 3 天无限次搭乘港铁（机场快线、轻铁、港铁巴士、东铁线头等、罗湖及落马洲站除外） 车票只限非香港居民并已在香港逗留少于 14 天的游客使用	220 元/ 300 元	适用

4. 地铁线路图

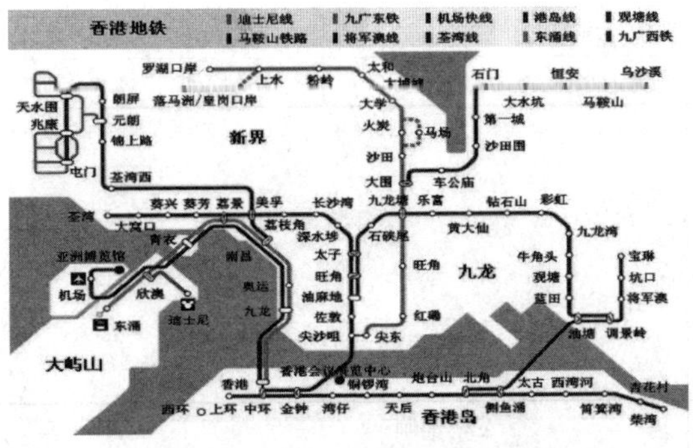

图 10-10　香港地铁线路图

5. 巴士路线及车费

(1) 港铁接驳巴士（东铁线）

巴士线号码	路线	空调/港元	
		成人/港元	儿童及老人/港元
K12	大埔墟车站—大埔八号花园	3.4	1.6
K14 *	大埔中心—大埔墟火车站（单程）	3.4	1.6
K16	尖东车站—南昌站	4.4	2.2
K17 *	大埔墟车站—富善	3.4	1.6
K18 *	大埔墟车站—广福	3.4	1.6

* 星期日及公众假期停开

(2) 港铁巴士（新界西北）

巴士线号码	路线	单程/港元		八达通车资/港元	
		成人	小孩及老人	成人	小孩及老人
506	屯门码头—友爱（循环线）	3.8	1.9	3.7	1.9
A73	天富—屯门码头	6.5 +	3.3 +	6.5 +	3.3 +
K51	富泰—大欖	5.0^	2.5^	5.0^	2.5^
K52	西铁线屯门站—龙鼓滩	4.6^	2.3^	4.6^	2.3
K53	西铁线屯门站—扫管笏（循环线）	3.7	1.8	3.7	1.8
K58	富泰—青山湾	3.7	1.8	3.7	1.8
K65	元朗东—流浮山	3.7	1.8	3.7	1.8
K66	大棠—朗屏	3.7	1.8	3.7	1.8
K68	元郎工业村—元朗市镇公园（循环线）	3.7	1.8	3.7	1.8
K73	天恒—元郎西（循环线）	3.7	1.8	3.7	1.8
K74	天瑞—元郎东（循环线）	3.7	1.8	3.7	1.8
K75	洪水桥—西铁线天水围站（循环线）	3.7	1.8	3.7	1.8
K75P	天瑞—洪水桥（循环线）	3.7	1.8	3.7	1.8
K76	天恒—西铁线天水围站	3.7	1.8	3.7	1.8

注：+全程收费
^分段收费

6. 机场快线

车票种类及车费

车票类型	车票细则	发售地点
当日来回票	搭乘机场快线来回往返机场及指定车站一次；只于发票当日有效	机场快线站内的客务中心或自动售票机

续表

车票类型	车票细则	发售地点
来回票	搭乘机场快线来回往返机场及指定车站一次；于发票当日起 30 日内有效	机场快线站内的客务中心（博览馆站除外）或网上订票
八达通卡	八达通卡为电子储值智能车票，乘客可使用它搭乘本市各主要交通工具，车费会在乘车时从卡内自动扣除，使用简单方便	机场快线或港铁车站的客务中心
机场快线旅游票	特为游客而设，可供乘客搭乘机场快线及 3 天内无限次搭乘港铁、轻铁、港铁巴士、东铁线头等、罗湖及落马洲站除外。	机场快线、指定港铁车站之客务中心或网上订票

往/返机场车费表（港币）

	成人（包括 65 岁或以上之人士）		儿童（3 ~ 11 岁）
	单程/即日来回票/八达通卡	来回票	单程/即日来回票/八达通卡
香港站—机场站	100 元	180 元	50 元
九龙站—机场站	90 元	160 元	45 元
青衣站—机场站	60 元	110 元	30 元

往/返博览馆站车费表（港币）

	单程票/八达通卡		即日来回票/八达通卡	
	成人	儿童	成人	儿童
香港站—博览馆站	100 元	50 元	100 元	50 元
九龙站—博览馆站	90 元	45 元	90 元	45 元
青衣站—博览馆站	60 元	30 元	60 元	30 元
机场站—博览馆站	5 元	2.5 元	不适用	不适用

此外，使用八达通卡即日来回可享受特别车费优惠（港币）

乘客使用同一张八达通卡，即日往返市区与博览馆站，并在博览馆逗留 1.5 h 或以上（以博览馆站出闸至回程入闸时间计算），即可享有特别车费优惠。

使用八达通卡往返博览馆站特殊价格（港币）

	成人	儿童
香港站—博览馆站	72 元	36 元
九龙站—博览馆站	64 元	32 元
青衣站—博览馆站	42 元	21 元

未能符合上列要求的乘客须支付正常即日来回车费；
乘客于市区入闸时会被扣正常单程车费，多收的车费会于回程出闸时自动退回八达通卡内；
若乘客回程时终点站与起点站有别，车费将以两个车程的平均票价计算。

- 3 岁以下儿童可免费乘车
- 3 至 11 岁儿童可享有相当于成人车费半价的优惠
- 乘客使用附有学生身份的个人八达通卡须支付成人车费

机场快线旅游票

产品	票价/港币	使用范围
机场快线旅游票	220 元	港币 220 元，乘客可搭乘 1 次机场快线单程车程及连续 3 天无限次搭乘港铁（机场快线、轻铁、港铁巴士、东铁线头等、罗湖及落马洲站除外） 车票只限非香港居民并已在香港逗留少于 14 天的游客使用
机场快线旅游票	300 元	港币 300 元，乘客可搭乘 2 次机场快线单程车站及连续 3 天无限次搭乘港铁（机场快线、轻铁、港铁巴士、东铁线头等、罗湖及落马洲站除外） 车票只限非香港居民并已在香港逗留少于 14 天的游客使用

10.4 国内外城市轨道交通系统运营管理案例分析

10.4.1 轨道交通运营模式分析

1. 纽约轨道交通的国有国营模式

纽约的公共交通由地铁、市效铁路和公共汽车组成，地铁由城市运输管理局经营管理，市郊铁路由长岛铁路公司和北方铁路公司管理，其管理体制属于国有国营模式。

纽约市轨道交通系统，作为城市公共交通系统的一部分，其建设资金全部由纽约市政府承担，建设完成后交由纽约州政府下属机构——纽约市运输局（MTA）进行运营管理。自 1995 年以来，纽约的所有轨道交通系统的资金补助都来自于市政府、州政府和联邦政府的拨款；运营费用便占了总拨款的 65%，不足的部分由州和联邦政府补贴；税收收入用以补贴运营所需的资金。

纽约轨道交通采取的国有国营运营管理模式体现了轨道交通的福利性，政府直接控制轨道交通票价。这种运营模式下没有市场竞争机制，对财政补贴的依赖程度较高。

2. 伦敦地铁的公私合营模式

伦敦地铁采取的是公私合营（Private Public Partnership，PPP）模式。伦敦地铁公司（LUL）将地铁系统维护和基础设施供应以 30 年特许经营权的方式转给了 3 个基础设施公司

(分别为 SSL，BCV 和 JNP 公司)，这 3 家公司是由供货商、咨询机构等组成的联合体。三个私人公司分三部分负责对不同的线路网来进行地铁隧道、车辆、车站、轨道和信号系统的维护和升级改造，使地铁系统保持良好的运营状态，以满足客流不断增加的需要，弥补以前政府在地铁上投资的不足。运营和票务依然由伦敦地铁公司控制，基础设施公司的回报由固定支付和业绩支付两部分组成。

由于特许期较长，而地铁建设和运营标准，对 PPP 公司业绩考核的标准，以及 PPP 合约中的其他因素会随着时间的推移发生变化，而且这些因素又无法在签约时完全预见到。为此，伦敦地铁 PPP 模式在其结构中内嵌了一个定期审核的机制，使签约各方在 PPP 框架内每 7.5 年重新约定合约条款。为确保合约重新审核的独立性和权威性，伦敦地铁 PPP 模式中设计了专门的仲裁机制，以帮助在合作各方之间建立信任关系，保证合约的有效执行。伦敦地铁 PPP 模式如图 10-11 所示。

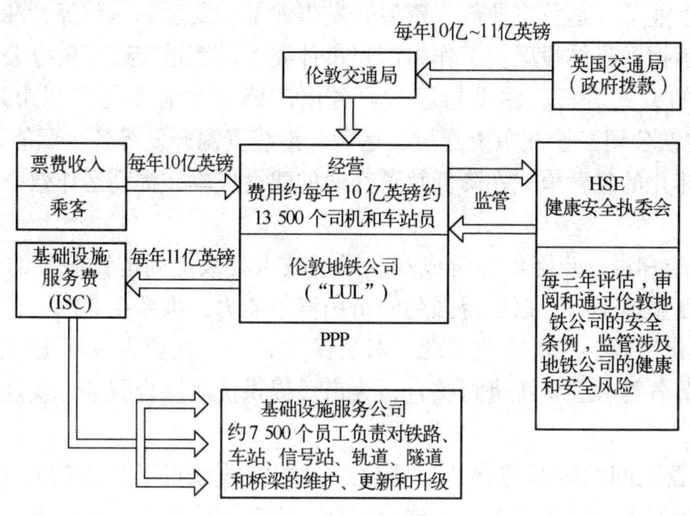

图 10-11　伦敦地铁 PPP 模式

3. 新加坡地铁的国有民营模式

新加坡地铁采用的是国有民营运营模式。新加坡国土运输局拥有轨道交通的所有权和建设权并承担建设费用。新加坡地铁由新加坡国土运输局建设完成后交给企业按市场经营模式进行经营，其建设资金全部来自于财政支出。新加坡地铁的投融资结构如下。

① 建设资金的来源：大部分的资金来自财政部对国土运输局的拨款或国土运输局自身的借贷，这些借贷会利用财政部的拨款归还。其他一部分的资金来源于国土运输局的收入。国土运输局既要负责基础设施建设的资金，同时还要负责初始运营资产的购置资金。

② 运营资金的来源：政府在进行初始投资后，不需要对运营资产进行大量的投资。资产更换的大部分资金由新加坡地铁公司从其收入中支付。

在这样的模式下，政府拥有车站、轨道等基础设施，私有部门的投资相对较少，从而使具备投资能力的投资者较多，因此可以通过竞标的方式来获得执照并取得投资的商业回报。竞争机制的引入，有利于运营效率和服务质量的提高。

新加坡模式的主要特点有：① 地铁作为福利项目由政府背负建设费用；② 淡化运营公司的职能，运营公司无线路的所有权，政府不干涉运营收入，也不对运营开支进行补贴，让企业独立经营；③ 运营公司完全民营，第一大股东为私人投资公司；④ 由政府指定运营水平和规则，以保证轨道交通的公共福利性质。

新加坡地铁的运营没有政府补贴，按照市场经营模式，以利润为企业最大追求目标，使得这家公司自成立以来就不曾亏损过，也是世界上少数几家能盈利的地铁公司之一。2004年新加坡地铁公司的总收入为4.6亿新元，其中地铁车票收入是3.1亿新元，占总营业额的85%，另外还有广告、利息收入和投资收入等。

4. 广州地铁的一体化模式

广州地铁在1999年就开始全面启动企业改革，建立了一体化的经营模式。广州地下铁道总公司对建设事业部、运营事业部、资源开发事业部，实现一体化经营和管理。广州地铁融资工作由政府承担，具体投融资工作由广州市计委下设轨道交通筹资办公室负责，通过建立地铁建设基金的方式进行。建设与运营业务由广州市政府委托广州市地下铁道总公司（以下简称广州地铁公司）全权负责建设、运营、沿线资源开发等各项职能。

广州地铁一体化的经营模式在降低轨道交通的建设成本、提高运作效率等方面采取的措如下。

① 以技术创新和进一步降低经营成本。通过技术升级提高地铁服务的水平，同时确保建设成本的大幅度整体下降，以获得强劲的市场竞争能力，维系企业的生存和发展。

② 借助一体化经营，广州地铁实现了对资源的整合。在建设方面提供施工配合，对相关的商业、旅游等各类社会资源进行整合，为市民提供优质综合服务，实现资源开发的最大经营效益。

③ 建设与运营之间的协调与合作一体化经营的实践取得了显著的效果：在建设方面，在确保质量和优化服务的前提下缩短了建设周期，大幅度降低了工程造价。在运营方面，在不断提高服务质量和服务水平的基础上，保持了国内地铁行业中领先的安全运营记录。在经营方面，最大限度地开拓了线路资源的附加价值，实现了良好的经济效益。

但是，广州地铁的一体化模式也有一定的缺点：

① 集建设、运营、沿线商业化开发于一体，资源、权力过于集中垄断，不利于城市轨道交通建设、运营的投资主体多元化运作，以及市场化竞争格局的形成；

② 目前企业的规模尚不太大，管理跨度尚不太宽，企业效率尚处于可控范围之内。但是随着城市轨道交通规模的不断扩大，会带来机构庞大，承担职能太多，企业管理成本增加等问题，不利于大规模的城市轨道交通投资、建设、运营。

5. 上海轨道交通原有的专业化模式

1）四分开体制方案

上海轨道交通在2000—2004年期间的运营管理模式为四分开体制，即专业化体制。上海轨道交通的“投资、建设、运营、监管”的四分开方案之间的关系如图10-12所示。

① 投资业务：由“申通集团”负责。申通集团主要通过政府注资，沿线开发，多元投

资、发行地方债券，利用外国政府贷款，国际金融组织贷款及国内银行贷款等方式解决资金筹措。

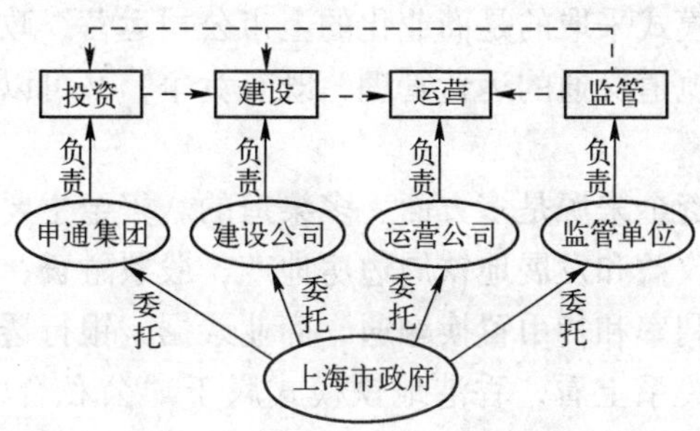

图 10–12　上海市轨道交通四分开模式

② 建设业务：由上海地铁建设有限公司、久创建设管理有限公司、港铁建设管理有限公司（中国香港地铁下属建设公司）以及中国铁道建设总公司等通过投标方式获得地铁的建设管理业务。

③ 运营业务：由上海地铁运营有限公司与上海现代轨道交通股份有限公司通过投标方式获得地铁某号线的运营管理权。

④ 监管业务：城市交通管理局及下属的轨道交通管理处起草轨道交通有关规范、条例，对地铁建设、运营进行监督管理。

2）上海轨道交通“四分开”的优点

① 可以专业化运作，加快建设步伐。因为上海城市较大，规划设计的地铁线路较多，任务较紧，通过专业化分工对加快地铁建设进程有一定的作用。

② 对解决融资以及形成建设、运营的专业化、市场化及引入竞争机制有积极作用，实现了内部分工和相互监督，有利于提高服务质量和提高管理效率。

此外，为体现建设环节的市场竞争，上海引入了久创建设管理有限公司、港铁建设管理有限公司（中国香港地铁下属建设公司）以及中国铁道建设总公司，由几家建设公司共同承担上海轨道交通建设任务。

3）上海轨道交通“四分法”的缺点

上海轨道交通四分开后，由于建设和投资分开，投资、建设、运营、监管等工作接口存在难度，出现了建设资金监管难度大、使用效率低等问题，同时对运营公司责权的划分还比较模糊，申通集团对轨道交通线路建设、运营的监督管理薄弱。具体体现在：

① 由于建设和投资融资项目分开，实际操作过程中，建设公司对资金的把控是缺乏监管的，而出资人无法真正对资金的使用实行有效管理；

② 设计、安装和调试相互分开。按目前状况，建设与运营衔接比较困难，调试及竣工验收等每个公司只能从头再来一遍。分工后，由于前期工作申通公司不会让建设公司较早参与，且一般情况下申通公司将前期工作委托给别的公司。由于地铁建设专业性强，而别的公司制定的方案会产生不少问题，建设公司中标后有一个重新优化方案的过程。

③ 由于投资方前期的考核指标主要是投资控制等指标，就会偏重于控制投资和压缩成本。

6. 香港地铁的公私合营模式

香港地铁的公私合营模式采取的是商业化的上市公司运营，政府只是作为股东不参与运营管理。把市场机制引入轨道交通的运营管理，既有竞争，又可以实现市场化的盈利，政府财政压力小。

香港地铁建设及运营资金来源是多方面、多渠道的。资金主要来源：建设期间，政府以股本形式投入资金；车费收益和发展地铁周边房地产；股票融资；其余来自借贷，包括出口信贷、债券、银团贷款、利率和货币置换融通、商业票据、银行透支便利等。

从所有权与经营权的关系上看，香港地铁模式属于“公私合营”模式。中国香港地铁公司是特区政府部分拥有股权的一家公用事业企业，但是并不由政府直接经营，而是通过有关条例，由政府委托有关人员或董事局成员，按照商业原则进行地下铁路的修建、经营和日常管理。2000 年 10 月香港地铁实行部分私有化，在香港上市，77% 的股份由特区政府持有，其余 23% 为公众持股，股票融资高达 94 亿元，并向投资者承诺在未来 20 年内，特区政府的持股逐渐减少到 50% 。

香港地铁是世界上少数几个盈利的地铁公司之一，它不需要政府的补贴。从图 10-13的数据可以看出，中国香港地铁公司的净利润额整体呈上升趋势。

虽然香港地铁规划建设和运营都以经济效益为主导，但是地铁从线路的规划设计，到建设施工和运营，一直将提高服务质量、增加客流量作为一切工作的中心，实现了地铁经济效益和社会效益的统一，地铁公司和社会的双赢。这也告诉我们，合适的制度安排可以将企业的利润追求和社会效益统一起来。

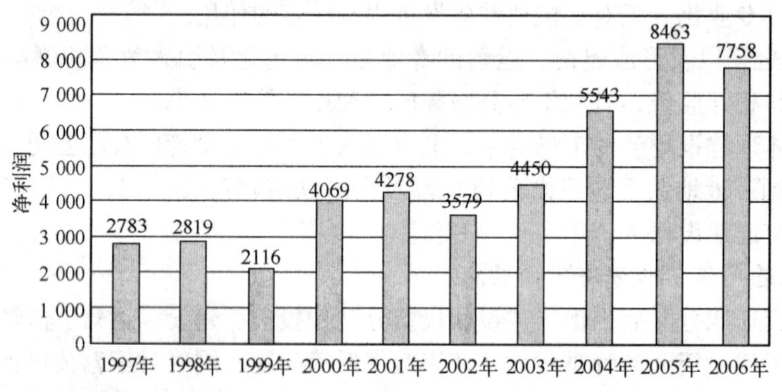

图 10-13　香港地铁 1997—2006 年净利润（单位：百万港元）

10. 4. 2　轨道交通运营服务案例分析

出行服务是运营服务评价的重要内容，是检验和衡量运营服务质量优劣的尺度，是考核企业的经营成果、工作效率的主要依据。从交通企业整体服务出发，需要为乘客提供安全、迅速、方便、准时、舒适、经济的乘车条件，从而最大限度减少乘客的出行时间。香港地铁在运营管理方面形成了一些经验，值得借鉴。

1. 香港地铁的无障碍服务理念

香港地铁充分考虑到了社会所有成员公平使用地铁的情况，所以在地铁规划、建设和使用的整个过程中，尽可能地配置无障碍的服务设备，如图 10-14 所示。例如设置残疾人坡道，直升电梯和自动售票机的操作面板上设置了盲文按钮，以及盲音提示服务。同时，还有工作人员为患有残疾或身体不便的乘客提供服务。

图 10-14　无障碍服务设备

2. 充满人性化的设计和服务

1）台阶防滑设计和候车指示线

地铁站内的台阶边缘用醒目的颜色涂上一层橡胶防滑带，使乘客行走起来更加放心，尤其是在下雨天，这种防滑设施比单纯地砖上的防滑带效果更好，旅客即使快步前行也不太容易摔倒。

每个地铁车厢入口都有三条线分隔的区域，配以箭头标志。两边为两列排队上车人群所站的区域，中间为下车人群行走的区域，引导乘客各行其道。这样可避免上车人流不分先后争相涌入车厢，想下车的人却下不来的情况发生。

2）站台上温馨提示

站台上设有下一班列车的到站时间提示，让候车乘客做到心中有数。此外，还有站台的警示提醒，车厢内及站台上贴有“请勿饮食”“请勿吸烟”的提示，这一点在国内很多车站也能看到，但香港地铁的上述提示语后面还有一句“违反罚款2 000元”。香港的公共环境干净整洁是公共行为管理制度和市民素质的双重推动的结果。

3）注重设计细节

坐地铁时如果携带较大的旅行箱，那么通过闸机往往会比较麻烦。遇到这种情况，一般都是乘客将行李举过闸机来通过，费时又费力。香港地铁则在每个出入口设置一个宽口闸机，宽口闸机外不远处设有升降机，平时可作为普通闸机使用，而遇到携带大箱子、坐轮椅或推婴儿车的旅客，则可以轻松地使用，如图 10-15 所示。

图 10-15　升降机

为了方便乘客进出站，香港地铁公司将进出站闸机设为双向刷卡，如图 10-16 所示。

图 10-16　双向刷卡机

此外，香港地铁力求打造人文、休闲的公共场所，通道布设着各种人文化的装饰，具有很高的欣赏性；地铁的空旷处，也往往会是表演一角，这些安排既可以让行人旅客获得轻松的休息，也表现出一个现代化大都市的活力，如图 10-17 所示。

图 10-17　休闲地铁

3. 便捷的多种交通方式接驳换乘服务

1）港湾式停靠机动车站

站台向慢车道弯成一个弧度，公交车停在里面时，就像停进一个港湾。它的最大好处是，避免了公交车进出站对直行车流的干扰，不会造成路段瓶颈影响交通的顺畅性。如图 10-18 所示。

图 10-18　港湾式停靠机动车站

乘坐地铁的旅客，可以免费使用地铁公司提供的穿梭巴士，这些巴士经过了大部分的酒店区域，这样就能弥补地铁公司线路不能延及的地方，同时还能将最人性化的服务继续下去，也对减缓交通压力有极大帮助。

香港地铁出行标志的连续性。港铁公司在引导乘客乘坐地铁出行方面，为乘客提供的地铁线路间换乘、到达目的地的主要标识非常明显，让人一目了然。这些标志从地铁站内、地铁通道、地铁出口等环节都进行精心的布置。商业和旅游信息都可预先在地铁内获得，在视线范围内 50 ～ 100 m 内有连续提示，并且沿提示信息方向行走百米内，仍会有路标及指示牌来保证旅客不会迷路。

香港地铁间换乘及地铁与地上轻轨等的换乘一般都是在建筑内部或者封闭的空间内完成，不会因为天气原因造成换乘不适。地铁与周围建筑的结合也考虑得比较充分，从地铁站通过地下走廊或其他天桥，就可以直接进入站点附近的大型商业建筑，非常方便。

2）香港地铁“零换乘”与多站换乘

香港和国外地铁不同，线路很多都采用同台换乘设计，也就是只需走到站台对面便可换乘。在香港，地铁换乘站的设计就很讲究人性化，实现了“零”换乘和多站换乘服务。同站台换乘一般适用于两条线路平行交织，而且采用岛式站台的车站形式，乘客换乘时，由岛式站台的一侧下车，穿越站台到另一侧上车，即完成了转线换乘，换乘极为方便。同站台换乘的基本布局是双岛站台的结构形式，可以在同一平面上布置，也可以双层布置，迅速引导客流疏散，不造成拥堵。而且，根据各换乘站的客流量和换乘特点，设置两条地铁线路相邻的两个至三个地铁站实现换乘，即平行换乘。无论是在旺角换乘过海的荃湾地铁线，还是在金钟站换乘去铜锣湾的柴湾线，都是下车到站台对面就可以换乘到另外一条线。

3）机场换乘

机场快线是机场专线铁路，为旅客提供快捷可靠的服务，如图 10-19 所示。搭乘机场快线列车由香港站前往机场，仅需 23 min。机场快线乘客更可在香港站及九龙站内预办登机手续，并享用免费行李搬运服务。香港站及九龙站均设有穿梭巴士服务，免费接载机场快线乘客来往车站与各大酒店。

图 10-19　机场快线

机场快线是连接香港国际机场及香港商业中心区最快捷的交通工具，也是全球最优秀的机场轨道交通线路之一。机场快线全长 35. 3 km，旅客由机场前往中环市中心约需 24 min。此外，机场快线更是旅客及参展商前往亚洲国际博览馆最直接和方便的途径。由机场前往博览馆站只需 1 min；由博览馆站前往市中心仅需 28 min，快捷方便。

香港机场快线五个车站设计都达到了世界级水准，为旅客提供一流的设施和便捷的服务，包括市区预办登机服务及机场快线穿梭巴士服务等，为乘客带来舒适愉快、畅通无阻的乘车体验。

复习思考题

1. 试从几个方面谈谈你对城市轨道交通运营指标的理解。
2. 影响地铁票价的因素有哪些？
3. 浅谈国内外城市轨道交通运营的理念。

附录A 城市轨道交通客运管理模拟试题

A1 模拟试题1

一、填空题

1. 城市客运交通发展模式主要有四种，分别是以__________、__________及________模式。
2. 北京是________首创的城市，北京是________、________年。
3. 地铁车站按其运营功能划分有________、________和________。
4. 列车运行的最小间隔时间可达到________s。
5. 地铁车辆宽度在________m左右。车辆定员为________人。车辆的最高速度可达________km/h，运营速度约为_______。单向小时最大运输能力在________人之间。

二、选择题

1. 基于度量方式的交通结构，常用的有（　　）。

A. 基于出行方式；　　B. 基于乘行方式；

C. 基于客运方式；　　D. 基于居民出行行目的

2. 城市居民出行交通方式选择的影响因素分析（　　）。

A. 出行工具的偏好　　B. 居民出行目的

C. 出行者年龄　　D. 出行时间

3. 以非机动车交通方式为主模式适应城市交通特点，下哪个结论不正确（　　）。

A.（步行+自行车）　　B. 小汽车交通方式的比重低

C. 自行车交通方式所占的出行比例高　　D. 经济活动较多

4. 按线路敷设及构筑物的空间位置分类不正确的是（　　）。

A. 地面城市轨道交通系统　　B. 高架城市轨道交通系统

C. 地铁和市郊铁路　　D. 地下城市轨道交通系统

5. 车站的站台设计不采用（　　）。

A. 低站台　　B. 侧式

C. 岛式　　D. 混合式

6. 地铁列车在信号系统控制下运行。控制方式主要有（　　）。

A. 采用色灯信号　　B. 自动闭塞设备

C. 调度集中控制　　D. 采用列车自动控制系统

7. 跨座式独轨车辆定员为（　　）。

A. 100~160人　　B. 140~190人

C. 80~90人　　D. 坐席为40~50人

8. 屏蔽门具有障碍物障碍报警功能，其开关门控制优先级别从高到低依次为（　　）。

A. 屏蔽门（安全门）专用钥匙手动操作（就地级）

B. 火灾紧急操作、PSL 操作（站台级）
C. 屏蔽门（安全门）与信号联锁控制（系统级）
D. 手动解锁

三、判断题

1. 如果将出行方式链按不同交通方式进行分段归类，就可以得到乘行方式结构；如果在出行方式链中加入距离因素，就可以得到客运方式结构。(　　)
2. 居民出行方式选择与居民的出行意愿、费用、交通基础设施建设水平等主要因素相关的一个决策过程。(　　)
3. 跨座式独轨车辆较窄，2. 6 m 左右。(　　)
4. 跨座式独轨车辆定员坐席为 30 ～ 40 人，悬挂式独轨车辆定员为 100 ～ 160 人。(　　)
5. 市区车站间距应在 1 km 左右，在郊区 2 km。(　　)

四、简答题

1. 简述出行量/人次（Trips）：
2. 简述乘行量/乘次（Boardings）
3. 简述什么是基于出行链的交通结构
4. 简述换乘站的定义
5. 说明跨座式独轨车辆特点
6. 简述以非机动车交通方式为主，多种交通方式并存的发展模式选择的原因。
7. 简述中间站的定义
8. 写出客运体系结构关系
9. 简述地铁票价定价原则
10. 简述地铁车站的火灾救援站务人员职责。

五、论述题

1. 根据居民出行特点，写出居民出行选择分析的过程。
2. 论述为什么设临时停车线及渡线。

A2　模拟试题 2

一、填空题

1. 城市轨道交通系统根据特征来分类，______、__________、__________、______、等。
2. 车站根据信号系统功能划分可分为________和________。
3. 屏蔽门（安全门）由________、________、________、________组合而成。
4. 站务员在站台接发列车______、______、______ 时刻按“三部曲”完成步骤作业。
5. 正线是指供载客列车运行的线路，包括__________、__________、__________、____________________。

二、选择题

1. 正线是指供载客列车运行的线路，包括（　　）。

A. 正线区间正线　　B. 支线　　C. 车站正线　　D. 站线

2．填写台账，阅读近期生产信息及上级要求工作由站台（　　）完成。

A．厅巡岗　　B．值班站长　　C．客运值班员　　D．行车值班员

3．要求司机发车的站务员旗帜信号为（　　）。

A．展开的红色信号旗

B．无信号旗时，两臂高举头上，向两侧急剧摇动

C．展开的绿色信号旗上弧线向列车方向做圆形转动

D．展开红旗下压数次，无信号旗时，两臂高举头上，向两侧急剧摇动

4．列车头部着火时，司机应采取的措施（　　）。

A．组织乘客迅速从车尾下车

B．OCC应开启隧道通风系统紧急模式

C．向列车前进反方向送风

D．电话通知车站

5．地铁票价定价形式（　　）。

A．单一票价制

B．计时票价制

C．计程票价制

D．累进票价制等

6．屏蔽门具有障碍物障碍报警功能，其开关门控制优先级别从高到低依次为（　　）。

A．屏蔽门（安全门）专用钥匙手动操作（就地级）

B．火灾紧急操作、PSL操作（站台级）

C．屏蔽门（安全门）与信号联锁控制（系统级）

D．手动解锁

三、判断题

1．联锁站是指不能监控列车运行。（　　）

2．非联锁站是指没有联锁设备，一般非联锁站通常无道岔。（　　）

3．屏蔽门（安全门）具有障碍物的检测及防夹功能。（　　）

4．楼梯升降机是设置于出入口与站厅间，方便行动不便的乘客乘坐的电梯。（　　）

5．换乘站客运组织以“安全、可控、统一”为原则，应急情况下现场遵循“谁故障，谁为主”的原则，即故障线路的值班站长担任整个换乘站的指挥者。（　　）

6．列车头部着火时，司机应组织乘客迅速从车尾下车后步行至后方的车站，OCC应开启隧道通风系统紧急模式，向列车前进方向送风，使烟雾远离乘客。（　　）

四、名词解释及简答题

1．客运周转量/人公里（Passenger kilometers）

2．终点站

3．折返站

4．辅助线

5．根据城市轨道交通系统高峰小时单向运输能力的大小，城市轨道交通系统的分类

6．车站的构成

7. 按高峰小时单向运输能力如何划分
8. 什么是列车自动控制系统（ATC）
9. 车站的功能区分工
10. 简述乘客信息系统功能

五、论述题

1. 论述地铁列车轨道交通信号系统主要构成及其功能。
2. 请给出站台火灾紧急疏散程序及各位站员的工作职责内容，请在表 A-1 中正确的位置打“√”。

表 A-1　站台火灾紧急疏散程序

职责	值班站长	行车服务员	客运服务员	站台服务员	站厅服务员	售票员	其他人员
1. 发现火灾，向值班站长报告，并试图灭火							
2. 报告控制中心，要求停止本站列车服务，并请求支援							
3. 宣布执行火灾紧急疏散计划							
4. 指示环控操作人员执行火灾排烟模式							
5. 关掉广告灯箱电源							
6. 担任事故处理主任，指挥疏散和灭火							
7. 向控制中心报告火灾情况							
8. 关停扶梯，设置闸机为自由释放状态							
9. 指引乘客疏散出站							
10. 拦截乘客进展							
11. 引导消防员到火灾现场							

参考文献

[1] CHEN I, STEVEN J,TSAI F M. Optimization of multiple - route feeder bus service-application of gis[R]//The report of transportation research board 2001 constitution avenue, N. W. Washington, D. C,2003.

[2] 轨道交通运营网站:首尔地铁客流[EB/OL].[2008 - 11 - 04]. http://seoulmetro. co. kr.

[3] DICKINS J S J. Park and pide facilities on light rail transit systems[J]. Transportation,1991,18(1):23 - 36.

[4] KOSINSKI R A. Modeling pedestrian dynamics in evacuation processes//Computing and computational techniques in sciences univ Cantabria, Santander, SPAIN(2008): 18 - 19.

[5] LI W, ZHANG X Y. Analysis of parking fee effect on travel behavior in a downtown district TDIBP 2008. American Society of Civil Engineers,2008, 69 - 74.

[6] SHOAIB CHOWDHURY M D, CHEN I, STEVEN J. Optimization of transfer coordination for intermodal transit network[R]//Transportation research board 80th annual meeting. Washington. D. C,2001,7 - 11.

[7] KUAN S N, ONG H L, NG K M. Solving the feeder bus network design problem by genetic algorithms and ant colony optimization[J]. Advances in Engineering Software. 2006 (7) 351 - 359.

[8]STEVEN I, CHIEN J,SCHONFELD P. Joint optimization of a rail transit line and its feeder bus system[J]. Journal of Advanced Transportation, 1997(3).

[9] 白雁,韩宝明,干宇雷. 城市轨道交通换乘站布局综合评价方法研究[J]. 都市快轨交通,2006 ,19(3).

[10] 蔡君时. 世界公共交通[M]. 上海:同济大学出版社,2001.

[11] 曹玫. 基于遗传算法的城市轨道交通接运公交线网规划[J]. 武汉理工大学学报,2005(4).

[12] 世界银行. 畅通的城市:世界银行城市交通战略评估报告[R]. 本书翻译组,译. 北京:中国财政经济出版社,2006.

[13] 陈琛. 城市公共交通换乘系统研究[D]. 南京:东南大学,2004.

[14] 代宝乾,汪彤,蒋玉琨. 地铁运营系统安全综合评价指标体系研究[J]. 地下空间与工程学报,2008,4(1):1 - 5.

[15] 单庆超. 城市轨道交通行人流运动建模及仿真[D]. 北京:北京交通大学,2009.

[16] 范海雁. 基于轨道交通的常规公交线网调整方法[J]. 城市轨道交通研究,2005,8(4):36 - 38.

[17] 方礼君,叶霞飞,明瑞利. 上海、首尔、东京城市轨道交通客流发展趋势对比分析[J]. 交通与运输,2007(z1):105 - 107.

[18] 顾保南. 上海南站的综合交通换乘系统[J]. 城市轨道交通研究,2006,9(8):12 - 24.

[19] 韩彪. 城市群道路客运组织创新[M]. 北京:人民出版社,2007.

[20] 姜帆. 城市轨道交通与其他交通方式衔接的研究[J]. 北方交通大学学报,2001,25(4):108 - 110.

[21] 季令,张国宝. 城市轨道交通运营组织[M]. 北京:中国铁道出版社,2001.

[22] 济南市公共交通总公司. 城市公共交通企业计划与统计管理[M]. 北京:人民交通出版社,2008.

[23] 交通运输部道路司. 世界主要城市公共交通[M]. 北京:人民交通出版社,2010.

[24] 李辰. 交通方式划分的 LOGIT 模型方法[D]. 南京:河海大学,2004.

[25] 李得伟,鲁放,韩宇. 城市轨道交通客流补偿及引导措施研究[J]. 都市快轨交通,2008,12(2):19 - 24.

[26] 李林波,吴兵. 交通方式选择中心理因素影响分析[J]. 山东大学学报,2003,11(3):27 - 31.

[27] 李雪梅,李学伟. 北京城市轨道交通[M]. 北京:知识产权出版社,2009.

[28] 刘统畏. 城市和城镇群的客运交通系统[M]. 北京:中国建筑工业出版社,1985.

[29] 陆化普. 城市轨道交通规划的研究与实践[M]. 北京:中国水利水电出版社,2001.
[30] 马鹤龄. 轨道交通客流预测非集聚模型应用初探[J]. 华中科技大学学报:城市科学版,2002,19(1):65-67.
[31] 毛保华,李夏苗. 城市轨道交通系统运营管理[M]. 北京:人民交通出版社,2005.
[32] 莫露全,刘毅. 城市公共交通运营管理[M]. 北京:机械出版社,2004.
[33] 慕威. 地铁运营安全管理评价体系的构建与评价[J]. 管理观察,2010(10):230-232.
[34] 欧国立,张笑雪. 地铁运营成本分析与研究. 北方交通大学学报,1994(3).
[35] 秦灿灿. 机场衔接城市:大型机场集疏运体系规划研究[M]. 北京:中国建筑工业出版社,2010.
[36] 邱丽丽. 国外典型综合交通枢纽布局设计实例剖析[J]. 城市轨道交通研究,2005,9(3):55-59.
[37] 裘瑜,吴霖生. 城市公共交通运营管理实务[M]. 上海:上海交通出版社,2004.
[38] 上海市建设委员会课题组. 上海公共交通换乘枢纽研究[J]. 上海综合经济,1997(7):25-26..
[39] 石静雅,苏永清,岳继光. 轨道交通能耗影响因素分析及能耗评价体系的建立[J]. 铁道运输与经济,2008(9).
[40] 宋健. 上海城市轨道交通"十一五"节能实施目标与策略[J]. 都市快轨交通,2009,22(2):19-23.
[41] 宋洁. 城市居民出行方式选择预测方法研究[D]. 长春:吉林大学,2005.
[42] 苏联城市交通技术经济评价指标. [出版地不详]:[出版者不详],1986.
[43] 孙斌栋. 我国特大城市交通发展的空间战略研究[M]. 南京:南京出版社,2009.
[44] 覃煜,晏克非. 轨道交通与常规公交衔接系统分析[J]. 城市轨道交通研究,2000(2):10-15.
[45] 汪玉林,韩笋生. 公共交通引导城市发展[M]. 北京:人民交通出版社,2009.
[46] 王慈光. 运输统计基础[M]. 成都:西南交通大学出版社,2004.
[47] 王慈光. 运输统计基础[M]. 2版. 成都:西南交通大学出版社,2010.
[48] 王华荣,胡希元. 基于交通分配算法的城市客运方式划分研究[J]. 2005:61-64.
[49] 王江. 地铁运营评估[M]. 北京:中国铁道出版社,2008.
[50] 王静. 城市轨道新线接入后全网客流分布及成长规律研究[D]. 北京:北京交通大学,2010(6).
[51] 王秋平. 城市其他客运交通换乘轨道交通协调探讨[J]. 西安建筑科技大学学报,2003,35(2):136-139.
[52] 王漩,束显. 国内外地铁换乘枢纽站的发展趋势[J]. 地下空间,1998 (5).
[53] 王远回,张秀媛. 地铁终端站周边市域通勤出行换乘方式选择分析[J]. 世界轨道交通,2008(6):39-42.
[54] 王远回. 城市轨道交通终端站接运组织研究[D]. 北京:北京交通大学,2008.
[55] 王占生,张宁,陈晖,等. 轨道交通动态票价对城市交通的影响. 城市轨道交通研究,2008,11(12):35-41.
[56] 吴友梅, 张秀媛. 城市轨道交通的公交换乘问题与对策分析[J]. 铁道运输与经济. 2005,27(8):19-21.
[57] 吴友梅,张秀媛. 城市轨道交通与地面常规公交换乘客流预测模型研究[J]. 城市公共交通. 2005,11:30-33.
[58] 孙薇. 统计方法及其应用[M]. 沈阳:东北大学出版社,2003.
[59] 吴友梅. 基于 TransCAD 的轨道交通与常规公交换乘优化方法研究[D]. 北京:北京交通大学,2006.
[60] 杨涛,王琳. 马鞍山市居民出行选择决策心理研究[J]. 城市规划汇刊,1994,93(4):40-45.
[61] 姚新虎. 城市快速轨道交通与常规公交的线网协调研究[D]. 西安:长安大学,2005.
[62] 叶霞飞,谭复兴. 城市公交的换乘与接驳[J]. 城市轨道交通研究,1998,1(3):22-25.
[63] 詹云洲. 城市客运交通政策研究及交通结构优化[M]. 北京:人民交通出版社,2001.
[64] 张朝峰, 张秀媛. 地铁末端周边区域通勤客流分布和出行方式选择[J]. 都市快轨交通,2009,22(4):

26 – 29.
[65] 张国宝. 城市轨道交通运输组织[M]. 北京:中国铁道出版社,2000.
[66] 安娜. 满意度测评方法及应用研究[D]. 天津:天津大学管理学院,2006.
[67] 张秀媛. 城市停车规划与管理[M]. 北京:中国建筑工业出版社,2006.
[68] 赵路敏,张秀媛. TransCAD 软件在轨道交通与常规公交换乘线路优化中应用[J]. 都市快轨交通,2007,32 – 35.
[69] 赵时旻. 轨道交通自动售检票系统[M]. 上海:同济大学出版社,2007.
[70] 郑祖武. 中国城市交通[M]. 北京:人民交通出版社,1994.
[71] 周爱娣. 交通方式划分预测模型的研究[J]. 兰州铁道学院学报:自然科学版,2003,22(3):129 – 132.
[72] 周立新. 城市轨道交通系统的换乘研究[J]. 城市轨道交通研究,2001,4(4):35 – 38.
[73] 周伟. 城市交通枢纽旅客换乘问题研究[J]. 交通运输系统工程与信息,2005,5(5):23 – 30.
[74] 张驰清. 城市轨道交通枢纽乘客交通设施服务水平研究[D]. 北京:北京交通大学,2007.
[75] 张琦. 城市轨道交通枢纽乘客与环境交互理论[D]. 北京:北京交通大学,2008.
[76] 李得伟. 城市轨道交通枢纽乘客集散模型及微观仿真理论[D]. 北京:北京交通大学,2007.
[77] 李灿. 城市轨道交通枢纽乘客流交通特性分析及建模[D]. 北京:北京交通大学,2008.
[78] 马莉. 城市轨道交通枢纽乘客流交通状态分析与评价[D]. 北京:北京交通大学,2009.
[79] 许婷. 城市轨道交通枢纽行人微观行为机理及组织方案研究[D]. 北京:北京交通大学,2007.